이당 정순영의 독립운동

이당 정순영의 독립운동

초판 1쇄 인쇄 2025년 9월 23일
초판 1쇄 발행 2025년 9월 29일

지은이	권대웅
펴낸이	윤관백
펴낸곳	선인
등록	제5-77호(1998.11.4)
주소	서울시 양천구 남부순환로 48길 1, 1층
전화	02)718-6252/6257
팩스	02)718-6253
이메일	suninbook@naver.com

ISBN   979-11-6068-365-3   93910
값   25,000원

彛堂 鄭舜永

이당 정순영의 독립운동

권대웅 지음

선인

(위쪽) 이당(彛堂) 정순영(鄭舜永, 1882. 4. 9~1941. 11. 15) 초상
(아래쪽) 이당 정순영

(위쪽) 정순영과 의료진(1932)
(아래쪽) 정순영이 태어난 성주군 대가면 칠봉리 유촌 전경

(위쪽) 정순영이 살았던 가천면 신정동, 회연서원 입구
(아래쪽) 정순영의 가족이 살았던 성주군 수륜면 윤동

(위쪽) 정순영이 대금업을 했던 성주군 가천면 창천장
(아래쪽) 정순영의 묘비 건립 시 참례자 일동(1995)

정순영의 묘비 건립 시 가족 일동(1995)

(위쪽) 정순영의 묘비(1995년 건립)
(아래쪽) 정순영의 묘, 국립 대전현충원(독립유공자 제2묘역, 938번, 2001년)

정순영의 국가유공자증(1993. 6. 1)

정순영의 친필, 「극동 중국, 한국, 러시아 세 민족에게 고하는 글 (仰告極東華韓俄三民族文)」(1920)

(위쪽) 정순영의 친필, 『고문진보』, 「잡설」, 한유(韓愈)의 마설(馬說)(1932)
(아래쪽) 정순영의 친필, 의사 히시다(菱田)에게 준 정순영의 시(1932)

발간사

19세기 후반 조선의 정국은 극렬하게 요동쳤다. 19세기 벽두부터 안동김씨 세도정치가 시작되고 풍양조씨, 여흥민씨 등 외척들이 가세하면서, 왕실의 위신은 땅에 떨어졌고, 나라는 엉망이 되었다. 왕실 부흥과 국가 중흥에 절치부심하던 대원군(大院君) 이하응(李昰應)이 1863년 아들 고종(高宗)의 즉위를 계기로 실권을 장악한 뒤에야 왕실이 안정되고, 나라가 부국강병의 길로 들어설 수 있었다. 그렇지만 10년 뒤 고종의 친정(親政) 개시 이후 민비(閔妃)를 앞세운 여흥민씨의 세도가 재개되어 조선은 또다시 대혼돈 속으로 빨려 들어갔다.

  이 시기는 러시아가 부동항(不凍港) 확보를 위해 만주와 한반도로 손을 뻗었고, 러시아의 세계 팽창에 경기를 일으킨 영국이 극동으로 세력을 확대하던 때였다. 어느덧 조선은 영·러 사이에서 벌어진 '그레이트 게임(Great Game)'의 최전선이 되었고, 이런 세계정세에 편승한 일본이 조선과 만주로 세력을 확장하면서 전운이 감돌았다. 1894년 청일전쟁, 1904년 러일전쟁은 '그레이트 게임'이라는 거대한 장기판에서 일본이 중국과 러시아와 한판 벌인 게임이었다. 이두 전쟁에서 영국과 미국의 지원을 받은 일본이 승리하면서, 장기판의 졸이었던 조선은 국권 상실의 위기에 맞닥뜨렸다.

이런 상황에서 조선 사회 곳곳에서는 지역 사족들을 중심으로 위정척사(衛正斥邪)운동과 의병운동이 치열하게 벌어졌다. 경상도에서 이런 움직임을 주도한 곳은 안동과 성주였다. 유치명(柳致明)의 본거지 안동에서는 정재학파(定齋學派)를 중심으로 의병운동과 독립운동이 대대적으로 전개되었고, 이진상(李震相)의 본거지 성주에서는 한주(寒洲)-대계학파(大溪學派)를 중심으로 유교 지식인들이 일어섰다. 대계(大溪) 이승희(李承熙), 회당(晦堂) 장석영(張錫英) 등이 중심이 된 성주 지식인들이 구국운동과 애국계몽운동을 주도하면서, 성주는 어느덧 전국적으로 주목받는 혁신유림(革新儒林)의 본산이 되었다.

이 무렵 이당(彜堂) 정순영(鄭舜永, 1882~1941)이 성주 유촌에서 태어났다. 선조 대 대학자 한강(寒岡) 정구(鄭逑)의 후손으로, 집안 대대로 가세를 떨친 성주를 대표하는 명문이었다. 그는 동문인 이웃 마을 사도실의 심산(心山) 김창숙(金昌淑, 1879~1962), 수륜면 윤동의 해사(海史) 김정호(金丁鎬, 1871~1919) 등과 함께 장석영 문하에서 수학하면서, 국권 회복에 투신하리라 굳게 다짐했다.

1910년 경술국치(庚戌國恥) 이후 대구로 이주한 그는 서상일(徐相日) 등과 교유했고, 1912~1913년 남만주, 북만주, 연해주 일대를 방문, 독립군 기지 건설에 지대한 관심을 보였다. 1915년 그는 박상진(朴尙鎭) 등과 함께 조선국권회복단(朝鮮國權恢復團)과 광복회(光復會)를 결성했다. 그는 이듬해 9월 총사령(總司令) 박상진의 지시 아래 군자금 모집의 일환으로 광복회가 감행한 대구권총사건에 참가했다. 이 사건으로 단원들이 다수 체포되자 그는 남만주로 망명, 선양(瀋陽)에서 삼달양행 정미소(三達洋行精米所)를 거점으로 만주·연해주의 독립운동가들과 국내 독립운동가들을 연결하는 연락 업무를 맡았다.

3·1운동 이후 서울에 '한성정부(漢城政府)'가 세워졌을 때 그는 경상도 인사를 대표하여 한성정부 평정관(評定官)에 임명되었다. 그는 1919년 12월 만주에서 같이 활동하던 정안립(鄭安立) 등과 함께 귀국했고, 이듬해 8월 대한독립단(大韓獨立團)의 국내 지단(支團) 결성을 위해 고군분투하다가 일본 경찰에 체포되어 경성 감옥에서 2년간 옥고를 치렀다. 1923년 출옥 후 경남 진주, 남해 등지에서 한약방을 운영하면서, 지사의 삶에서 점차 멀어져 갔다.

1920년대 중반은 한국독립운동사에서 새로운 변화가 일기 시작한 때였다. 지역의 명망가들이 주축이었던 독립운동이 사회주의와 민족주의라는 새 이념으로 무장한 젊은 세대의 과격한 노선 투쟁으로 변질되던 시기였다. 20~30대 젊은 시절 성주와 경상도를 대표하는 혁신유림으로 거칠 것 없는 삶을 살았던 그는 이제 40대 중반의 중년으로 접어들었고, 좌우간 이념 투쟁이라는 낯선 세태를 감당하기 어려웠을 것이다. 더구나 평생의 동지였던 박상진이 1921년 사형당하면서, 청년 시절부터 함께 했던 독립운동의 열정도 식어 갔을 것이다.

중년 이후 그는 은둔가의 삶을 살았지만, 어릴 때 고향 성주에서 동문수학했던 김창숙, 김정호와는 친구이자 동지로서의 관계를 평생 유지했다. 김창숙이 성주나 대구를 방문하면 그는 어김없이 정순영을 찾았고, 그의 집에 며칠씩 묵었다. 특히 김정호와 의기가 투합되었던 그는 아들과 딸을 낳으면 사돈을 맺자고 언약했다. 그 언약에 따라 1923년 장남 정돈화(鄭敦和, 1898~1977)는 김정호의 여식, 김복수(1903년생)와 결혼했다. 파리장서(巴里長書) 운동으로 분주하던 김정호가 1919년 3월 강도 피습으로 사망한 지 4년 만이었다.

필자는 청주정씨 집안의 취객(娶客)이 되면서 처증조부에 대한 많은 얘기를 들었다. 김창숙, 서상일, 박상진을 비롯한 한국독립운동사의 별들이 처증조부 관련 얘기 속에서 묻어나왔다. 처증조부에 대한 기록을 남겼으면 하는 바램으로 대구·경북의 독립운동의 권위자인 권대웅 전 대경대 교수에게 부탁을 드렸다. 집안에 자료가 별로 남아 있지 않은 터라 권 교수는 난색을 표했지만, 다행히 90줄에 접어든 장모가 시조부에 대해 또렷이 기억하고 계셨다. 장모의 기억과 권 교수의 각고의 노력 끝에 정순영의 모습이 어렴풋이 드러났다.

그가 정서웅(鄭瑞雄), 정호웅(鄭琥雄), 정현식(鄭鉉湜) 같은 가명을 사용한 것도 이번에 밝혀졌다. 가명이 더 있을지도 모르고, 그에 따라 이 책에 등장하는 각종 독립단체 이외의 다른 활동이 추가될지도 모른다. 현시점에서는 아직 밝혀지지 않은 많은 것들을 여백으로 남겨둘 수밖에 없다. 언젠가 또 다른 역사가나 호사가가 나타나 이 어른에 대한 더 많은 자료를 발굴하고, 그에 따라 이 어른의 의미 있는 활동들을 좀 더 생생하게 부활시켜 주기를 간절히 바랄 뿐이다.

대구한의대학교 교수
김성우 삼가 쓰다.

차례

화보 5   필적 12   발간사 14   머리말 20

제1장 정순영의 출생과 성장

1. 명문가에서 태어나다   27
2. 장석영의 문하에서 공부하다   29
3. 슬하에 많은 자녀를 두다   31
4. 창천장에서 대금업을 시작하다   33
5. 김창숙, 김정호와 구국운동에 참여하다   34

제2장 달성친목회

1. 대구로 이거하다   39
2. 국외 독립운동기지를 둘러보다   40
3. 달성친목회 재흥에 참여하다   42
4. 강의원간친회가 조직되다   44

제3장 조선국권회복단 중앙총부

1. 조선국권회복단 중앙총부를 결성하다   49
2. 유세부장으로 활동하다   51
3. 대구권총사건에 참여하다   54
4. 국외 독립운동을 지원하다   56
5. 대구28인사건, 조선국권회복단 단원들이 체포되다   58

제4장 광복회

1. 광복회 결성에 참여하다   67
2. 남만주 연락책, 만주로 망명하다   70
3. 광복회, 경북우편마차암습사건을 벌이다   73
4. 광복회, 장승원과 박용하를 처단하다   77

제5장 광복회 남만주 연락책

1. 독립운동기지, 선양 교민사회가 성장하다 83
2. '선양 동고 10인' - 이명 정서웅, 정호웅, 정현식을 쓰다 88
3. 한성정부 평정관 - 이명 정현식을 쓰다 92

제6장 조선고사연구회

1. 조선고사연구회에 참여하다 99
2. 대동민국, 대고려국 건설을 꿈꾸다 105

제7장 인도공의소

1. 인도공의소, 신세계 건설을 모색하다 115
2. 인도공의소 설립에 참여하다 119

제8장 대한독립단

1. 재만 독립운동 단체, 국내 진공을 추진하다 125
2. 대한독립단, 무장투쟁을 준비하다 127
3. 대한독립단 국내 지단 설립에 참여하다 130

제9장 조선민흥회

1. 조선민흥회, 신간회와 통합되다 139
2. 조선민흥회 창립준비위원으로 활동하다 141
3. 경남 진주와 전남 목포를 전전하다 142

맺음말 150   해제 157

【부록1】 정순영 관련 자료
1. 『이당공약력』 160   2. 재판기록 및 신문조서 162
3. 정순영 수형 자료 238   4. 신문기사 240   5. 격문 등 필적 249

【부록2】 이당 정순영 연보 259

참고문헌 262   찾아보기 265

머리말

 이당(彝堂) 정순영(鄭舜永, 1882.4.9~1941.11.15)은 조선왕조 말기와 대한제국기, 그리고 일제강점기를 살았던 경북 성주 출신의 독립운동가이다. 일찍이 심산(心山) 김창숙(金昌淑), 해사(海史) 김정호(金丁鎬)와 함께 회당(晦堂) 장석영(張錫英) 문하에서 수학하였다.

정순영은 1905년 을사늑약 이후 국권회복에 뜻을 두고 김창숙·김정호 등과 함께 구국운동을 펼친 혁신유림이었다. 그는 1912년 봄부터 1913년 9월까지 남·북만주·연해주·상하이 등지를 방문하여 독립운동계를 둘러보고 귀국한 뒤, 서상일 등과 함께 대구에서 달성친목회(達城親睦會)를 재흥, 비밀결사 독립운동 단체로 재편성하였다.

1915년 1월 15일(음) 윤상태·서상일 등과 함께 조선국권회복단(朝鮮國權恢復團) 중앙총부(中央摠部)를 결성하여 유세 부장을 맡았으며, 1915년 7월 15일 박상진·우재룡 등과 함께 광복회를 조직하고 국외 연락책을 맡았다. 1916년 9월 대구권총사건(大邱拳銃事件)에 참여한 뒤, 그해 10월경 만주로 들어가 지린(吉林)·선양(瀋陽, 奉天) 등 남만주 일원에서 광복회 남만주 연락책으로 독립운동을 전개하였다.

이때 정순영은 정서웅(鄭瑞雄)·정호웅(鄭琥雄)·정현식(鄭鉉湜) 등의 다른 이름을 사용하였다.

정순영은 1919년 4월 2일 인천 만국공원에서 조직된 한성정부(漢城政府)의 평정관(評定官), 1920년 1월 서울에서 조선고사연구회(朝鮮古史研究會) 창립 발기인, 그리고 1920년 5월 인도공의소(人道公議所) 설립에 참여하였다. 이때 정현식이라는 이명을 사용하였다.

1920년 8월 중순 루허현(柳河縣) 싼위안바오(三源浦)에 본부를 둔 대한독립단(大韓獨立團) 국내 지단의 설치에 참여하였지만, 같은 해 11월 체포되었다. 1921년 9월 징역 2년을 받고 옥고를 치렀다. 1923년 9월경 출옥한 정순영은 경남 진주에서 한약방을 운영하는 한편, 경남 진주와 전남 목포 등지를 전전하며 독립운동을 벌였다. 또 1926년 11월에는 조선민흥회(朝鮮民興會)의 창립준비위원회 준비위원으로 활약하기도 하였다. 1941년 11월 대구에서 서거하였다.

대한민국 정부는 1963년 대통령 표창, 1990년 건국훈장 애족장을 추서하였다.

이 책은 정순영의 생애와 성장 과정, 달성친목회, 조선국권회복단, 광복회, 한성정부, 조선고사연구회, 인도공의소, 대한독립단, 조선민흥회와 같은 단체에서 벌인 독립운동을 아홉 개의 장으로 나눠 편성하였다.

제1장에서는 정순영의 출생과 수학, 그리고 성주지역에서의 사회적 연결망을 정리하였다. 그가 직접 남긴 회고록이나 독립운동 관련 기록이 없는 상황에서 족보나 제적등본 등을 통해 1882년부터 1910년경까지의 행적을 복원하였다. 특히 김창숙, 김정호 등과 함께 구국운동을 전개했던 혁신유림이었다는 것을 강조하였다.

제2장에서는 1911년경 대구로 이주한 뒤, 1912년 봄부터 서상

일 등과 국외 독립운동계를 둘러본 후, 1913년 9월 귀국하여 달성친목회 재흥에 참여하였던 사실을 추적하였다.

제3장에서는 1915년 1월 15일(음) 윤상태·서상일 등과 함께 결성한 조선국권회복단에 참여하여 유세 부장으로 활동하였던 상황을 정리하였다.

제4장에서는 1915년 7월 15일 박상진·우재룡 등과 함께 광복회를 결성하여 국내·외 연락책을 맡았고, 1916년 9월 대구권총사건에 참여한 사실 등을 서술하였다.

제5장에서는 1916년 10월경 만주로 망명하여 선양을 중심으로 지린 등 남만주 일원에서 광복회 남만주 연락책으로 독립운동에 참여하였던 사실을 정리하였다. 1919년 정안립(鄭安立) 등과 함께 대동민국(大東民國), 즉 대고려국(大高麗國)을 건설할 계획으로 활동한 사실, 1919년 4월 임시정부 수립과정에서 한성정부(漢城政府)의 평정관(評定官)으로 참여한 사실 등을 정리하였다.

제6장에서는 1919년 12월 귀국하여 1920년 1월 18일 서울에서 조선고사연구회(朝鮮古史研究會)를 조직하고, 정안립·이상규·오석룡 등과 함께 활동하면서, 「극동 중국, 한국, 러시아 세 민족에게 고하는 글(仰告極東華韓俄三民族文)」을 발표하는 등 대고려국(大高麗國) 건설을 위해 활동하였다는 사실을 밝혔다.

제7장에서는 1920년 5월 서울에서 인도공의소(人道公議所)를 조직하는 데 주도적인 역할을 한 사실을 정리하였다.

제8장에서는 1920년 8월 중순 대한독립단(大韓獨立團) 국내 지단(國內支團)의 전국중앙기관인 서울의 중앙본부와 전국 각 군에 지단을 설치하고, 독립운동 관련 문서를 인쇄하여 전국적으로 배포하였던 사실을 정리하였다. 이 사건으로 정순영은 2년간 옥고를 치르

게 되었다.

제9장에서는 1926년 7월 조직된 조선민흥회가 11월 1일 창립총회를 개최할 때, 명제세·송내호 등과 함께 창립준비위원회 준비위원으로 참여하여 민족협동전선(民族協同戰線)을 목표로 활동하였던 사실을 밝혔다. 마지막으로 1923년 9월경 출옥한 이후 경남 진주와 남해, 그리고 전남 목포 등지에서 한약방을 운영하며 어렵게 살다가, 1941년 11월 15일 대구에서 서거한 사실을 정리하였다.

【부록1】은 이당 정순영 관련 자료이다. 『이당공약력(彛堂公略歷)』을 비롯하여 조선국권회복단과 광복회, 대한독립단 등의 재판판결문과 신문조서 등을 수록하였다. 그가 참여하였던 독립운동 단체의 발기문, 신문기사도 발췌하여 함께 수록하였다. 그 밖에 일제 관헌이 생산한 기록물, 정순영이 남긴 격문과 서간문, 그리고 시문 등을 번역하여 수록하였다.

【부록2】는 이당 정순영의 평생의 행적을 기록한 연보이다.

제 1 장
정순영의 출생과 성장

1. 명문가에서 태어나다

정순영(鄭舜永, 1882.4.9~1941.11.15)의 본관은 청주(淸州), 자는 휘경(彙卿), 호는 이당(彝堂)이다. 정서웅(鄭瑞雄)·정호웅(鄭琥雄)·정현식(鄭鉉湜) 등은 독립운동에 참여하여 활동할 때 사용하던 이명이다. 그는 1882년 4월 9일 경북 성주군(星州郡) 대가면(大家面) 칠봉리(七峯里) 152번지 유촌(柳村)에서 태어났다. 아버지 정주석(鄭周錫, 1846~1889)과 어머니 동래정씨(東萊鄭氏)의 두 아들 준영(準永, 1873~1942.2.2)과 순영(舜永) 중 차남이다. 조선 선조(宣祖) 대 학자인 한강(寒岡) 정구(鄭逑, 1543~1620)의 10대손이다.[01]

      청주정씨는 원래 서울에 살았다. 정구의 조부 정응상(鄭應祥)은 한훤당(寒暄堂) 김굉필(金宏弼)의 사위가 되어 영남으로 이주하였다. 아버지 정사중(鄭思中)은 외가인 현풍(玄風)에 살았는데, 그가 성주이씨(星州李氏)와 결혼하면서 대가면 칠봉리 유촌으로 이주하였다. 이곳에서 아들 정구가 태어났다. 그 뒤 정구의 후손들이 유촌을 비롯하

01 『청주정씨 문목공파 세보(淸州鄭氏文穆公派世譜)』, 2001.

이당 정순영의 가계도

『청주정씨 문목공파 세보』
(2001); 「(정순영)제적등본」
(2001. 6. 19, 성주군
수륜면장); 「(정순영)제적등본」
(2001. 10. 16, 성주군
대가면장); 「(정순영)제적등본」
(2025. 3. 11, 대구광역시
달서구청장)

여 성주 일원에 세거하면서, 성주를 대표하는 명문가로 성장하였다.

정순영이 여덟 살이 되던 1889년 아버지 정주석이 사망한 뒤, 어머니 동래정씨가 가사를 전담하였다. 총명하고 부지런하였던 동래정씨는 가난했던 집안을 일으켰는데, 이후 상당한 토지와 현금을 가진 부호가 되었다. 1907년 2월 53세로 사망한 동래정씨는 장남 준영에게는 토지를, 차남 순영에게는 상당량의 현금을 유산으로 남겼다.[02]

2. 장석영의 문하에서 공부하다

일찍이 정순영은 유촌에 살고 있던 족숙 정은석(鄭恩錫, 1853~1930)에게 글을 배웠다. 당시 이웃 마을 칠봉리 사도실(思道室)에 살던 심산(心山) 김창숙(金昌淑, 1879~1962)도 정순영과 함께 정은석에게 수학하였다. 그 뒤 두 사람은 가천면(伽泉面) 창천리(蒼泉里, 혹 泉蒼里)에 살던 회당(晦堂) 장석영(張錫英, 1851.10.24~1926.7.17)을 찾아가 함께 공부하였다. 이때 수륜면(修倫面) 윤동(倫洞)에 살던 해사(海史) 김정호(金丁鎬, 1871.1.13~1919.3.18)도 함께 공부하면서 세 사람은 절친한 사이가 되었다. 정순영은 장석영 문하에서 10여 년을 수학하였다.[03]

장석영은 본관이 인동(仁同), 자는 순화(舜華), 호는 추관(秋觀), 또는 회당(晦堂)이다. 조선 중기 광해군·인조 대 대학자 여헌(旅軒) 장현광(張顯光)의 6대손이다. 장현광의 후손 가운데 일부가 경북 칠곡군(漆谷郡) 약목면(若木面) 각산리(角山里)에 거주하였는데 장석영은 이

---

02 정순영의 손자 정하용의 처 신종숙(辛鍾淑, 1933. 7. 12)의 증언.
03 정재화(鄭在華), 『이당공약력(彛堂公略歷)』, 1975.

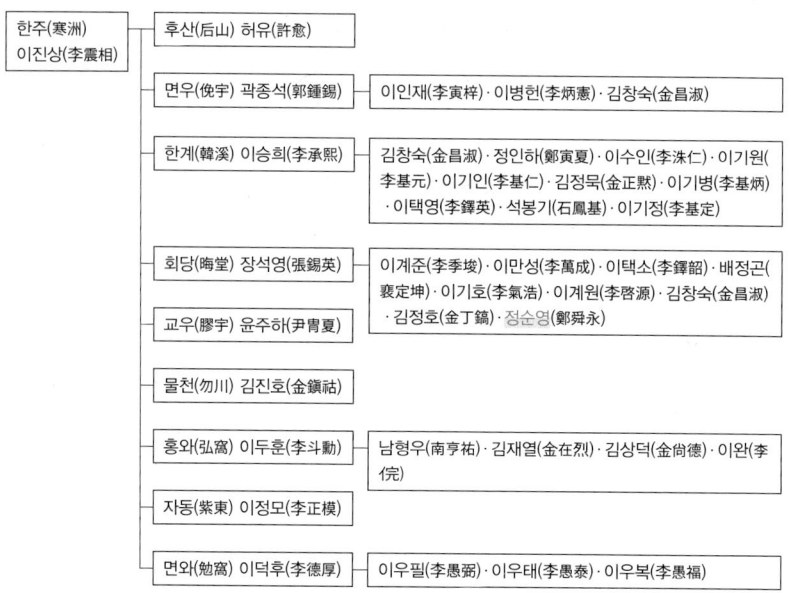

성주지역의 한주학맥

곳에서 태어났다. 그는 1870년부터 성주군 가천면(伽泉面) 창천리(蒼泉里)로 옮겨 살았고, 1910년 그의 나이 60세에 월항면(月恒面) 안포리(安浦里)로 옮겨 살았다. 그는 성주군 월항면 대포리(大浦里)가 낳은 대학자 한주(寒洲) 이진상(李震相) 문하에서 수학하였다. 이른바 주문팔현(洲門八賢)의 한사람으로 불리는 빼어난 학자였다.

장석영은 이승희·곽종석 등의 동문과 함께 1905년 을사늑약의 파기와 오적(五賊) 처단을 요구하는 상소 〈청참오적소(請斬五賊疏)〉를 올렸고, 1907년에는 국채보상운동에 참여하여 칠곡군보상회(漆谷郡報償會) 회장으로 추대되었다. 1913년 만주와 연해주 등지를 순방하며 북만주 밀산(蜜山)에서 독립운동기지를 개척하고 있던 동문 이승희를 만나 망명지를 물색하기도 하였지만, 귀국하여 국내에서 학문 활동과 독립운동에 참여하였다.⁰⁴ 그리고 1923년 고향 칠곡으로 돌아갔다. 성주지역에는 이계준(李季埈)·이만성(李萬成)·배정곤(裵定坤)·이기호(李氣浩)·이계원(李啓源) 등의 제자들이 있었고, 김창숙·김정호·정순영 등도 그의 문하에서 수학한 제자들이었다.⁰⁵

3. 슬하에 많은 자녀를 두다

정순영은 그의 나이 16세인 1897년에 일선김씨(一善金氏) 김태봉(金泰奉, 1880.12.5~1932.3.18)과 결혼하였다. 1898년 장남 돈화(敦和, 1898.12. 12~1977.3.28)와 1905년 3남 갑화(甲和, 1905.7.5~1923.9.7)가 태어났다. 장남 돈화는 1911년경 부친과 함께 대구로 이거하여 한약방을 운영하였고, 1916년 10월 부친이 만주로 망명하자 부친을 따라 선양에서 살았다. 돈화는 1919년 12월 귀국하여 1923년 2월 성주군 수륜면 윤동 출신 김정호의 딸 김복수(金福壽, 1903.3.18~1987. 윤 6.13)와 결혼, 슬하에 아들 하용(河容)과 세 딸을 두었다.⁰⁶ 3남인 갑화는 1923년 사망하였다.

정순영은 재취 부인 박화사(朴花史, 1882.8.3~1920.7.30)와의 사이에서 광화(光和, 1903.4.26~1941.7.4), 길화(吉和, 1909.7.12~1967.11.24), 승화(承和, 1915.5.7~?) 등 세 아들과 연랑(蓮琅, 1907~1925.10.30, 이수린, 광주), 매랑(梅琅,

---

04 권대웅, 『1910년대 경상도지방의 독립운동단체 연구』, 영남대 박사학위논문, 1993.
05 전호봉 편저(全壕峰 編著), 『성주대관(星州大觀)』, 1961.
06 신종숙의 증언에 의하면, 정돈화가 다섯 살 때인 1903년 김정호의 딸 김복수가 태어났고, 정순영과 김정호는 돈화와 복수를 결혼시키기로 혼약하였다. 두 사람은 1923년 결혼하였다.

1912.8.1~?, 김봉현), 길선(吉先, 1918.12.16~?, 이홍갑) 등 세 딸을 두었다.[07] 운전사였던 차남 광화는 슬하에 3남 3녀를 두었다. 휘문고보(徽文高普)를 졸업한 4남 길화는 슬하에 3남 1녀를 두었다. 막내 5남 승화는 행방불명되었다.

    1919년 12월 서울로 들어온 정순영은 1920년 1월 조선고사연구회 조직, 같은 해 5월 인도공의소 설립 등의 활동을 벌이고 있을 때, 재취 부인 박화사가 1920년 7월 30일 선양에서 사망하였다는 소식을 들었다. 정순영은 선양으로 들어가 장남 돈화와 함께 6남매를 데리고 귀국하였다. 장남 돈화는 서울에서 아버지와 헤어져 이복동생 6남매를 데리고 성주로 돌아와 처가인 수륜면 윤동에서 함께 거주하였다.[08]

    정순영은 대한독립단 국내 지단 사건으로 2년간 옥고를 치른 뒤, 1924년경 경남 진주에서 한약방 세창약포(世昌藥鋪)를 운영하였다. 그는 경남 남해, 전남 목포 등지를 전전하면서도, 1926년 11월 조선민흥회 창립준비위원회 창립준비위원으로 활동하는 등 독립운동을 이어 나갔다.

    정순영은 1925년경 남해의 갑부 이지무(李枝茂)의 딸 이두안(李斗安, 1889.7.3~?)과 다시 혼인하였다.[09] 슬하에 아들 윤화(尹和, 1926.9.18~

---

[07] 「(정순영)제적등본」에 따르면, 1912년 태어난 매랑(梅瑯)이 중복되어 올라있어 착오가 있는 듯하다. 또 신종숙의 증언에 의하면, 재취 부인에게서 태어난 막내가 1살일 때 만주에서 귀국했다고 한 것을 보면, 1918년 태어난 길선(吉先)을 말하는 것인지, 1919년 전후로 태어난 막내딸이 있었는지 확실치 않다.
[08] 신종숙의 증언에 의하면, 정돈화는 서울역에서 아버지와 헤어진 후, 이복동생 6남매를 데리고 성주로 돌아와 처가인 수륜에서 키웠다고 한다.
[09] 이두안과 혼인신고는 3년 뒤인 1928년 4월 14일하였다. 「(정순영)제적등본」(2001.6.19, 성주군 수륜면장)

1930.11.10), 딸 진화(晉和, 1928.6.15~1930.12)와 인화(仁和, 1930.10.20~?) 등 1남 2녀를 두었다.[10] 막내딸 인화가 1930년 10월 태어난 후, 한 달 만에 아들 윤화와 딸 진화는 당시 창궐하던 전염병으로 연이어 죽고 말았다.

4. 창천장에서 대금업을 시작하다

1900년 전후 정순영은 성주군 가천면 창천장(蒼泉場)에서 대금업(貸金業)을 시작하였다. 이 무렵 재취 부인 박화사를 만났다. 그곳에서 차남 광화가 1903년 태어나는 것으로 미뤄 볼 때, 그가 대금업을 시작한 것은 1900년 전후이고, 박화사와 결혼한 것은 1902년경으로 추정된다.[11]

1907년 2월 어머니 동래정씨가 사망한 뒤, 정순영은 1910년 11월 청파면(靑坡面) 신정동(新亭洞) 267번지로 분가하였다.[12] 이곳은 정구의 장자 계열 후손들이 살던 곳이었다. 정구가 성주군 청파면 수성동 지촌(枝村, 갓말)의 뒷산인 창평산(蒼坪山)에 묻힌 것을 인연으로 장자 계열은 이곳에 거주하며 '갓말파'가 되었다. 정순영의 수성동 이주는 형 준영(準永)이 당시 가천면 면장으로 있었던 연고도 있었다.[13] 정순영은 이곳에서 대구로 이주하는 1911년경까지 2년가량 거

---

10 《청주정씨 문목공파 세보》(2001); 「(정순영)제적등본」(2001.6.19, 성주군 수륜면장); 「(정순영)제적등본」(2001.10.16, 성주군 대가면장); 「(정순영)제적등본」(2025.3.11, 대구광역시 달서구청장).
11 「(정순영)제적등본」(2001.10.16, 성주군 대가면장)에 의하면, 결혼후 몇 해가 지난 1906년 혼인신고를 한 것으로 나타난다.
12 청파면 신정동 267번지는 회연서원 입구이다.
13 신종숙의 증언.

주하였다.

당시 창천장(현 가천장)은 성주를 비롯하여 김천 증산면과 대덕면 일원, 고령과 합천 일원의 장꾼들이 모여드는 경상도의 대표적인 오일장 가운데 하나였다. 또 창천장은 성주를 비롯하여 대구·현풍·합천·김천·거창 등지를 오가는 보부상(褓負商)들의 주요 활동 거점이었고, 교통의 요로에 자리잡고 있었다.

집안사람의 말에 따르면, 정순영은 이곳에서 대금업으로 적지 않은 자산을 모았다고 한다. 창천장에서 하루 동안 거래되는 현금보다 더 많은 현금을 보유하였고, 자금을 관리할 직원을 둘 정도로 사업이 번창하였다고 한다.[14]

5. 김창숙, 김정호와 구국운동에 참여하다

정순영은 심산 김창숙, 해사 김정호와 함께 외세의 침략에 대응하여 구국운동을 전개한 혁신유림(革新儒林)[15]이었다.

김창숙은 부친 김호림(金護林)의 변혁 사상의 영향을 받았다. 1896년 이후 곽종석·이승희·장석영의 문하에서 성리학에 심취하였으며, 특히 이승희의 심설(心說)에 감명을 받았다. 그는 "일본의 침략은 날로 가중되고 국사(國事)는 날로 그릇되고 있는데, 고담준론(高談峻論)이나 하며 구국의 급무를 등한히 하는 거짓 유생(僞儒)들을 제거한 연후에야 치국평천하(治國平天下)를 논할 수 있을 것이다."라고 주

---

14 신종숙의 증언.
15 혁신유림은 새로운 현실 인식을 통해 근대적 개념의 "국가"와 "민족"을 인식하였으며, 민력의 양성을 통해 구국계몽운동을 지향하였다.

장하였고, 또 당시 법부대신 이유인(李裕寅)의 천거를 물리치는 등 기개 높은 선비이기도 하였다. 1905년 스승 이승희와 함께 상경하여 두 차례의 상소를 올렸고, 1907년 이승희가 성주군 국채보상의무회 회장을 맡자 적극적으로 호응하였다. 1908년 4월 이승희가 연해주 블라디보스톡으로 망명하자, 1908년 11월 대한협회(大韓協會) 성주지회(星州支會)를 조직하고 총무가 되어 애국계몽운동을 벌였다. 김창숙은 1910년 국채보상운동이 실패로 끝나자 모금한 돈으로 사립 성명학교(星明學校)를 설립하는 등 신교육 구국운동을 전개하였다.[16]

김정호는 김창숙과 같은 의성김씨로 수륜면 윤동 출신이다. 그는 1905년 을사늑약 이후 충분(忠憤)을 이기지 못하여 만주·연해주 등지를 다니며 독립운동기지 개척에 힘을 기울였다. 이때 성태영(成泰英)·유안무(柳安茂)·김노규(金魯圭) 등과 함께 활동하였는데, 이들은 "우리의 광복운동(光復運動)은 고구려(高句麗)·발해(渤海)의 구토(舊土)에 근거(根據)를 두지 않으면 안된다."라고 주장하며 독립운동에 참여하였다. 그러나 1909년 2월 24일 유안무와 김노규가 연해주에서 급진당 이범윤(李範允, 1863~?)에게 피살당하자 크게 낙심하여 귀국하였다. 김정호는 성주를 비롯하여 국내에서 구국운동에 참여하였다.[17]

정순영은 김창숙보다 네 살 아래였고, 김정호보다는 열두 살 아래였다. 정순영의 후손들은 김창숙이 향리에 들르면 정순영의 집에서 며칠씩 머물렀다고 할 정도로 두 사람 사이는 각별하였다. 또

---

16 김창숙, 『심산유고』 권5, 「벽옹칠십삼년회상기」, 1973.
17 이희환, 「백초 유완무와 북간도에서의 민족운동」, 『범월(犯越)과 이산(離散)-만주로 건너간 조선인들-』, 인하대학교 한국학연구소, 2009.

김정호와의 관계는 더욱 각별하여 정순영의 장남 돈화의 나이 다섯 살 때인 1903년 김정호의 딸 김복수가 태어나자 두 사람을 결혼시키기로 약속할 정도였다. 이리하여 1923년 정돈화는 김정호의 딸 김복수와 결혼하였다.[18] 이같이 세 사람은 일찍부터 성주지역에서 구국운동에 참여하였고, 그 이후 평생을 절친하게 교유하는 동지가 되었다.

1910년 나라가 망하자 정순영은 "편안히 앉아서 밥이나 축내겠는가!"라고 하면서 다음과 같이 현실을 한탄하는 시를 지었다.[19]

生不如死惟願死　살아도 죽는 것만 못해 오직 죽기만을 바라네.
死難於生至今生　죽는 것이 사는 것보다 어려워 지금까지 살았네.
君如瘦鶴在鶴群　그대 비루한 학과 같이 학의 무리에 있네.

이 시는 1910년 나라가 강탈된 뒤 각처에서 자결·순국하는 우국지사들이 속출하는 상황에서 구국운동을 전개하였던 혁신유림 정순영의 심중을 표현한 우국시(憂國詩)이다.

18　김정호는 1919년 3월 김창숙과 함께 유림단의 독립청원운동을 주도하였다. 3월 3일 독립청원서의 서명자를 규합할 지방 대표 및 담당 지역을 나누었는데, 그는 김창숙과 함께 경남지역을 맡기로 하였다. 그는 여장을 꾸리기 위해 귀가하던 중, 3월 18일 성주 가천(伽泉)에서 강도의 피습을 받고 사망하였다고 전해진다.
19　정재화, 《이당공약력》, 1975.

제 2 장

달성친목회

1. 대구로 이거하다

정순영은 1911년 겨울 대구로 이주하였다. 처음 달성군 월배(현 상인동)로 이주했다가 곧 대구 부내에 살고 있던 서상일(徐相日)의 집 아래채로 거처를 옮겼다.[01]

당시 대구에는 영남지방 각처에서 유생과 부호가 모여들어 교유하거나 상업 활동을 전개하였고, 그중 일부 지사들은 애국계몽운동에 참여하고 있었다. 이들은 1908년 3월 조직된 대한협회(大韓協會) 대구지회(大邱支會)와 1908년 3월 서울에서 조직된 교남교육회(嶠南敎育會), 그리고 1908년 9월 설립된 달성친목회(達城親睦會) 등의 애국계몽운동 단체에서 활동하고 있었다. 칠곡의 장상철(張相轍)·신상태(申相泰), 청도의 윤영섭(尹瑛燮)·홍주일(洪宙一)·김유덕(金裕德), 상주의 정재덕(鄭在悳), 합천의 박기돈(朴基敦)·박영모(朴永模), 고령의 김재열(金在烈), 성주의 이진석(李晉錫)·이순흠(李舜欽)·박찬동(朴贊東)·이기철(李基

01　정재화, 『이당공약력』, 1975; 국사편찬위원회, 『한민족독립운동사자료집』7, 「국권회복단」 I, 〈서상일 신문조서〉(제2회), 24쪽; 같은 책, 〈참고인 정진영 신문조서〉, 85쪽.

澈)·배상렴(裵相濂)·정순영(鄭舜永) 등이 그들이었다.

정순영의 대구 이주는 집안의 십촌 족형 정진영(鄭震永, 1874~1937)의 후원에 힘입은 바가 컸다. 정진영은 1895년 사마시에 합격한 성균진사(成均進士)였다. 그는 전 군수 윤희순(尹羲淳)의 사위가 되어 대구에서 약종상(藥種商)을 운영하고 있었다. 윤희순은 1901년 곽산군수(郭山郡守), 1902년 현풍군수(玄風郡守) 등을 거쳐 시종원(侍從院) 부경(副卿)으로 있다가 1906년 벼슬에서 물러나 달성군 월배에 정착하였다. 그의 아들 윤상태(尹相泰, 1882~1942)도 1906년 6월 거제군수(巨濟郡守)를 퇴임한 뒤, 월배에 거주하고 있었는데, 1908년 3월 대한협회(大韓協會) 대구지회(大邱支會) 평의원으로 활동하고 있었다. 또 칠곡 출신으로 성주의 청주정씨 외손 장상철(張相轍, 1870~1930)도 1906년 1월 대구광문사(大邱廣文社) 사장, 1907년 2월 대구금연상채회(大邱禁煙償債會) 평의원, 1907년 대한자강회(大韓自强會) 회원, 1908년 3월 대한협회 대구지회 평의원 등으로 활동하고 있었다.[02]

정순영은 정진영과 윤상태, 그리고 장상철 등의 후원으로 대구에서 구국운동을 전개하고 있던 인사들과 교유하며 활동의 폭을 넓혔다. 대구의 서상일(徐相日), 이시영(李始榮)을 비롯하여 경주의 박상진(朴尙鎭), 창녕의 우재룡(禹在龍), 영양의 권영만(權寧萬) 등이 그들이었다. 그중 서상일과 박상진은 신교육을 받은 혁신유림이었다.

2. 국외 독립운동기지를 둘러보다

정재화의 『이당공약력』에서는 1911년 대구로 이주한 정순영의 행적

---

[02] 《청주정씨 문목공파 세보》, 2001; 권대웅, 『근대 대구의 애국계몽운동』, 선인, 2021.

을 다음과 같이 기록하고 있다.

> 왜적(倭賊)이 입국(入國)하여 침략하였으므로 국세(國勢)가 기울어져 감을 보고 향리(鄕里) 김정호(金丁鎬), 김창숙(金昌淑) 외 여러 동지를 일일이 탐방하여 국권회복(國權恢復)을 함께 결의하였다. 1910년 경술국치(庚戌國恥)에 통분하여 전국 각처를 두루 다니면서 동지를 규합하고 국권회복을 결의하였다. 1911년 겨울에 박상진(朴尙鎭)·우재룡(禹在龍)·권영만(權寧萬) 등 여러 동지와 대구 이시영(李始榮)의 집에서 회합하여 정성을 다해 논의하였으나 구체적인 방략(方略)을 결정하지 못하였다. 1912년 봄에 출국(出國)하여 남·북만주(南北滿洲), 시베리아, 중국(中國) 전역(全域), 상해(上海)를 두루 다니며 국외의 동지들과 국권회복을 위한 결의를 한 다음, 1913년에 귀국하여 외지 사정과 협의 내용을 국내의 동지들에게 보고하고(원문에 준하여 현대어로 고침)[03]

정순영은 1911년 겨울 박상진·우재룡·권영만 등과 함께 대구의 우재(又齋) 이시영(李始榮) 집에서 회합하여 국권회복의 방략을 논의하였다. 1912년 봄에는 서상일·윤창기·이시영·박영모 등과 함께 출국하여 남·북만주, 연해주, 중국, 상해 등지를 다니면서 국외의 독립운동계를 둘러보고, 1913년 9월 21일 귀국하였다.[04]

1910년 나라가 망한 뒤, 각처의 우국지사(憂國之士)들은 자결·순국(自決殉國)하거나 국외로 망명하여 독립운동에 참여하였다. 즉 일

---

03 정재화, 『이당공약력』, 1975.
04 윤보현, 『영남출신 독립운동가 약전』제1집, 상신사, 1961, 214쪽; 윤보현, 『경북판 독립운동실록』, 중외출판사, 1974, 418쪽.

제의 통치하에서 생존을 거부하고 자결·순국함으로써 민족적 각성을 촉구하였으며, 납세 거부(納稅拒否)·은사금 거절(恩赦金拒絶) 등을 통해 일제의 식민통치를 반대하였고, 나아가 만주나 연해주 등 해외로 망명하여 독립운동기지 건설에 참여하였다.[05]

대구지역에도 국외 망명과 국외 독립운동기지 건설에 관심을 가진 우국지사들이 많았다. 1908년 9월 5일 조직된 달성친목회 회원을 비롯하여 영남 각처에서 대구로 모여든 박상진·최준·정순영 등의 유생이나 부호가 그들이었다.

3. 달성친목회 재흥에 참여하다

1908년 9월 5일 이근우·김용선 등의 발기로 조직된 달성친목회(達城親睦會)는 조선인 청년의 교육과 실업장려를 표방하였다. 이 친목회는 개항 이후 신흥도시 대구로 모여든 각처의 청년 지사들을 단결케 하여 배일사상을 고취하였지만, 국권 상실 이후 활동을 중단하고 지하로 잠적하였다.

1912년 봄 정순영은 서상일 등과 함께 국외 독립운동계를 둘러본 뒤, 1913년 9월 21일 하얼빈에서 귀국하였다. 곧이어 서상일은 이근우(李根雨)·정운일(鄭雲馹)·서창규(徐昌圭)·서기수(徐琦洙) 등과 함께 달성친목회를 재건하였다. 이때 정순영은 그 회원으로 참여하였다.[06]

---

05 권대웅, 『1910년대 국내독립운동』, 독립기념관 한국독립운동사연구소, 2008.
06 권대웅, 「한말 달성친목회 연구」, 오세창교수화갑기념 『한국근현대사논총』, 1995; 권대웅, 『근대 대구의 애국계몽운동』, 선인, 2021.

이당 정순영의 독립운동

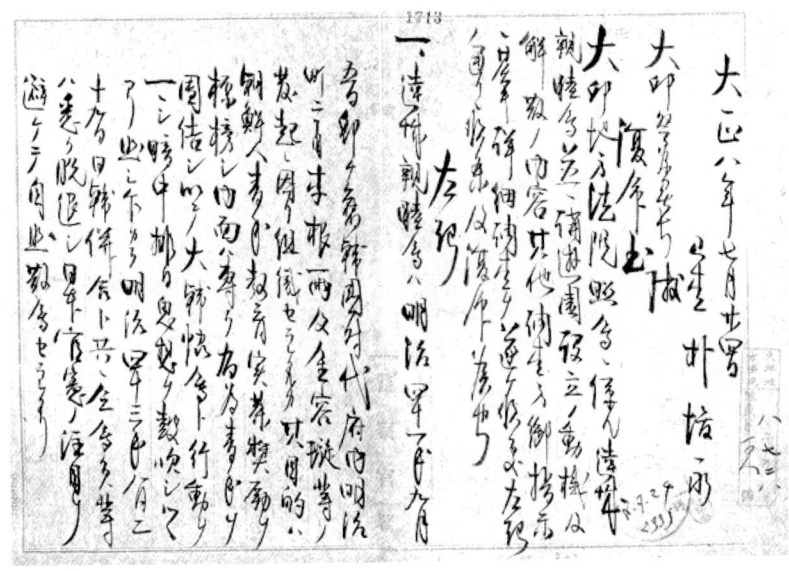

달성친목회 및 강유원에 대한 순사 박준영 「복명서」(1919. 7. 24)

　　달성친목회의 전모를 알려주는 자료는 1919년 조선국권회복단 중앙총부사건(朝鮮國權恢復團 中央總部事件) 예심과정에 제출된 대구경찰서 순사 박준영(朴埈永)의 「복명서(復命書)」이다.

　　달성친목회는 명치 41년(1908년) 9월 5일, 즉 구한국시대 부내(府內) 명치정(明治町) 2정목(二丁目) 이근우(李根雨) 및 김용선(金容璇) 등의 발기로 조직되었다. 그 목적은 조선인 청년의 교육(敎育)과 실업 장려(實業獎勵)를 표방하나, 내면은 전적으로 유망한 청년들을 단결케 하여 대한협회(大韓協會)와 행동을 같이하고 비밀리에 배일사상을 고취하고 있었다. 그러나 명치 43년(1910) 8월 29일 일한병합과 함께 동 회원 등은 모두 탈퇴하고 일본 관헌의 주목을 피하여 자연 해산되었다. 그리하여 대정 2년(1913) 9월 21일 서상일(徐相日)이 하얼빈에서 대구로 돌아와 친목회(親

睦會)와 같은 조선인 청년 단결기관이 폐멸된 것을 유감으로 생각하여, 다시 이근우(李根雨)·정운일(鄭雲馹)·서창규(徐昌圭)·서기수(徐琦洙) 등이 서로 모의하여 친목회 재흥(再興)을 기도하였다. 그리고 널리 동지 및 지방 인사들을 설득하여 마침내 달성친목회를 재흥케 하고 조선 청년을 규합, 암암리에 배일사상을 고취하였으므로 대정 4년(1915) 9월 중 당서(當署)에서 해산 처분을 하였다.[07]

달성친목회는 비밀결사로 재편성되어 조직을 갖추고 역원을 임명하는 등 활성화되었다.[08] 회비는 1원,[09] 회의 장소는 대구부 수정(大邱府 壽町, 명치정과 남성정의 중간지점; 현 중구 수동)에 있었다.[10] 이들의 모임은 각지 조선인의 친목 도모를 표방하였지만, 실제로는 국권회복을 목적으로 결성된 비밀결사였다.

4. 강의원간친회가 조직되다

1913년 3월 15일 강의원간친회(講義園懇親會)가 결성되었다.[11] 강의원간친회는 달성친목회의 회원 서병룡(徐丙龍)과 오재숙(吳載淑) 등의 발기로 조직되었다.[12] 1919년 대구경찰서 순사 박준영의 「복명서」에서

---

07 대경 제2339호, 1919.7.24, 달성친목회 및 강유원에 대한 「복명서」, 국사편찬위원회, 『한민족독립운동사자료집』7, 「국권회복단」Ⅰ, 296쪽.
08 국사편찬위원회, 『한민족독립운동사자료집』7, 「국권회복단」Ⅰ, 41쪽, 「서병룡 신문조서」.
09 위와 같은 책, 145쪽, 「박영모 신문조서」.
10 위와 같은 책, 118쪽, 「서상일 신문조서」, 86쪽, 「정진영 신문조서」.
11 권대웅, 「1910년대 국내독립운동」, 독립기념관 한국독립운동사연구소, 2008; 권대웅, 『근대 대구의 애국계몽운동』, 선인, 2021.
12 강의원간친회(講遊園懇親會)는 강유원(講遊園)으로 지칭되고 있다. 그렇지만 조선국권회복단을 경찰에 밀고한 「참고인 정진영 신문조서」에 의하면 "달성친목회 말경에 그 회원들이

강의원간친회의 전모를 확인할 수 있다.

강유원(講遊園)은 대정(大正) 2년(1913) 3월 15일 서병룡(徐丙龍)·오재숙(吳載淑) 등의 발기로 조직되었다. 그 목적은 해외 유학생 및 조선 내의 학생들을 규합한다는 계획으로써 겉으로 운동을 하며 강화(講和)를 하고, 청년의 체육을 겸하여 오락을 목적으로 하는 척 가장하였다. 그러나 내면으로는 친목회(親睦會)와 행동을 같이하고 암암리에 불령선인(不逞鮮人)과 기맥을 통하며 또는 불온학생들을 단결하는 거동이 있다는 것이 인정되었다. 대정 5년(1916) 4월 중에 해산·처분을 했다. 그러나 친목회원(親睦會員) 및 강유원(講遊園) 회원의 일부는 잔무 처리라는 명목하에 회합하고 있었다. 마침내 대정 5년(1916) 8월 중순경 국권회복을 표방하고 대구부 남정 서우순(徐祐淳)의 집에 몰려 들어가 강도를 범한 사례가 있다.[13]

강의원간친회는 달성친목회의 구성원 중에서 혈기왕성한 청년들을 중심으로 1913년 3월 15일 결성되었다. 그렇지만 동년 9월 만주에서 귀국한 서상일 등이 달성친목회의 조직을 재정비하면서 하부조직으로 편입되었다. 회원 대부분은 달성친목회의 회원이었고, 달성친목회의 회의장을 그 회의 장소로 사용하고 있었다는 점

강의원(講義園)이라고 칭하며 모이고 있었으므로 그것을 잘못 알고 강유원(講遊園)이라고 말한 것"이라는 진술을 하고 있다. 이런 점에서 강의원(講義園)이라는 명칭이 합리적으로 보인다.
13 대경 제2339호, 1919. 7. 24. 달성친목회 및 강유원에 대한 「복명서」, 국사편찬위원회, 『한민족독립운동사자료집』7, 「국권회복단」Ⅰ, 296쪽.

에서 하부조직으로 유추할 수 있다.[14]

　　달성친목회는 약 2년 동안 명맥을 이어가다가 1915년 9월 대구경찰서에 의해 해산당했고, 강의원간친회는 1916년 4월 강제 해산되었다. 그러나 해산되기 전 1915년 1월 15일 달성친목회와 강의원간친회의 회원 중 윤상태·서상일·이시영·정운일·홍주일·박영모·서병룡·윤창기·정순영 등이 조선국권회복단을 결성하였다. 이것은 계몽운동 단체가 독립운동 단체로 이행된 대표적인 사례라고 할 수 있다.

14　위와 같은 책, 41쪽, 「서병룡 신문조서」; 58쪽, 「정운일 신문조서」

제3장
조선국권회복단 중앙총부

1. 조선국권회복단 중앙총부를 결성하다

조선국권회복단은 1915년 정월 15일(음) 달성친목회 회원 서상일이 국권회복을 목표로 결성한 비밀결사 독립운동 단체이다.[01] 공식 명칭은 조선국권회복단(朝鮮國權恢復團) 중앙총부(中央摠部)였다.[02]

서상일 등은 윤창기(尹昌基)가 수성군 수성면 대명동 안일암(安逸庵)에서 병을 치료하기 위해 머무는 것을 기회로 모임을 가졌다.[03] 시회(詩會)를 가장한 이 모임에는 윤상태·서상일·이시영·정운일·홍주일·박영모·서병룡·윤창기·정순영 등이 참여하였다. 정순영은 이들과 함께 국권회복에 관한 방안을 협의하였다.

---

01 조선국권회복단의 결성일은 『현대사자료』25(대정 8년 6월 20일, 소밀제4452호, 「독립운동에 관한 건」, 471~473쪽)와 『고등경찰요사』(경상북도 경찰부, 184쪽)에 의거하여 1915년 정월 15일로 통용되었고, 『한민족독립운동사자료집』9권(국사편찬위원회편)의 정진영·윤상태·김재열 등의 심문조서에도 1915년 정월 15일에 결성된 것으로 나타난다. 다만 『정진영신문서』(『한민족독립운동사자료집』7, 90쪽)에는 1913년 정월 15일이라는 기록이 있는데, 이것은 달성친목회의 재흥을 의미하는 것이다.
02 정식 명칭은 조선국권회복단(朝鮮國權恢復團) 중앙총부(中央摠部)이다. 통칭 조선국권회복단이라고 부른다.
03 국사편찬위원회, 『한민족독립운동사자료집』7, 「국권회복단」Ⅰ, 159~160쪽.

조선국권회복단 결성지 안일암 원경(현 대구광역시 남구 앞산로 440, 대명동)

이들은 "수천 년 역사를 가진 우리 조선(朝鮮)이 일한합병(日韓合倂)으로 망했다. 우리 시조(始祖) 단군 태황조(檀君太皇祖)에 대해 미안한 일이니, 어떻게 해서든 독립국(獨立國)으로 만들어야 한다."라고 선언하였다. 그리고 '단군 태황조(檀君太皇祖)'의 위패(位牌)를 갖춰 국권회복을 기원하는 기도를 올렸다.[04]

조선국권회복단은 먼저 국내의 단세(團勢)를 확장하고, 해외의 독립운동 세력과 연계하며, 최후로 독립을 쟁취할 것을 그 목표로 삼았다.[05] 그리고 다음과 같은 서약서(誓約書)를 작성하고 맹서(盟誓)하였다.

1. 한국의 국권을 회복할 것.
1. 매년 정월 15일 단군의 위패 앞에 목적 수행을 기도할 것.

04 위와 같은 책, 159쪽.
05 위와 같은 책, 87쪽.

1. 단원은 마음대로 탈퇴하지 말 것.
1. 비밀을 누설하지 말 것.
1. 만약 이를 위반할 경우는 신명(神明)의 주벌(誅伐)을 받을 것.
1. 결사대로 하여금 살육케 할 것.[06]

조선국권회복단은 대동청년단, 광복회와 같은 시기, 같은 지역 경상도를 기반으로 조직되어 활동하였다. 광복회는 1915년 7월 15일에 결성되었고, 1918년 그 조직의 전모가 드러났다. 반면 조선국권회복단은 조직과 인적 구성이 치밀하였을 뿐 아니라, 대동청년단·광복회 등의 조직력에 의해 엄폐되었다. 이 단체의 전모가 드러난 것은 1919년 6월경이었다. 소위 조선국권회복단 중앙총부사건(朝鮮國權恢復團 中央總部事件, 일명 安逸庵事件)이었다.

2. 유세부장으로 활동하다

정순영은 조선국권회복단의 유세 부장(遊說部長)으로 활동하였다. 일제 관헌 측의 사료인 「독립운동에 관한 건」(1919. 6. 20)과 『고등경찰요사』(1934)의 「조선국권회복단 중앙총부사건(朝鮮國權恢復團 中央總部事件)」에 따르면, 조선국권회복단의 조직은 아래와 같다.[07]

---

06 위와 같은 책, 95쪽.
07 대정 8년 6월 20일, 소밀제4452호, 「독립운동에 관한 건」, 강덕상편, 『현대사자료』25, 1967, 471~473쪽; 경상북도 경찰부, 『고등경찰요사』, 184쪽; 국사편찬위원회, 『한민족독립운동사자료집』7, 「국권회복단」Ⅰ, 87~88쪽; 국사편찬위원회, 『한민족독립운동사자료집』9, 110쪽.

조직

통령　　　　윤상태(尹相泰, 달성)

외교부장　　서상일(徐相日, 대구)

교통부장　　이시영(李始榮, 대구)·박영모(朴永模, 합천)

기밀부장　　홍주일(洪宙一, 달성)

문서부장　　이영국(李永局, 대구)·서병룡(徐丙龍, 대구)

권유부장　　김규(金圭, 충남 아산)

유세부장　　정순영(鄭舜永, 성주)

결사대장　　황병기(黃炳基, 전라도)

마산지부장　안확(安廓, 마산)

동역원　　　이형재(李亨宰, 마산)·김기성(金基聲, 마산)

단원　　　　우하교(禹夏敎, 달성)·배상연(裵相淵, 성주)·서창규(徐昌圭, 대구)·편동현(片東鉉, 영일)·조필연(趙弼淵, 상주)·윤창기(尹昌基, 대구)·김재열(金在烈, 고령)·장석영(張錫英, 성주)·배상렴(裵相濂, 성주)·박상진(朴尙鎭, 경주)·정운일(鄭雲馹, 대구)·신상태(申相泰, 칠곡)·이수묵(李守黙, 칠곡)·김응섭(金應燮, 대구)·조긍섭(曺肯燮, 달성)·최준(崔浚, 경주)·정용기(鄭龍基, 대구)·남형우(南亨祐, 고령)·서상환(徐相懽, 통영)·배중세(裵重世, 마산)·이순상(李舜相, 마산)·서상호(徐相灝, 통영)·변상태(卞相泰, 진해)·황병기(黃炳基, 전라도)

관련부호　　박중화(朴重華, 서울)·손영순(孫永詢, 밀양)·손영설(孫永卨, 밀양)·한윤화(韓潤和, 대구)·전영택(全永澤, 밀양)·이조원(李祖遠, 동래)·윤현태(尹顯泰, 양산)·안희제(安熙濟, 의령)·최태석(崔泰錫, 청도)·최태욱(崔泰旭, 청도)·양재하(楊在河, 대구)·정운기(鄭雲馹, 대

구)·서병주(徐炳柱, 대구)·한익동(韓翼東, 대구)·정인찬(鄭寅贊, 동래)

목적

단군태황조(檀君太皇祖)를 봉사(奉祀)하고 신명(身命)을 바쳐 국권회복운동(國權恢復運動)에 종사(從事)할 것을 서약(誓約).

조선국권회복단은 중앙총부 내의 통령 윤상태를 중심으로 외교부장 서상일, 교통부장 이시영·박영모, 기밀부장 홍주일, 문서부장 이영국·서병룡, 권유 부장 김규, 유세 부장 정순영, 결사대 대장 황병기와 그 역원, 지부는 마산지부장 안확과 그 역원으로 구성되어 있었다.

조선국권회복단은 외교부를 비롯하여 모두 7개의 부서로 조직되었다. 이 부서의 역할과 기능을 설명하는 자료는 없지만, 부서에 따른 단원의 임무가 주어졌다. 권유 부장 김규와 유세 부장 정순영은 각 지부와 국내·외에 설치된 각 거점 간의 연락을 담당했던 것으로 보인다.[08] 결사대는 "단원이 제멋대로 탈퇴하거나 단체 내부의 사정을 관헌 등에게 누설하는 경우 그자를 살육하기 위해 설치된 것"이었다. 결사 대장 황병기는 의병 출신으로 휘하에는 대원 8명이 있었다.[09]

---

08 국사편찬위원회, 『한민족독립운동사자료집』7, 「국권회복단」Ⅰ, 「참고인 정진영 신문조서」(1919년 7월 10일, 대구지방법원), 96쪽
09 위와 같은 책, 95쪽

3. 대구권총사건에 참여하다

조선국권회복단의 최대 과제는 만주나 연해주 등에서 활동하고 있던 국외 독립운동 단체의 군대 양성과 무기 구입에 필요한 군자금을 마련하는 것이었다. 설립 초기 단원들은 대부분 중산층 이상의 재력을 가졌으므로 자신의 재산을 희사할 계획이었다. 그러나 자신들의 재산만으로는 독립군의 요구에 부응할 수 없었기에 대구를 비롯한 국내 자산가로부터 일정액을 갹출하여 군자금을 조달하기로 계획하였다.

조선국권회복단의 단원 정운일·최병규·최준명 등은 대구의 부호들을 대상으로 군자금 모집에 나섰다. 1915년 4월경 최준명(崔俊明)을 시켜 부호 서창규(徐昌圭)를 만나 독립운동에 필요한 자금을 요청토록 하였으나 실패하였다. 이것은 박상진이 기획한 것이었다. 그가 만주에서 반입한 권총 10자루 가운데 일부를 김재열과 최준명이 보관하고 있었다. 6월경 최병규·정운일·김재열 등이 권총을 소지하고 다시 서창규를 만나 군자금을 요구하였지만, 끝내 거절당했다.[10]

한 달 뒤, 박상진은 1915년 7월 15일 광복회를 결성하면서 국외 독립운동국외 독립운동 단체를 지원할 군자금 모집에 착수하였다. 당시 총사령 박상진이 계획한 대표적인 사건이 1915년 12월의 경북 우편마차암습사건(慶北郵便馬車暗襲事件)과 1916년 9월의 대구권총사건(大邱拳銃事件)이었다.[11] 전자는 광복회 소속 우재룡·권영만 등 의병 출신의 회원이 실행한 것이었고, 후자는 광복회 결성 때 합류

---

10 『대구매일신문』, 1985.5.24, 「항일독립운동사」.
11 권대웅, 「조선국권회복단 연구」, 『민족문화논총』9, 영남대 민족문화연구소, 1988.

한 조선국권회복단의 단원들이 실행한 것이었다.[12]

대구권총사건은 광복회 결성 전부터 조선국권회복단 단원들이 추진하고, 박상진이 지원했던 군자금 모집 활동이다. 그러나 1차 계획이 실패한 뒤, 박상진이 조선국권회복단에서 합류한 이시영·정순영·홍주일·정운일·김재열·최병규·최준명·김진만·김진우 등에게 다시 명령하여 실행한 것이다. 최준명 등은 서우순(徐祐淳)의 사위 김진만으로부터 그의 첩 집에 현금을 숨겨두었다는 사실을 알아낸 후 이를 탈취하기로 하였다. 최준명 등은 서우순의 아들 서상준(徐相俊)과 함께 현금을 탈취할 구체적 계획을 논의하였다.

1916년 9월 3일 최준명은 정운일·김진우·김진만·최병규 등과 함께 서상준의 도움을 받아 서우순이 자고 있던 방으로 침입하였다. 이때 잠에서 깬 서우순이 비명을 질렀다. 이 비명을 들은 집사 우도길이 달려오자, 최준명 등은 권총을 쏘며 달아났다. 그 뒤 최병규가 남긴 신발이 단서가 되어, 최준명을 비롯한 단원들이 일제 경찰에게 체포되었다.

대구권총사건으로 체포된 단원들은 1917년 6월 18일 대구 복심법원에서 김진우 징역 12년, 김진만·정운일·최병규 징역 10년, 권국필·최준명 징역 2년, 박상진·김재열 징역 6월, 홍주일 징역 5월, 이시영 징역 4월을 각각 선고받았다.[13]

대구권총사건으로 단원 다수가 체포되어 옥고를 치렀으나

---

12 대구권총사건은 박상진이 광복회를 결성하기 전부터 조선국권회복단 단원들이 추진했던 군자금 모집 활동이었고, 이 사건의 주체도 조선국권회복단의 단원이었다. 비록 박상진이 명령하여 수행되었다 하더라도 조선국권회복단이 계속 활동하고 있었기에 그 연장선에서 조선국권회복단의 군자금 모집사건으로 이해하는 것이 맞을 것 같다.
13 권대웅, 「조선국권회복단 연구」, 『민족문화논총』9, 영남대 민족문화연구소, 1988.

조선국권회복단의 전모는 드러나지 않았다. 조선국권회복단은 그 조직을 유지하며 독자적인 활동을 이어갔지만, 이 사건으로 광복회는 큰 타격을 받았다. 그리하여 노백린은 미주로, 김좌진은 만주로 망명하는 등 많은 인사가 국외로 탈출하였다. 정순영은 체포되지 않았으나 박상진의 명령에 따라 1916년 10월 이시영·김규 등과 함께 만주로 망명하였다.[14] 조선국권회복단은 이때부터 활동을 중단하고 잠복하여 조직의 명맥을 유지하다가 1919년 3·1운동 이후 다시 활동을 재개하였다. 그러나 1919년 6월 정진영의 밀고로 그 전모가 드러났다.

4. 국외 독립운동을 지원하다

조선국권회복단은 1916년 10월 이후 잠복하여 활동이 중단되었지만, 3·1운동 이후부터 다시 활동을 재개하였다. 1919년 6월 무렵 조직의 전모가 노출될 때까지 다양한 활동을 전개하였다. 경상북도 경찰부 『고등경찰요사』(1934)의 「조선국권회복단 중앙총부사건」에서 확인할 수 있는 국권회복단의 활동을 정리하면 다음과 같다.

> ① 만주·노령지방 동지와의 연결을 위해서 윤창기(尹昌基), 이시영(李始榮), 박영모(朴永模), 서상일(徐相日)은 명목을 상업 시찰이라 붙여서 동 지방에 여행 계획을 기도하였다.

---

14 국사편찬위원회, 『한민족독립운동사자료집』7, 「국권회복단」Ⅰ, 「참고인 정진영 신문조서」(1919년 7월 10일, 대구지방법원) "중앙총부와 광복회와는 김규·정순영이 그 사이에 있어 서로 연락하고 있었는데, 광복회가 발각되어 다수 체포되었으므로 위 두 사람 모두 도주했다."

② 대정 8년(1919) 3월 소요가 발발하자 중앙총부는 변상태(卞相泰)에게 명하여 4월 3일 경남 창원에서 수천 명을 선동하여 동군 진동헌병주재소 습격 도중 헌병과 충돌, 수 명에게 상해를 입혔다.

③ 중앙총부는 소요발발 이래, 상해에서 가정부(假政府)를 설치하고 만주 소항령(蘇項嶺)에서 노백린(盧伯麟)을 교관으로 하여 3만의 병사를 교련하고 있다고 칭하고 이를 위한 자금을 일정 금액 할당하여 갹출하기로 하였다. 배상연(裵相淵)은 액면 오천 원의 약속수형에 월일을 기입하지 않고 서상일(徐相日)에게 교부하고, 또 서상환(徐相懽) · 서상호(徐相灝)는 음력 4월 초 할당액 육만 원 중 일부로서 금일만 원을 송부하고, 최준(崔浚) 또한 그 출자를 하였다.

④ 본단은 곽종석(郭鍾錫) · 장석영(張錫英) 등의 독립청원운동(獨立請願運動)과도 연락을 가졌다. 즉 대정 8년(1919) 4월 상순경 파리강화회의에 제출하기 위해 단원 조긍섭(曺肯燮)이 집필한 독립청원서 초안(獨立請願書草案)은 조긍섭의 명망이 높지 않았으므로 곽종석(郭鍾錫) · 장석영(張錫英) 등이 기획한 청원서(請願書)를 수취하고, 윤상태(尹相泰)는 4월 상순 우하교(禹夏敎)를 장석영(張錫英)에게 차견(差遣)하고 김응섭(金應燮)은 이를 영문(英文)으로 번역, 이를 상해(上海)로 가져가게 하였다. 김응섭은 대구(大邱) 출발에 즈음하여 윤상태(尹相泰) 및 서상일(徐相日)에게서 운동자금(運動資金) 오천 원을 수교(手交) 받고 남형우(南亨祐)와 같이 출발하였다.

⑤ 본단은 부산 백산상회(白山商會)와 연결이 있을 뿐만 아니라, 서상일(徐相日)은 태궁상점(太弓商店) 조직 변경을 구실로 김창규(金昌圭)로 부터 일만 원을 출금시켰고, 그 후 다시 동인을 통해 농공은행(農工銀

行)으로부터 일만 원을 차출하였다.[15]

조선국권회복단은 결성 초기 국외 독립운동 단체를 지원하기 위해 청장년을 모집하거나 군자금 모집에 힘을 기울였고, 3·1운동 이후에는 국내 각처에서 전개되고 있던 만세 시위운동 지원, 국외 독립운동 단체 지원, 그리고 유림단의 파리강화회의 독립청원운동 지원을 전개하였다. 그 외 상해 대한민국임시정부를 지원하기 위한 군자금의 송부와 남형우·김응섭 등을 임시정부로 파견하는데 필요한 여비 지원 등을 수행하였다.

조선국권회복단은 애국계몽운동 계열 인사들이 조직한 독립운동 단체였지만, 국외 독립운동 단체를 지원하기 위한 청장년 모집과 군자금 모집 등을 전개하였던 비밀결사 단체였다. 특히 주목되는 활동은 3·1운동 이후 상해 대한민국임시정부에 대한 지원과 만주 독립운동 단체에 대한 지원이었다.

5. 대구28인사건, 조선국권회복단 단원들이 체포되다

조선국권회복단은 대구권총사건 이후에도 그 실체가 드러나지 않았다. 국권회복단의 단원이자 광복회 회원이었던 정순영은 1915년 12월 경북우편마차암습사건, 1916년 9월 대구권총사건 등에 깊숙이 관여하였다. 그렇지만 1917년 11월 장승원암살사건(張承遠暗殺事件), 1918년 1월 도고면장 박용하암살사건(朴容夏暗殺事件) 등에는 직접 관여하지 않은 듯하다. 정순영은 이러한 사건이 발생하기 1년 전

---

15 경상북도 경찰부, 『고등경찰요사』, 1934, 184~186쪽.

1916년 10월 이시영·김규 등과 함께 만주로 망명하여 광복회의 남만주 연락책으로 활동하였기 때문이었다.

1916년 9월 대구권총사건으로 옥고를 치른 박상진은 1917년 11월 만기 출옥하였다. 박상진은 국내조직의 정비, 만주의 신흥무관학교와 관계를 복원하는 등 강력한 투쟁을 모색하였다. 그는 1917년 11월 장승원암살사건과 1918년 1월 박용하암살사건을 실행하였다. 이 사건으로 1918년 2월 1일 체포되어 1921년 8월 11일 오후 1시 대구 감옥에서 순국하였다.

박상진 등이 광복회 사건으로 재판을 받던 1919년 6월 조선국권회복단의 실체가 드러났다. 당시 정순영의 10촌 족형이며, 윤상태의 매형이었던 정진영의 밀고 때문이었다. 이로 인해 단원 28명이 체포되었다. 이른바「대구28인사건(大邱二十八人事件)」이다. 이 사건의 실체는 1920년 경성복심법원에서 심리되었던 조선국권회복단의 재판 과정에서 드러났다.

「제령(制令) 위반죄」로 심리되었던「대구28인사건」은 세인의 이목을 용동(聳動)시킨 사건으로 관련 인사는 주로 대동청년단원(大東青年團員)인 바, 경술합병 후 조국 광복에 투신한 쟁쟁한 지사들이었다. 그들은 해외의 애국 단체와 지사들의 연락, 국내의 동지들과의 연락, 그리고 군자금 조달 등을 위하여 긴밀한 체제를 갖추고 활동을 전개하여, 국내 독립운동의 한 기반을 마련하고 있었다. 그러던 중, 동지 격인 정진영이란 자의 밀고로 경성 종로경찰서 형사대에 의하여 우선 13명이 체포·구금되었으니 서상환 종형제도 그중 한 사람이었다. 이들 인사는 종로경찰서에서 갖은 고문을 당한 끝에 서대문형무소에 구속되어 경성복심법원에서 심리를 받았다. 2년 3개월에 걸친 예심에서 단서를 얻지 못한 법원은 부득이 이들을 방면하였다. 그러나 그 후에도 경계·감시가 혹심하여 감방에 감금된 것과 다름이 없었다. 이 사건에서 체포된 13인과 도피하여 옥고를 면한 15인은 다음과 같다.

체포된 인사
윤상태·서상일·서병룡·홍주일·서창규·윤창기·박영모·배상연·신상태·서상환·서상호·이영국·김용환

체포를 면한 인사
이형재·변상태·안확·서세충·박중화·최윤동·김사용·이경희·김영진·김홍경·이중호·남형우·신철휴·안희제·(1명 미상)[16]

위 기록은 조선국권회복단에 관계된 인사들임에도 불구하고 이들 모두를 대동청년단원으로 파악하고 있다. 그러나 체포된 인사 가운데 김용환(金容煥) 1명만이 대동청년단원이고, 윤상태를 비롯한 12명은 모두 국권회복단의 중요 간부였다. 또 체포를 면한 인사 15명 중 6명이 국권회복단의 단원이었고, 나머지 9명 만이 대동청년단 단원이었다. 이 사건을 밀고한 정진영은 〈참고인 정진영 신문조서〉에서 다음과 같이 검찰의 신문에 답하였다.

문　무슨 뜻에서 밀고하였는가.
답　나는 앞서 진술한 바와 같이 윤상태는 나의 처남이며, 정순영은 나와 10촌 친척일 뿐 아니라, 이시영·서상일·홍주일·김응섭·서상

16　이용락, 『3·1독립운동실록』, 3·1 동지회, 638쪽.

환 등 많은 사람과 수년 전부터 친한 교제를 하는 사이였다. 이들을 본건과 같은 일로서 관헌에 밀고한 것은 인정으로서는 차마 할 수 없는 일이지만, 돌이켜 보면 내가 이 일을 밀고하지 않고 이대로 두면 그들의 행동이 이로부터 더욱 발전하고, 따라서 조만간 관에 발각될 것은 불을 보는 것보다 분명할 것이다. 그때까지 이 사건을 방임해 두면 많은 부호, 그 밖의 양민이 그들의 동지들에게 끌려 들어가 함께 죄를 지을 뿐 아니라 저들의 죄도 나날이 발전하여 더욱 무겁게 되어 사회에 해독을 끼칠 것이 더욱 심해질 것이다. 이에 나는 여러 가지 생각한 끝에 이렇게 하는 것이 그들의 이익 및 사회의 이익이라 생각했다. 또 그들은 어떻게 생각할지 모르지만 내 몸을 희생할 각오로 지난번 대구경찰서의 형사 순사 박준영에게 앞에 말한 사실을 고하고 관대한 처치를 바란다는 뜻으로 신고하였다. 먼젓번에 귀청 검사정에서 취조받을 때도 똑같이 말했다.[17]

『독립신문』, 1920. 4. 3, 「수원·수안·대구·안성의 각 사건으로 피포(被捕)된 257인도 함께 적(敵)의 예심(豫審)이 종결되다」

조선국권회복단의 단원들이 검거될 당시 정순영은 만주로 건너가 광복회의 남만주 연락책을 맡고 있었다. 그는 선양에서 이관

---

17 국사편찬위원회, 『한민족독립운동사자료집』7, 「국권회복단」Ⅰ, 「참고인 정진영 신문조서」
    (1919년 7월 10일, 대구지방법원)

구가 설립한 삼달양행 정미소를 거점으로 활동하고 있었기 때문에 검찰에 기소되었지만 면소되었다. 당시 검찰이 재판부에 제출한 기소 「의견서」를 보면, 피고들은 "국권회복에 대한 희망을 품고 피고 윤상태 등과 동지로 서로 사권 사실 만으로는 범죄 관계가 있다고 인증할 만한 증빙이 충분하지 못하다."라 하여 혐의가 없다는 의견을 개진하였다.[18]

검찰의 기소 「의견서」에 따라 재판부는 체포된 일부 단원에 대해 면소하였고, 체포되지 않은 단원에 대해서도 무혐의 처분을 내렸다. 1920년 3월 24일 『매일신보』에는 다음과 같이 보도하고 있다.[19]

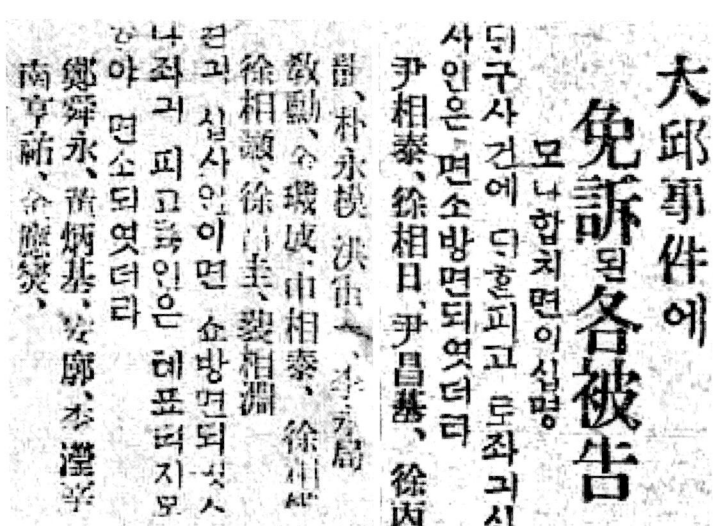

『매일신보』, 1920. 3. 24, 「대구사건에 면소된 각 피고 모두 합치면 이십명」

18 국사편찬위원회, 『한민족독립운동사자료집』 9, 「3·1운동과 국권회복단」, 〈의견서〉, 72~78쪽.
19 『매일신보』, 1920. 3. 24, 「대구사건에 면소된 각 피고, 모두 합치면 이십명」

「대구사건(大邱事件)에 면소(免訴)된 각(各) 피고(被告) 모두 합치면 20명」 대구사건에 대한 피고로 좌기 14인은 면소 방면되엿더라.

윤상태·서상일·윤창기·서병룡·박영모·홍주일·이영국·김교훈·김기성·신상태·서상환·서상호·서창규·배상연

전기 14인이 면소 방면되었으나 좌기 피고 6인은 체포되지 못하여 면소되엿더라.

정순영·황병기·안확·이형재·남형우·김웅섭

정순영과 함께 망명했던 이시영은 유하현 삼원보에서 이질(痢疾)에 걸려 1919년 7월 이미 사망하였고, 정순영도 당시 선양(瀋陽)과 지린(吉林) 등지에서 활동하고 있었기에 기소는 되었지만, 체포되지 않아 심리가 이뤄지지 못하였다. 이로 인해 정순영 등은 모두 면소 처분을 받게 되었다.

제 4 장

광복회

1. 광복회 결성에 참여하다

광복회(光復會)[01]는 경북 풍기에서 결성된 광복단(光復團)과 대구에서 결성된 조선국권회복단(朝鮮國權恢復團)의 일부 인사들이 합류하여 1915년 7월 15일(음) 조직한 독립운동 단체였다. 광복회는 1918년 그 조직의 전모가 드러날 때까지 국내·외 독립운동 단체 가운데 가장 규모가 컸고, 광범하게 활동하였다.

      풍기 광복단과 조선국권회복단이 합류한 배경은 두 조직의 인적 교류에서 기인한다. 1913년 정월 결성된 풍기 광복단은 채기중

---

01 광복회의 호칭 문제로 논란이 있다. 일반적으로는 1913년 채기중 등이 풍기에서 결성한 광복단(光復團), 1915년 박상진 등이 대구에서 결성한 광복회(光復會)로 파악하고 있다. 1945년 8월 19일 한훈(韓焄)이 기록한 「대한광복단」(1945)에서도 1913년 "풍기 채기중과 유장열(柳璋烈)·김상옥(金相玉) 등과 비밀결사 광복단을 조직", 1915년 "박상진(朴尙鎭)·김좌진(金佐鎭) 등과 광복단을 광복회로 강화 혁신하여 군대식으로 재편성"한 것으로 되어있다. 그런데 해방 이후 1945년 10월 우재룡·권영만 등이 광복회(光復會)를 결성하였고, 동년 12월에는 한훈 등이 서울에서 광복단(光復團)을 재건하였다. 이같이 문제는 각기 다른 단체를 조직하는 데서 비롯되었고, 최근에는 풍기에서 대한광복단기념사업회가 사업을 추진하면서 풍기 광복단과 광복회의 관계를 설정하는 과정에서 정통성 문제가 대두되기도 하였다.

(蔡基中)·양제안(梁濟安) 등을 중심으로 조직되었다. 이들은 만주와 연락을 취하며 독립군 기지를 지원하기 위한 군자금을 모집하고 있었다. 이때 만주에서 양제안(梁濟安, 1860~1929)을 만난 박상진과 그의 이종사촌 이복우는 채기중을 소개받았다.02

> 공(公, 양제안)은 만주(滿洲)에서 명성이 널리 알려졌는데, 하루는 건장한 청년 두 사람이 찾아와 울면서 국사(國事)를 말하기를 "주권을 회복하는 계책이 장차 어디서 나오겠습니까. 선생의 고명하신 지견(知見)으로 장래를 선도(善導)하여 주심이 어떠하겠습니까."라고 하니, 공이 말하기를 "풍기(豊基)에는 채기중(蔡基中)이 있으니 진정한 의사(義士)요, 또 영웅(英雄)이다. 바야흐로 어진이를 부르고 의사(義士)를 맞이하고 있으니, 그대들은 마땅히 가서 참여하는 것이 좋을 것이다."고로 이복우(李福雨)와 박상진(朴尙鎭)은 만주에서 풍기로 와서 공의 차자 한위(漢緯)와 함께 채기중을 방문하여 대사(大事)를 결정하고 광복회(光復會)를 조직하였다.03

박상진은 1911년 만주를 여행하면서 중국의 혁명 상황을 둘러보고 다수의 지사를 만났다.04 박상진이 만난 지사는 허겸(許蒹)·손일민(孫一民)·김대락(金大洛)·이상룡(李相龍)·김동삼(金東三) 등이었다. 그는 이들이 경영하고 있던 경학사와 신흥무관학교를 둘러보고 국내에서 지원을 담당하기로 약속하고 귀국하였다. 그는 풍기 광복단

02 『광복단약사』, 광복단총본부, 1945.
03 양한위, 『양벽도공제안실기』.
04 조동걸, 「대한광복회의 결성과 그 선행조직」, 국민대학교 한국학연구소, 『한국학논총』5, 1982.

의 양재안(梁濟安)·우재룡(禹在龍)·권영만(權寧萬)·조용필(趙鏞弼) 등을 만났고, 조선국권회복단과 대동청년단의 서상일(徐相日)·안희제(安熙濟) 등도 만났다.

　　박상진은 1915년 1월 15일(음) 결성된 조선국권회복단에 참가하였다. 이때 박상진은 의병 활동의 경력이 있던 정운일(鄭雲馹)·변상태(卞相泰)·황병기(黃炳基) 등과 밀착되어 활동하였다. 그는 1912년부터 대구에서 상덕태상회(尙德泰商會)를 설립하여 거점으로 삼고 만주를 왕래하였는데, 1915년으로 접어들면서 만주나 노령의 국외 독립운동 단체에 대한 지원 활동을 더욱 적극적으로 전개할 필요성을 절감하였다.[05] 이러한 상황에서 그는 무장투쟁을 위한 군대 양성과 무기 구입을 위한 군자금 마련이 급선무라 생각하였다.

　　박상진은 1915년 7월 15일 풍기 광복단과 조선국권회복단의 의병 계열 인사들을 규합하여 비밀결사 형태의 혁명단체 광복회를 결성하였다. 풍기 광복단은 독립군을 양성하여 무력으로 국권을 회복하고자 했던 의병 참여 인사들이 조직한 단체였기 때문에 박상진과 뜻을 함께할 수 있었다. 그리하여 광복회에는 우재룡·권영만 등 의병 출신과 조선국권회복단의 이시영·정순영·홍주일·정운일·최준 등의 의협적인 인물들이 참여하였다. 1915년 12월에는 만주 길림에서 우재룡·손일민·주진수·이홍 등이 길림광복회(吉林光復會)를 조직하였고, 1916년에는 서울을 중심으로 광복회 조직이 더욱 확대되었다. 이때 유세 부장 정순영은 권유 부장 김규(金圭)와 함께 조선국권회복단과 광복회를 연결하는 가교 역할을 수행하였다.[06]

05　경상북도경찰부, 『고등경찰요사』, 1934.
06　국사편찬위원회, 『한민족독립운동사자료집』7, 「국권회복단」Ⅰ, 「참고인 정진영 신문조서」

광복회 사령관 박상진과 만주 사령관 이관구(李觀求, 李奭大)는 중국 신해혁명(辛亥革命)의 영향을 받아 근대국가 이념인 공화주의를 수용한 혁명가였고, 또 단군(檀君)을 신봉하는 대종교(大倧敎)를 기반으로 하는 민족의식을 가지고 있었다.

광복회는 박상진의 주도하에 4대 강령(四大綱領)과 실천사항(實踐事項)을 통해 국권회복을 달성하고자 하였다. 박상진의 투쟁 방략은 비밀(秘密)·폭동(暴動)·암살(暗殺)·명령(命令)이라는 4대 강령으로 나타났고, 실천사항으로 더욱 구체화되었다. 그 실천사항에 따라 군자금의 모집을 통한 무력준비, 무관과 군인으로 구성된 독립군의 양성, 무기 구입, 활동 조직의 설치, 친일부호의 처단 등의 활동을 전개하였다.[07]

2. 남만주 연락책, 만주로 망명하다

광복회의 초기 회원은 80여 명이었다. 우재룡의 자서전『백산실기(白山實記)』를 통해 광복회의 조직망과 주요 인물을 살펴보면 다음과 같다.[08]

사령관	박상진(朴尙鎭)
지휘장	우재룡(禹在龍)·권영만(權寧萬)
지부장	채기중(蔡基中, 경상도)·김한종(金漢鍾, 충청도)·이병찬(李秉燦, 전라도)·김선호(金善浩, 경기도)·최봉주(崔鳳周, 함경도)·조현균(趙

---

07 독립운동사편찬위원회,『독립운동사자료집(의열투쟁자료집)』11, 685쪽.
08 우재룡,『백산실기』.

	賢均, 평안도) · 이해량(李海量, 황해도) · 김동호(金東浩, 강원도)
본부 회장	박상진(朴尙鎭) 이하 최준(崔浚) · 이복우(李福雨) 등
만주사령관	이석대(李奭大)
국외	만주 안동여관(滿洲安東旅館) 손회당(孫晦堂), 봉천 삼달양행 정미소(奉天三達洋行精米所) 정순영(鄭舜永) 등

광복회는 결성 이후 경상도를 비롯하여 전국 각도 및 서간도와 북간도까지 그 조직망을 확대하였다. 의병운동 계열에서는 이강년(李康秊) 의진이나 민종식(閔宗植) 의진에 참여하였거나 관련이 있는 풍기 광복단의 인사가 주축이 되었다. 풍기 광복단의 강병수(姜秉秀)는 이강년 의진에 참여하였던 인물이었고, 광복회로 조직이 확대되면서 조용필(趙鏞弼) 등의 의협적 인사들이 합류하였다. 그 외 김산의진과 산남의진에 참여하였던 양제안(梁濟安), 의병장 허위(許蔿)의 문인 박상진과 채기중이 연결되었다. 또 을미의병 당시 진보의진에서 활약했던 권영만(權寧萬), 1906년 을사의병 때 산남의진에서 활약하였던 우재룡(禹在龍) 등도 합류하였다. 그리고 애국계몽운동 계열의 조선국권회복단에서 김재열 · 정운일 · 이시영 · 정순영 · 홍주일 등이 참여하였다.

광복회는 활동 거점으로 상업조직을 활용하였다.[09] 광복회가

---

[09] 대동청년단과 조선국권회복단의 경우, 역시 상업 조직을 그 거점으로 활용하고 있었다. 주로 곡물상을 취급하였던 그 거점은 대구의 태궁상점(太弓商店, 서상일), 부산의 백산상회(白山商會, 안희제), 왜관의 향산상회(香山商會, 윤상태), 원산의 원흥상회(元興商會, 윤창기), 마산의 원동상회(元東商會, 이형재) · 환오상회(丸五商會, 김기성), 만주 안동의 신동상회(信東商會, 박광), 봉천의 해천상회(海天商會, 이호연) 등이다. 그 외 서울의 미곡상 이수영(李遂榮), 통영의 미곡상 서상호 등이 연락책을 담당하였다.

활동 거점으로 삼았던 상업조직은 대구의 상덕태상회(尙德泰商會)를 본부로 하여 국내·외 각처에 설립되었다. 국내 거점은 영주의 대동상점(大同商店)을 비롯하여 삼척의 김동호(金東鎬), 광주의 이명서(李明瑞), 예산의 김재창(金在昶), 연기의 박장희(朴壯熙), 인천의 이재덕(李在德)과 황학성(黃學性), 용천의 문응극(文應極) 등이 운영하는 상점들이었다. 국외 거점은 만주 안동의 안동여관(安東旅館) 손일민, 봉천의 삼달양행 정미소(三達洋行精米所) 정순영(鄭舜永), 장춘의 상원양행(尙元洋行) 이관구(李觀求, 李鎭龍 혹 李奭大) 등이었다.[10] 그 외에 여관이나 음식점이 활동 근거지가 되었고, 서울의 어재하(魚在河), 안동의 이종영(李鍾暎), 고령의 김재열(金在烈), 영천의 정재목(鄭在睦) 등의 사가(私家)도 연락 거점으로 이용되었다. 이때 국내·외에 설립된 연락거점을 연결하는 역할은 정순영과 김규가 담당하였다.[11]

  1910년대 일제의 무단통치는 민족기업이 성장할 수 없던 시기였기에 곡물상의 상업 활동은 편리했다. 조선 각처에서 곡물상의 상업 활동이 활발하게 전개됨에 따라 다른 지역의 곡물상과도 교역이 광범하게 이루어졌다. 이러한 과정에서 해외 출입과 독립운동 자금의 송금이 편리하였고, 일제의 감시도 피할 수 있었다.[12]

  광복회를 결성한 박상진은 우선 자신의 재산을 헌납하는 한

---

10 박상진은 대구에 상덕태상회(尙德泰商會)를 조직한 후, 동지들에게도 상회의 설립을 적극적으로 권유하였다고 한다. 그의 권유로 설립된 상회는 다음과 같다. 갑인상회(甲寅商會, 윤현태), 이춘상회(離春商會, 윤현태), 백산상회(白山商會, 안희제), 평북상회(平北商會, 이인실, 평양), 충주상회(忠州商會, 김성환, 충주) 등이다.(박맹진,「고헌실기략초」, 1945, 필사본 참조. 박영석,「대한광복회연구-박상진제문을 중심으로-」,『한국민족운동사연구』1, 1986. 97쪽)
11 조선국권회복단, 참고인「정진영조서」(1919년 10월 15일, 고등법원)
12 조동걸,「대한광복회연구」,『한국사연구』42, 1983. 111쪽.

편, 상덕태상회를 통해 독립운동 자금을 확보하려고 하였다.[13] 그러나 광복회의 '실천사항' 제5항, "국내 요지에 1개소 1만 원의 자본금으로 1백 개소의 표면상 잡화점을 개업하여 그 이익으로 국권회복의 자금을 마련하고 무기를 구입하여 준비를 마친다."는 방침을 실행하기는 결코 쉬운 일이 아니었다. 그래서 광복회는 국내 부호들로부터 의연금을 모집하는 방안을 마련하였다. 이런 상황에서 광복회는 1915년 12월 24일 경북우편마차암습사건(慶北郵便馬車暗襲事件)과 1916년 9월 3일 대구권총사건(大邱拳銃事件)을 결행하였다.

대구권총사건으로 박상진이 체포된 뒤, 국권회복단과 광복회는 큰 타격을 입었다. 광복회의 노백린은 미주로, 김좌진은 만주로 망명하는 등 많은 인사가 국외로 탈출하였다. 그리고 국권회복단의 유세 부장 정순영은 교통 부장 이시영, 권유 부장 김규 등과 함께 1916년 10월 만주로 망명하였다. 정순영은 선양에서 이관구가 설립한 삼달양행 정미소를 거점으로 남만주 연락책이라는 중책을 맡았다.

3. 광복회, 경북우편마차암습사건을 벌이다

1915년 12월 24일 광복회 단원 우재룡, 권영만은 경주(慶州) 광명리(光明里)에서 일본인이 징수하여 마차로 운송 중이던 경주·영일·영덕 등 세 개 군의 세금 8,700원을 탈취하였다.[14] 이른바 경북우편마차암습사건(慶北郵便馬車暗襲事件)이었다.

---

13 박영석, 「대한광복회연구-박상진제문을 중심으로-」, 『한국민족운동사연구』1, 1986. 97쪽.
14 국가보훈처, 『독립유공자공훈록』, 제7권, 「국내 독립운동」, 권영만, 우재룡.

박상진의 6촌 박맹진(朴盟鎭)의 『고헌실기략초(固軒實記略抄)』에
서는 이 사건의 경위를 다음과 같이 기록하고 있다.

> 경북 우편국에서 영일·경주 등 각처 지세(地稅)를 수합하여 우편 마차
> 편으로 대구로 수송한다는 날짜를 최준(崔浚)이 탐지하였다. 박상진은
> 우재룡, 권영만을 이 임무에 투입하였다. 권영만은 병자로 가장하여
> 마차 주인집에 숙박하며, 대구 병원에 치료하러 간다고 부탁하였다.
> 이튿날 새벽 권영만은 마차에 탑승하였고, 우재룡은 신호에 따라 효
> 현교(孝峴橋) 천변(川邊)에 대기하였다. 마차가 천변에 당도하였는데, 목
> 교(木橋)를 미리 파괴하였으므로 말이 물을 건너기를 꺼리는 사이에 신
> 호를 서로 보내고, 우재룡은 마차 뒤를 따르다가 두대(斗垈)와 광명(光
> 明) 사이 당집 앞에서 현금을 탈취하여 녹동(鹿洞)으로 돌아왔다. 금액
> 은 18,700원으로 박상진의 명령으로 최준에게 맡겨 보관하였다.[15]

이 사건은 재무부장 최준이 입수한 정보에 따라 우재룡과 권
영만 두 사람이 실행에 옮긴 것이다. 1915년 12월 24일 새벽, 권영만
은 환자로 가장하여 우편 마차 주인집에서 숙박하였고, 대구에 있
는 병원으로 치료를 받으러 간다는 핑계로 우편 마차에 동승하였
다. 우편 마차가 경주를 출발하여 아화(阿火) 방면으로 가던 중, 효현
교를 지날 때, 권영만은 우편 행랑을 찢어 현금 8,700원을 탈취하였
다. 이후 뒤따르던 우재룡과 함께 박상진의 집이 있는 경주 녹동(鹿
洞)으로 귀환하였다.

위 『고헌실기략초』에는 탈취한 금액이 18,700원이라 하였지

---

15 박맹진, 「고헌실기약초」(수초본); 『매일신보』, 1915. 12. 26, 「경주 아화간에서 관금봉적」

『매일신보』, 1915. 12. 26, 「경주 아화 사이에서 관금봉적(官金逢賊)」

만, 『매일신보』는 8,700원으로 보도하였다. 일제는 이 사건의 범인을 잡지 못했고, 미제사건으로 남아 있었다. 1945년 광복 후 우재룡과 권영만이 이 사실을 밝힘으로써 광복회가 실행한 군자금 모집사건으로 드러났다.

한편, 박상진은 1916년 6월부터 광복회의 황해도 회원 이관구·성락규·조선환 등과 함께 중국 안동현에서 조선 총독 암살을 계획하였다.[16] 이 계획을 실행하기 위해 박상진은 이관구에게 권총 2정을 제공하였고, 성낙규와 조선환이 각각 한 자루씩을 가지고 서울에 잠입하였다. 곧이어 이관구도 서울에 왔고, 권총은 광복회의 새로운 계획에 사용하기 위해 박상진이 파견한 권성욱(權成旭, 이명 百草·國弼·相錫)에게 인계되어 1916년 9월 3일 대구권총사건에 사용되었다. 이때 중국에서 귀국한 박상진도 서울에서 체류하던 중 총포화약령(銃砲火藥令) 위반으로 체포되었다. 그는 1917년 6월 18일 대구복심법원에서 징역 6월을 받고 옥고를 치렀다.[17]

대구권총사건으로 관련자들이 체포되기 시작하자, 정순영은

16　국사편찬위원회, 『한국독립운동사』2, 483쪽.
17　박맹진, 『고헌실기약초』, 대정 7년 8월 16일 고제23808호, 「국권회복을 표방한 불령선인 검거의 건」, 강덕상, 『현대사자료』25, 1967, 55쪽.

1916년 10월 국권회복단 교통부장 이시영, 권유부장 김규와 함께 만주로 망명하였다.[18] 1920년 7월 9일 이시영은 유하현 삼원포에서 이질로 사망하였고,[19] 정순영은 선양에서 삼달양행 정미소를 거점으로 남만주 연락책으로 활동하였다. 그는 광복회와 길림광복회를 연결하는 역할을 하면서 가족과 함께 길림에 거주하기도 하였다.

박상진은 6개월의 수형 생활 끝에 1917년 11월에 만기 출옥하였다. 그는 광복회의 국내조직 재정비, 신흥무관학교와의 관계 복원 등에 노력하였다. 한편, 운산금광(雲山金鑛) 수송마차습격사건으로 체포된 만주 사령관 이관구의 후임으로 김좌진(金佐鎭)을 임명하였다.[20] 그밖에 1918년 직산금광(稷山金鑛)[21]과 상동광산(上東鑛山)[22]의 습격을 기도하였지만 모두 실패하였다. 또 김좌진을 중심으로 중국 화폐의 위조도 계획하였지만 역시 실패하였다.[23] 1915년 12월 경북우편마차암습사건(慶北郵便馬車暗襲事件)을 제외하고는 광복회 군자금 모집은 대체로 실패로 끝난 셈이다.

---

18 박맹진, 『고헌실기약초』에 의하면, 박상진이 감옥에서 출옥한 뒤라고 하였으나 체포된 뒤 바로 출국한 것으로 보인다.
19 윤보현, 『영남출신 독립운동가약전』제1집, 상신사, 1961; 윤보현, 『경북판독립운동실록』, 중외출판사, 1974.
20 우재룡, 『백산실기』.
21 독립운동사편찬위원회, 『독립운동사자료집(의열투쟁자료집)』11, 684쪽.
22 대정 7년 3월 11일, 고제5044호, 「불온언동자 발견 처분의 건」, 강덕상, 『현대사자료』25, 1967, 51쪽.
23 위의 책, 39쪽.

4. 광복회, 장승원과 박용하를 처단하다

1917년 11월 만기 출옥한 박상진은 경상북도를 비롯한 각처의 부호들에게 군자금을 강제 갹출할 계획을 세웠다. 그는 대구권총사건 때와 같이 자산가들이 요구에 응하지 않을 것을 염려하여 먼저 부호 1명을 암살하여 자산가들의 경각심을 일깨우려 하였다.[24] 암살대상으로 선택된 인물이 칠곡의 장승원(張承遠), 아산 도고면장 박용하(朴容夏), 보성의 양재학(梁在學), 벌교(筏橋)의 서도현(徐道賢) 등이었다. 광복회는 경북 칠곡의 전 경상도 관찰사 장승원 암살과 도고면장 박용하 암살을 실행함으로써 세상에 널리 알려졌다.

장승원은 1904년 9월 경상도 관찰사에 임명되면서 당시 평리원장 허위(許蔿)에게 의병 자금으로 20만 원을 헌금하기로 약속했지만,[25] 지키지 않았다. 이에 허위의 제자 박상진은 1916년 권성욱을 보내 두 차례에 걸쳐 장승원을 암살하려 했으나 실패한 후, 1917년 11월 10일 다시 풍기 광복단의 채기중·강순필·유창순으로 하여금 단행토록 하였다.[26]

도고면장 박용하암살사건은 1918년 1월 24일 김한종과 장두환이 실행하였다. 박용하는 악질 면장으로 지목되어 있었고, 또 부호로서 군자금을 배당받자, 곧바로 일본 경찰에 신고했던 인물이다. 우재룡은 박상진의 지시에 따라 김한종과 장두환에게 권총을 전달하였고, 김경태(金敬泰)와 임세규(林世圭 혹 鳳柱)가 암살을 실행하

---

24 위의 책, 677쪽.
25 『황성신문』, 1904. 9. 15, 「양찰공천(兩察公薦)」.
26 독립운동사편찬위원회, 『독립운동사자료집(의열투쟁자료집)』11, 673~712쪽. 대정 7년 1월 28일, 고제1741호, 「국권회복을 표방한 불온단체원발견처분의 건」, 강덕상, 『현대사자료』25, 1967, 33쪽.

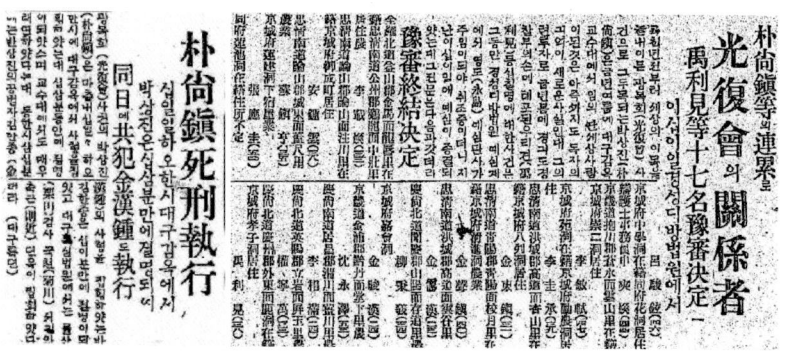

(왼쪽) 『동아일보』, 1921. 8. 18, 「박상진 사형 집행」 (오른쪽) 『동아일보』, 1921. 12. 25, 「박상진 등의 연루로 광복회의 관계자 우리견 등 17명 예심결정」

였다.[27]

    1918년 1월 27일 장두환이 천안군 성환에서 체포되었고, 김경태·임봉주 등 4인은 충남 예산에서 체포되었다. 사건에 연루된 자들이 모두 체포되면서 광복회의 실체가 드러났고.[28] 이후 경상북도 경찰부가 수사에 나섰다. 신변에 위협을 느낀 박상진은 안동 이동흠(李東欽) 집에 은신하며 국외 탈출을 계획하였다. 그러나 어머니의 생명이 위급하다는 소식을 듣고 경주에 있는 집으로 돌아갔다가 2월 1일 체포되었다. 한편, 조선 총독암살계획을 세웠던 이관구는 황해도 일대에서 군자금 모집에 열중하였지만, 1918년 6월 해주에서 조하동(趙夏東)의 밀고로 체포되었다.[29]

    1918년 총사령관 박상진을 비롯하여 다수의 광복회원이 체포되었다. 그 뒤 만주로 피신했던 한훈(韓焄 혹 禹錫)은 1920년 8월 김

27 독립운동사편찬위원회, 『독립운동사자료집(의열투쟁자료집)』 11, 682쪽.
28 국사편찬위원회, 『한국독립운동사』 2, 430쪽.
29 대정 7년 8월 16일, 고제23808호, 「국권회복을 표방한 불온선인 검거의 건」, 강덕상, 『현대사자료』 25, 1967, 55쪽.

상옥(金相玉)의 암살단 사건(暗殺團事件)[30]에 연루되어 검거되었고, 만주로 피신한 우재룡·권영만·심영택·소진형 등도 1921년 1월 주비단 사건(籌備團事件)[31]에 연루되어 체포되었다.

박상진은 1919년 2월 28일 공주지방법원 예심에서 사형 선고를 받고 상고하였지만, 9월 20일 경성복심법원에서 상고가 기각되었다. 1920년 대구 복심법원 형사1부에서 박상진과 김한종은 사형이 선고되었고, 동년 11월 4일 경성 고등법원에서는 상고가 기각되었다. 박상진은 1921년 8월 11일 오후 1시에 대구 감옥에서 사형 순국하였고, 이어서 김한종도 오후 1시 30분에 사형 순국하였다.

---

30 독립운동사편찬위원회, 『독립운동사』제7권, 362쪽. 암살단(暗殺團)은 1920년 6월 김상옥·조만식·김동순 등이 조직한 비밀결사 단체로서 길림군정서(吉林軍政署)와 연결되어 있었다. 동년 8월 암살단은 미국 의원단의 입경 시에 대규모의 독립운동을 전개하려 하였다.(이건호, 『김상옥·나석주열사항일실록』, 1986, 52~86쪽.

31 독립운동사편찬위원회, 『독립운동사자료집』7, 682쪽, 소진형·심영택·권영만·우리견 「판결문」. 주비단(籌備團)은 1920년 광복회 회원인 우재룡이 대한민국임시정부와 연결하여 임시정부의 국내 활동을 후원하기 위해 조직한 단체이다.(권대웅, 「백산 우재룡의 항일독립운동」, 『향토문화』제4집, 1988)

제 5 장

광복회 남만주
연락책

1. 독립운동기지, 선양 교민사회가 성장하다

중국 선양(瀋陽)은 동북 3성에서 큰 도시 가운데 하나이다. 청나라가 처음 수도로 정하였고, 1644년 북경으로 천도하면서 제2의 수도가 되었다. 1657년 청 정부가 봉천성(奉天省)과 그 안에 봉천부(奉天府)를 설치하면서, 선양은 봉천(奉天)이라 불리기도 하였다. 선양은 1904년 러일전쟁, 1911년 신해혁명 등 주요 격변을 거치면서 중국의 동북 3성 가운데 정치적으로나 경제적으로 가장 중요한 도시가 되었다.

중국 동북 3성은 19세기 말부터 20세기 초반에 이르러 한인 이주가 급증하였다. 선양의 한인 이주는 1906년 선양 교외 오가황촌(吳家荒村)에 김시순(金時順) 등이 벼농사를 짓기 위해 이주한 것이 시초였다. 이주 한인들은 광대한 토지가 있는 선양의 서북쪽 랴오중현(遼中縣)과 싱징현(興京縣) 등지의 마을에서 농사를 지었다. 한인의 선양 이주는 1910년대에 본격화되었다. 1912년 6호 44명, 1914년 서탑(西塔) 근방 십간방(十間房)에 100여 명이 정착하였다. 선양의 서탑(西塔) 지역은 역과 가깝고 인근 농촌이나 다른 지역으로 이동하기 편리하여 한인들이 많이 정착하였다. 그리하여 서탑 지역이 한국 교

선양시 서탑지역에 있는 서탑

민의 집단거주지로 성장하게 되었다.

1910년대 선양 서탑 거주자들의 대부분은 유생 출신 망명객이었다. 1912년경 안동 출신의 유생 김연환(金璉煥)을 비롯하여 고령 김창현(金昌鉉), 서울 권병문(權丙文)과 권병하(權丙夏) 형제, 창녕 성종호, 안동 이봉희(李鳳羲) 등이 그들이었다.

김연환(金璉煥)은 경북 안동 출신으로 본관이 의성(義城)이다. 1879년 안동시 서후면 금계리에서 학봉 김성일(金誠一)의 후예로 태어났다. 1912년 만주로 망명하여 봉천시(奉天市) 소남문(小南門)에서 천성여관((天城旅館)을 운영하면서 독립운동가들의 국내 연락을 담당하였다. 김창현(金昌鉉)은 경북 고령 출신으로 고종 때 은방생원(恩榜生員)으로 급제, 참봉(參奉)을 역임하였다. 권병문(權丙文)과 권병하(權丙夏) 형제는 서울 출신으로, 동생 권병하는 충청도와 강원도에서 활

랴오중현 덕흥보

동했던 원용팔(元容八) 의병진에서 활동했던 인물이었다.[01] 성종호(成鍾護)는 경남 창녕 출신 유생이었다. 이계동은 안동 출신 석주(石洲) 이상룡(李相龍)의 동생으로 본명은 이봉희(李鳳羲)이다. 이들 모두는 이승희의 문인이었는데, 북경과 봉천에서 사제 관계를 맺었을 것으로 보인다.

    성주 출신의 유학자 한계(寒溪) 이승희(李承熙)는 1914년 8월 이곳 봉천으로 이주하여 독립운동기지 건설에 착수하였다. 그가 랴오중현(遼中縣)에 있는 덕흥보(德興堡)의 황무지 개간에 매진하고 있을 때, 조정규(趙貞奎)·이광룡(李光龍)·이계동(李啓東)·정돈섭(丁敦燮)·이우열(李愚烈)·이현덕(李鉉悳)·이성훈(李星勳) 등의 영남 유생이 선양으로 왔다. 모두 독립운동에 뜻을 두고 만주에서 황무지를 개간하여 농

01 「의사삼융원공을사창의유적(義士三戎元公乙巳倡義遺蹟)」, 「재답권병하(再答權丙夏)」

사를 지으려는 유생들이었다. 이들은 봉천 서탑(西塔) 지역에 거주하면서 이승희의 랴오중현(遼中縣) 덕흥보 독립운동기지 개척에 참여하였다.02

1914년 10월 이승희는 덕흥보에 백여 호가 생계를 유지할 수 있는 토지 280일경(日耕)을 매입하였다.03 그러나 그가 추진하던 황무지 개간 사업은 이듬해 4월 실패로 끝났다. 1914년 10월 매입하였던 땅이 이듬해 봄에 해동이 되면서 침수가 되었기 때문이다. 이로 인해 집단농장을 만들어 독립운동 기지를 건설하겠다던 이승희의 계획은 물거품이 되었다. 1916년 2월 서탑의 여관 일승잔(日升棧)에서 이승희가 서거한 후에는 아들 이기인(李基仁)을 비롯한 그의 제자들이 덕흥보와 그 주변 마을에서 농사를 지었다.

영주 출신의 유생 서주(西洲) 김사진(金思鎭, 1878~1954)의 『요행일기(遼行日記)』04에 따르면, 덕흥보는 1910년경 만주로 망명한 정돈섭(丁敦燮) 등이 개척하였다. 이후 1913년 조정규, 1914년 이승희, 1917년 김사진 등이 차례로 이곳에 들어왔다고 기록하고 있다.

정돈섭(丁敦燮)은 경북 영주 출신이다. 동정(東亭) 이병호(李炳鎬)05의 문하에서 외재(畏齋) 정태진(丁泰鎭), 서주 김사진 등과 함께 수

02　권대웅, 『한계 이승희의 생애와 독립운동』, 성주문화원, 2018.
03　『한계유고』 7, 년보 「한계선생년보」. 1일경은 6묘(畝)이며, 1묘는 30평이다. 6묘는 180평이므로, 일경은 180평이다. 따라서 280일경은 50,400평이다.
04　김사진(金思鎭, 1878~1954)은 영주 출신으로 1917년 2월 만주로 건너가 선양에서 덕흥보를 개척하던 정돈섭(丁敦燮)·박경종(朴慶鍾) 등을 만났다. 김사진은 1910년 망명했던 정돈섭, 정태진 등의 영주 유생과 함께 동정(東亭) 이병호(李炳鎬)의 문하에서 수학하였으며, 저서로는 『요행일기(遼行日記)』 등 11권이 있다.
05　이병호(李炳鎬, 1851~1908) 호는 동정(東亭)이고, 본관은 진성(眞城)이다. 정재(定齋) 유치명(柳致明)의 문인으로 일찍이 한주 이진상을 찾아가 학문을 질정하였으며, 면우 곽종석과 교유하였다. 퇴계 이황의 '심즉리설(心卽理說)'에 이의를 제기하고, '심합이기설(心合理

학하다가 스승이 죽은 뒤 곽종석에게 수학하였다. 1911년 2월 진사 이광룡(李光龍)06과 함께 망명하여 봉천에서 농사를 짓고 있었다. 1914년 8월 이승희가 랴오중현 덕흥보에서 독립운동 기지를 건설하려 할 때, 조정규(趙貞奎)·이광룡(李光龍) 등과 함께 참여하였다. 같은 해 8월에는 이들과 함께 중국 곡부(曲阜)에서 개최된 성탄대회(聖誕大會)에 참가하는 등, 이승희가 주도한 공교회운동(公敎會運動)에도 적극 참여하였다.07

경남 함안 출신 조정규(趙貞奎)는 1913년 4월 조병택(趙昺澤)·김상욱(金相頊)·조용훈(趙鏞薰) 등과 함께 만주로 이주하여 북경과 곡부 등지를 다니면서 망명지를 물색하였다. 선양에서 이승희·안효제·노상익 등과 합류, 랴오중현 덕흥보에 있는 황무지 수천 경을 매입하여 독립운동 기지를 건설하자는 약속을 하고 귀국하였다. 1914년 3월 덕흥보에 들어가 황무지를 매입하였는데, 이때 국내에서 그를 따라간 사람이 30여 명이었다.08

1917년 3월 8일(음 2. 15) 김사진은 서탑의 여관 영창관(永昌館)에서 망명 인사들을 만났다. 권중락(權重洛)·김연환(金璉煥)·정돈섭(丁敦燮)·박경종(朴慶鍾)·성종호(成鐘護)·이회문(李會文)·이문주(李文周)·주재기(朱在基)·이기인(李基仁)·김정식(金正植)·고영한(高永翰)·김수용(金秀容)·이기정(李基禎)·안창제(安昌濟)·안화진(安和鎭) 등이었다. 이들은 이승희

氣說)'로 정의하였다. 1881년 조선책략 반대 상소를 올리고 태백산에 들어가 은거하다가 중년에 풍기 임실(금계동)로 옮겨 학문과 후진 양성에 전념하였다.
06 이광룡은 경북 안동 출신이다. 1891년 5월 관학 유생으로 응제시(應製試)에서 합격, 진사(進士)가 되었다. 정돈섭과 함께 망명하여 선양에서 활동하였다.(정돈섭, 『도암선생문집』 권6, 〈선부군가전〉.
07 정돈섭, 『도암선생문집』 권6, 〈선부군 가전〉.
08 조정규, 『서천집』, 「북정일록」 및 「행록」, 「행장」.

와 함께 덕흥보를 개척하던 망명 유생들이었는데, 당시 선양을 중심으로 인근 마을에 거주하고 있었다.[09]

정순영이 광복회 남만주 연락책으로 선양에 도착한 것은 1916년 10월이었다. 그는 선양의 삼달양행 정미소를 거점으로 선양, 지린 일원에서 활동하였다. 그는 만주의 길림광복회(吉林光復會) 등의 독립운동 단체와 국내의 광복회 등을 연결하는 가교의 역할을 담당하였다.

2. '선양 동고 10인' – 이명 정서웅, 정호웅, 정현식을 쓰다

정순영은 선양을 중심으로 지린 등지를 오가며 남만주 일원에서 활동하던 애국지사들과 접촉하였다. 그는 1916년 10월부터 1919년 12월까지 3여 년간 선양에서 활동하였다. 그렇지만 그와 관련된 기록은 남아 있지 않다. 자신이 기록을 남기지 않은 데다가, 철저하게 이름을 감췄기 때문이다.

정순영은 정서웅(鄭瑞雄), 정호웅(鄭琥雄), 그리고 정현식(鄭鉉湜) 등 세 가지 이명을 사용하였다. 정서웅과 정호웅은 1920년 11월 「대한독립단 국내 분치기관 설치 기획(大韓獨立團國內分置機關設置企劃)」사건으로 검거되었을 때 작성된 종로경찰서 신문조서에서 발견된다. 그 후 이 이름은 발견되지 않는다.

정현식은 남만주와 서울에서 사용하던 이명이다. 1919년 4월 2일 인천 만국공원에서 조직된 한성정부(漢城政府)가 발표한 「국민대회 취지서(國民大會趣旨書)」와 「임시정부 약법(臨時政府約法)」에 실린 임시

09　김사진(金思鎭), 『요행일기(遼行日記)』(필사본)

정부 각원, 평정관, 파리강화회의 파견 국민대표 명단 등에서 '평정관(評定官) 정현식(鄭鉉湜)'이란 이름이 처음 발견된다. 또 조선고사연구회(朝鮮古史研究會)가 창립총회 하루 앞선 1920년 1월 17일에 발표한 「조선고사연구회 취지서(朝鮮古史研究會 趣旨書)」의 발기인 21인 중 한 사람으로 정현식이 확인된다. 그리고 정순영이 1920년 대한독립단 국내 지단 조직 사건으로 2년간 옥고를 치르고 석방된 뒤, 경남과 전남을 전전하였을 때 다시 정현식이라는 이름을 사용하였다.

정현식이 정순영의 이명이라는 사실을 확인시켜 주는 자료가 「선양 동고 10인(瀋陽同苦十人)」이다. 이 자료는 선양과 길림 등 남만주 일원에서 함께 활동하였던 경북 상주 출신의 유생 방주(方舟) 오석룡(吳錫龍)의 서첩에 남아 있는 자필 메모이다. 「선양 동고 10인」은 아래와 같다.

   이상규(李相珪) 호 만오(晩悟) 정사생(1857)

   박민식(朴敏植) 호 신재(愼齋) 무진생(1868)

   권도상(權道相) 호 성재(誠齋) 기사생(1869)

   정안립(鄭安立) 호 학주(學輈) 계유생(1873)

   오석룡(吳錫龍) 호 방주(方舟) 무인생(1878)

   정현식(鄭鉉湜) 호 이당(彛堂) 임오생(1882)

   권보상(權輔相) 호 포헌(匏軒) 기묘생(1879)

   강수희(姜受禧) 호 경호(鏡湖) 갑신생(1884)

   박재하(朴載廈) 계사생(1893)

   김동진(金東鎭) 갑오생(1894)

정순영은 임오생(1882)이었고, 호가 이당(彛堂)이었다. 위 「선양

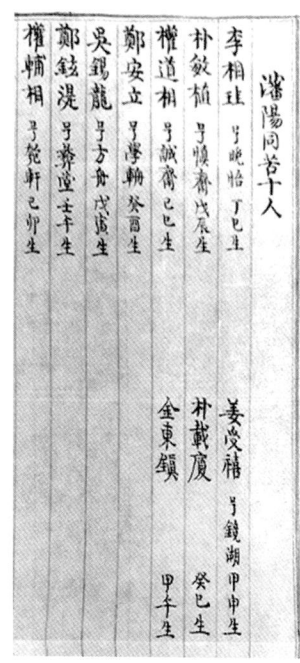

오석룡, '선양 동고 10인'

동고 10인」의 여섯 번째 인사 정현식이 임오생이고, 호가 이당이다. 정현식이 정순영의 이명이었던 셈이다. 「선양 동고 10인」은 나이순으로 기록되어 있다.

이들 가운데 이상규(李相珪), 정안립(鄭安立), 권도상(權道相), 오석룡(吳錫龍)은 만주와 국내에서 정순영과 함께 활동하였던 인물들이다. 이들은 1919년 12월 서울로 들어와 정순영과 함께 1920년 1월 조선고사연구회, 같은 해 5월 인도공의소 설립에 참여하였다. 정순영은 이 무렵 정현식(鄭鉉湜)이란 이명을 사용하였다.

이상규(李相珪, 1856~1946)는 충남 예산 출신이다. 호가 만오(晩悟)이고, 본명은 이상린(李相麟)이다. 간재(艮齋) 전우(田愚)의 문인으로 김복한(金福漢)이 주도한 홍주의병(洪州義兵)에 참여하였다.[10] 이후 체포되어 징역 3년을 받았지만, 특지(特旨)로 방면되었다. 1905년 을사늑약이 체결되자 유동희(柳東熙), 이봉학(李奉學) 등과 함께 상경, 궐 밖에서 5조약의 무효화를 상주(上奏)하기도 하였다. 1910년 나라가 망한 뒤, 국내에서 의병 활동이 한계에 다다르자 북간도(北間島)로 망명, 군관학교(軍官學校)를 설립하여 독립군 양성에 심혈을 기울였다. 1915년 옌지(延吉)에서 간도 공교회지회(間島公敎支會) 회장을 역임하였다.

---

10 이상규, 『만오유고』(국역), 부록 「연보자료」

그리고 정안립과 함께 지린에서 동삼성 한족생계회(東三省韓族生計會)를 설립, 중국 정부의 지원 아래 이주 한인의 중국 국적 취득을 돕고 안정적인 생활을 영위하도록 지원하였다.[11]

정안립(鄭安立, 1873~1948)은 충북 진천 출신이다. 호가 학주(學輈)이고, 본명이 정영택(鄭永澤)이다. 1911년 중국 북간도로 망명한 뒤, 안립(安立)이라는 이명을 사용하였다.[12] 그는 1888년 생원시에 입격한 뒤 법관양성소(1895), 관립 한어학교(1889) 등을 거쳐 법관양성소 교관, 법률기초위원(1905) 등을 역임하였다. 1905년 보성전문학교 초대 학감에 선임된 뒤에는 충청도 지역 각처에 사립학교를 설립하는 등 신교육 구국운동을 전개하였다. 이 과정에서 서북지역 인사들과 인맥을 구축하였다. 그 후 신민회의 초기 단체인 대한신민회(大韓新民會) 회원, 기호흥학회(畿湖興學會) 총무 등으로 활동하였다. 1908년 8월 29 『대한매일신보』는 정안립을 안창호(安昌浩)·이동휘(李東輝)·이종호(李鍾浩)·이희직(李熙直)·현채(玄采)·이우선(李愚璿)·이문화(李文和) 등과 함께 「8대의사(八大義士)」로 선정할 만큼 서북지역에서 명망이 높은 인사였다.[13]

정안립은 1910년 경술국치 이후 일제가 제안한 군수직을 거절하고, 1911년 말 만주로 망명하였다. 그는 북간도에서 사숙개량회(私塾改良會)·간도 공교회지회(間島公敎會支會) 등 유교 관련 단체를 기반으로 활동하였다. 일찍이 중국에 귀화한 그는 유창한 중국어 실력과 노련한 협상 기술을 바탕으로 중국 정부를 상대로 이주 한인

---

11 국가보훈부, 공훈록 1990년 건국훈장 애족장을 받았다.
12 김건실, 「대한제국기 정안립의 계몽운동과 학교설립」, 『한국근현대사연구』 제102집, 2022년 가을호.
13 『대한매일신보』 1908. 8. 29, 「팔대의사」

의 권익 옹호에 앞장섰다.

그는 1918년 11월 중광단(重光團) 인사 39명이 발표한 대한독립선언서(大韓獨立宣言書)에 서명하였고, 1918년 1월 동삼성 한족생계회(東三省韓族生計會)14 결성 발기인으로도 참여하였다. 1919년 4월 동삼성 한족생계회 회장 여준(呂準) 등과 함께 파리강화회의에 '조선독립안(朝鮮獨立案)'을 제출하려는 계획을 세우기도 하였다.15

1919년 정안립은 대동민국(大東民國), 즉 대고려국(大高麗國) 건국을 목표로 활동하였지만, 당시 남만주 일원을 장악한 군벌 장쭤린(張作霖)의 철거령(撤去令)으로 계획은 무산되었다. 그는 1919년 12월 동지 이상규·오석룡·정순영 등과 서울로 귀국하였다. 1920년 1월 서울에서 조선고사연구회를 조직, 남만주 시절 이루지 못했던 대고려국 건설이라는 꿈을 실현하려 하였다. 1920년 4월 1일 일제가 조선고사연구회의 해산령을 내리자 송주헌 등과 일본 동경을 방문 조선 총독 사이토 마코토(齋藤實)를 만나기도 하였다.16

3. 한성정부의 평정관 – 이명 정현식을 쓰다

1919년 3·1운동 이후 여러 개의 임시정부가 국내·외에서 건립되었다. 3월 16일 연해주의 대한국민의회(大韓國民議會), 4월 11일 상해 대한민국임시정부(大韓民國臨時政府), 4월 15일 신한민국정부(新韓民國政府),

---

14　동삼성한족생계회(東三省韓族生計會)는 동삼성 한족생계회(東三省韓族生計會)로 줄여 쓰기도 했다.
15　박성순, 「1910년대 후반 여준(呂準)의 활동을 통해 본 부민단과 신흥무관학교 측의 동향」, 『동양학』 제74집, 단국대 동양학연구원, 2019.
16　송주헌, 『삼호재집』 권3, 잡저, 「강호기략」

4월 23일 한성정부(漢城政府) 등이 그것이었다.

3·1운동 직후 서울에서는 국민대회(國民大會)라는 이름으로 임시정부를 수립하려는 계획이 세워졌다. 이규갑(李奎甲)·홍면희(洪冕禧, 洪鎭)·한남수(韓南洙)·김사국(金思國) 등 4인이 비밀회동을 갖고 극비리에 추진되었다. 이때 신태련(申泰鍊, 申肅)·안상덕(安相悳) 같은 천도교측 인사들도 참여하였다.

이들은 '비밀독립운동본부(秘密獨立運動本部)'를 조직하고, 임시정부 수립과 국민대회 개최를 위한 준비위원회를 구성하였다. 3월 17일 개최된 준비위원 회의에서는 "13도 대표자 회의를 4월 2일 인천 만국공원에서 열고, 임시정부를 수립하여 국민에게 공포할 것"을 결의하였다.

4월 2일 국민대회에서는 「국민회의취지서(國民會議趣旨書)」, 「선포문(宣布文)」을 작성하고, 국민대회 13도 대표자와 결의사항, 그리고 임시정부 각원(臨時政府閣員), 평정관(評政官), 파리강화회의에 국민대표로 출석할 위원을 확정하였다. 당시 한성정부의 조직 및 구성원은 다음과 같다.

임시정부각원(13명)

집정관 총재 이승만(李承晚), 국무총리 총재 이동휘(李東輝), 내무부 총장 이동녕(李東寧), 외무부 총장 박용만(朴容萬), 재무부 총장 이시영(李始榮), 차장 한남수(韓南洙), 교통부 총장 문창범(文昌範), 군무부 총장 노백린(盧伯麟), 법무부 총장 신규식(申圭植), 학무부 총장 김규식(金奎植), 노동국 총판 안창호(安昌浩), 참모부 총장 유동열(柳東說), 차장 이세영(李世永)

한성정부 「국민대회취지서」

평정관(18명)

조정구(趙鼎九), 박은식(朴殷植), 현상건(玄尙健), 한남수(韓南洙), 손진형(孫晋衡), 신채호(申采浩), 정양필(鄭良弼), 현순(玄楯), 손정도(孫貞道), 정현식(鄭鉉湜), 김진용(金晋鏞), 조성환(曺成煥), 이규풍(李奎豊), 박경종(朴景鍾), 박찬익(朴瓚翊), 이범윤(李範允), 이규갑(李奎甲), 윤해(尹解)

파리강회회의 국민대표 출석위원

이승만(李承晩), 민찬호(閔贊鎬), 안창호(安昌浩), 박용만(朴容萬), 이동휘(李東輝), 김규식(金奎植), 노백린(盧伯麟)

정순영은 1919년 한성정부의 의원에 해당하는 평정관(評政官) 18명 가운데 한 사람으로 선임되었는데, 이때 정현식이라는 이명을

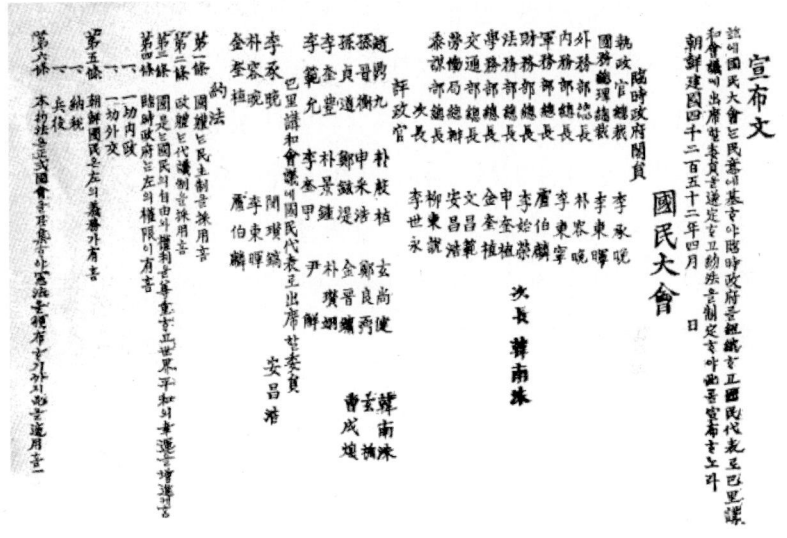

한성정부 「선포문」

사용하였다.

평정관으로 선임된 인사들은 일제강점기에 국내·외에서 활동하던 대표적 독립운동가들이었다. 조정구(趙鼎九)·박은식(朴殷植)·현상건(玄尙健)·한남수(韓南洙)·손진형(孫晉衡)·신채호(申采浩)·정양필(鄭良弼)·현순(玄楯)·손정도(孫貞道)·정현식(鄭鉉湜)·김진용(金晋鏞)·조성환(曺成煥)·이규풍(李奎豊)·박경종(朴景鍾)·박찬익(朴瓚翊)·이범윤(李範允)·이규갑(李奎甲)·윤해(尹解) 등이 그들이었다.

정순영은 경상도를 대표하여 평정관이 되었다. 정순영의 참여는 국내의 광복회와 국외 남만주의 독립운동계에서 차지하고 있던 그의 위상 때문이었다. 그는 경상도를 대표하는 유학자 회당 장석영의 문인이었고, 군무부 총장 노백린과 함께 광복회 회원으로 활동하기도 하였다.

임시정부의 각원, 평정관, 파리강화회의에 국민대표로 출석할 위원 중, 재무부 차장 및 평정관 한남수(韓南洙), 참모부 차장 이세영을 제외한 나머지 인사들은 모두 국외에서 활동하던 인사들이었다. 그런 점에서 한성정부는 국외 망명가들을 중심으로 편성한 정부였다. 이러한 성향을 반영하여 선양을 중심으로 남만주 일원에서 활동하던 정순영이 경상도의 독립운동계를 대표하여 한성정부 평정관에 추대된 것으로 추정된다.

제6장 조선고사연구회

1. 조선고사연구회에 참여하다

조선고사연구회(朝鮮古史硏究會)는 1920년 1월 서울에서 설립된 유교 계열의 단체이다. 1910년대 후반 재만 조선인 사회의 지도자 정안립(鄭安立, 1873~1948)과 일본인 대륙 낭인으로 중국 문제 전문가였던 스에나가 미사오(末永節, 1869~1960)가 이 단체를 이끌었다. 이 연구회는 한국 고대사에 관한 전문 연구와 대중 선전을 주요 사업 목표로 삼았다.01

조선고사연구회는 1920년 1월 18일 경성 돈의동 소재 요리점 장춘관(長春館)에서 창립총회를 열고 공식 출범하였다.02 회장 이상규(李相珪)가 개회를 선언하고, 정안립이 설립 취지를 설명하였다. 김정목(金正穆)과 일본인 스에나가도 축사를 하였다. 이날 참석한 회원과 내빈은 지방 유림과 한학자, 그리고 만주에서 참석한 인사 등

01 서동일, 「조선고사연구회의 설립과 해산 경위」, 『역사와 담론』 110권 110호, 호서사학회, 2014. 4.
02 『매일신보』 1920년 1월 20일, 「오족의 개척을 기도한다는 고사연구회 발기취지 설명」

70~80여 명이었다.03 만주에서 활동하던 인사는 정안립을 비롯하여 이상규, 정순영, 장진우, 양기탁, 이상천, 전훈 등이었다. 창립총회에서 정안립이 발표한 취지서는 아래와 같다.04

> 우리 조선은 역시 동양의 하나이고, 천년 역사를 지닌 나라이다. … 불행히도 중엽에 규모가 점차 축소되어 반도 한쪽 구석에 치우쳐 안주하고, 두만강·압록강 이북의 만 리 땅은 포기하여 돌아보지 않고 남들에게 유린하게 하고도 미처 깨닫지 못했다. 이것은 어떤 이유 때문인가? 오늘날 지키는 것은 단지 삼한의 백제·신라 이후의 역사가 있을 뿐이고, 선조가 발원한 유적에 이르러서는 매우 미미하여 극히 소홀하게 되었다. 이로써 지리(地理)의 연혁, 연대의 체선(遞嬗), 종족의 관계, 학술의 융성과 쇠퇴, 공예의 흥성과 중단을 모두 제대로 요연한 증거를 제시하지 못하였다. 이것이 이른바 '그 전거를 따지다가 그 선조를 잊는다(數其典而忘其祖)'는 것이다. … 이런 까닭에 '조선고사연구(朝鮮古史研究)'라는 회(會)를 창립하여 선민(先民)이 남긴 저술을 폭넓게 고찰하고 외국의 여러 서적을 널리 채집하며, 또 비록 항간의 요언(謠言), 이사(異辭)라도 만일 증거가 될 만한 것이 있으면 일일이 수습하여 1권의 완전한 '역사'를 완성할 것이다.05

1911년 중국 북간도로 망명하였던 정안립은 광활한 만주 지역을 답사하였다. 그는 흥안령(興安嶺) 이북부터 시베리아 연해주에

03　위와 같은 자료.
04　『매일신보』 1920년 1월 20일, 「조선고사연구회 취지서」.
05　「조선고사연구회 취지서」.

이르는 지역이 언어나 풍속에서 우리 민족과 유사한 점이 많아 연구할 필요성을 절감하였다. 그는 「조선고사연구회 취지서」에서 이와 같은 연구의 필요성을 강조하였다.[06]

> 우리 시조 단군(檀君)께서 장백산(長白山) 아래 일어나 국호를 정한 후 국세가 날로 번창하였다. 그 강역(疆域)은 흥안령(興安嶺) 이남, 산해관(山海關) 이동, 시베리아 연해주(沿海洲)를 포함하고, 인구(人口)는 2억을 추산하는바, 오늘날 중국령 만주 및 노령 연해주의 일부가 우리 선조가 생활하던 지역이다. 이제 이 고사(古史)를 연구하여 조선 민족의 부흥을 책명(策命) 하고자 한다.[07]

정안립은 조선고사연구회가 "고대의 역사를 연구하여 조선 민족을 위하여 공헌"하는 단체이며,[08] '정치적 회합'이 아니라 '학문적 집합'이라고 강조하였다.[09] 이는 설립 주체나 단체 성격이 정치적 해석으로 확대되는 것을 차단하려는 의도가 있었기 때문이다. 1920년 1월 17일 「조선고사연구회 취지서」에 따르면 발기인은 21명, 1월 18일 창립총회에서 발표한 초대 임원은 25명이었다.

발기인

이상규(李相珪), 김흥곤(金興坤), 권낙종(權洛鍾), 송주헌(宋柱憲), 조재학(曺在學), 이명상(李明翔), 정갑수(丁甲秀), 정현식(鄭鉉湜), 송원태(宋源台), 김병홍

---

[06] 「매일신보」 1920년 1월 20일, 「오족의 개척을 기도한다는 고사연구회 발기취지 설명」
[07] 「매일신보」 1920년 1월 20일, 「조선고사연구회 취지서」.
[08] 「동아일보」 1920년 4월 10일, 「고사연구회 해산」.
[09] 「매일신보」 1920년 1월 20일, 「오족의 개척을 기도한다는 고사연구회 발기취지 설명」

『매일신보』 1920. 1. 20, 「조선고사연구회 취지서」

(金炳興), 권도상(權道相), 장진우(張鎭宇), 오석룡(吳錫龍), 이상천(李相天), 전훈(田 壎), 김병수(金秉洙), 이순규(李洵珪), 안한진(安漢鎭) 임직순(任稷淳), 신경우(申卿雨), 정진석(鄭震錫)[10]

임원

회장 이상규(李相珪), 부회장 권도상(權道相), 총무 김병수(金秉洙), 이사 김병흥(金炳興) 등 7명, 서기 정진석(鄭震錫) 등 2명, 의원(議員) 조재학(曺在學) 등 13명[11]

조선고사연구회의 회원은 '수백 명'이었는데,[12] 위에서 언급한 발기인과 임원 50여 명을 제외하면, 구체적 명단은 현재 확인할 수 없다. 정안립과 함께 서울로 들어온 정순영은 창립총회의 개최

10 『매일신보』 1920년 1월 20일, 「조선고사연구회 취지서」.
11 『매일신보』 1920년 1월 20일, 「오족의 개척을 기도한다는 고사연구 발기」.
12 『동아일보』 1920년 4월 10일, 「고사연구회 해산」.

이당 정순영의 독립운동

朝鮮古史研究會趣旨書

夫史者過去之蹟也。過去之人。非現在之人。過去之事。非現在之事。則由現在視過去。不啻若一瞥焉。其人其事猶然。現在猶然又況乎未來。然而天道不一寒則無一暑。世界不一亂則無一治。所以溫故而知新者在於是。所以戀前而悲後者亦在於其乎。可以過去之跡而忽焉。昭明甚也。蓋觀夫歷經乎。近之以三綱制。達之以三世進法。上焉系乾元之貢始。下焉啓人羣之進化。其意深突。吳破其由。則雖時勢之使然。而實有難此其病者耳。噫我朝鮮。亦東洋中之一。而四千年歷史之國也。粵自神檀肇出。肇其於長白山下。爰有肅愼之風。而其子孫蘩衍日高句麗。曰渤海、日扶餘、日靺鞨、日驩鴂、日鮮卑之屬。是也。其疆域廣斥。大約奧安嶺以南山海關以東。西伯利亞、沿海省等州附近之。皆也。猶歟盛哉。然不幸中華模擬繼。而偏安於牟島一隅。鴨兩江以北萬里之土。撼棄不顧

를 위해 주도적으로 활동하였다. 그는 이때 이명 정현식을 사용하였다.[13]

정순영은 1920년 11월 11일 대한독립단 중앙본부의 전모가 드러나면서 일본 경찰에 체포되었다. 검찰의 심문 과정에서 그는 1919년 12월 조선고사연구회 창립총회에 참석하기 위해 정안립과 함께 서울에 들어왔고, 1920년 1월 조선고사연구회를 창립하였으며, 같은 해 5월 인도공의소 설립에도 간여하였

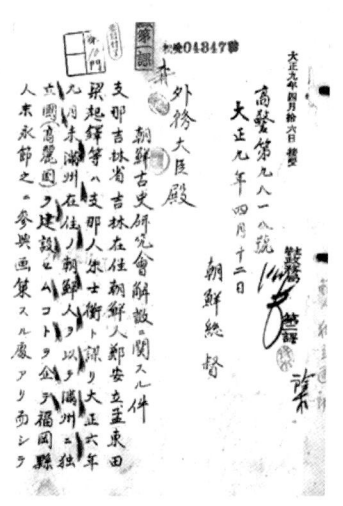

『불령단관계잡건-조선인의 부(部)-재만주의 부(部)』16(일본외무성) 고경(高警) 제9818호 「조선고사연구회 해산에 관한 건」

다고 진술하였다. 1916년 10월 만주로 망명한 이후 정순영은 광복회의 남만주 연락책으로 활동하였으며, 1920년 3월까지도 검거된

13 「정순영(鄭舜永) 신문조서」(1920.11.14)

조선국권회복단 단원들이 재판을 받고 있었기 때문에 본명을 드러낼 상황이 아니었다. 그가 정현식이라는 이명을 쓴 까닭이 여기에 있다.

조선고사연구회의 발기인이나 임원들로는 정안립과 함께 선양·지린 등지에서 활동하다가 국내로 들어온 회장 이상규(李相珪), 부회장 권도상(權道相), 그리고 오석룡(吳錫龍)·정현식(鄭鉉湜)·장진우(張鎭宇)·양기탁(梁起鐸)·이상천(李相天)·전훈(田壎) 등이었다. 그중에서 선양을 중심으로 남만주 일원에서 활동하던 「선양 동고 10인」에 그 이름을 남긴 인사는 이상규·권도상·오석룡·정현식 등 4명이었다.

조선고사연구회는 설립 3개월 만인 1920년 4월 1일 총독부에 의해 강제 해산되었다. 조선총독부는 조선고사연구회의 해산 이유를 아래와 같이 밝히고 있다.

> "조선 고대역사의 실적(實蹟)을 조사 연구하여 조선 민족의 발전을 비보(裨補)함을 목적(目的)으로 한다고 칭(稱)하고, 그 실제는 조선인으로서 만주에 독립국을 건설한다는 것이다. 대동민국창립장정문안(大東民國創立章程文按)에 의하면 분명하다."

일제는 조선고사연구회가 겉으로는 만주 독립국 건설을 표방하였지만, 실제로는 조선독립을 위한 정치조직으로 파악하여 강제로 해산시킨 것이다.[14]

---

14 「불령단관계잡건-조선인의 부-재만주의 부」16(일본 외무성), 고경제9818호 「조선고사연구회 해산에 관한 건」

2. 대동민국, 대고려국 건설을 꿈꾸다

1920년 4월 조선총독부가 조선고사연구회를 해산시킨 이후, 정안립·송주헌 등은 일본 동경으로 떠났고, 정순영은 서울에 남았다. 이 무렵 그는 만주에서 활동하던 독립지사들과 함께 각종 독립운동 단체 결성에 참여하였다. 1920년 5월 인도공의소를 설립하여 활동하였고, 1920년 7월 남만주에 본부를 둔 대한독립단(大韓獨立團) 사한장(司翰長) 김기한(金起漢)을 만나 대한독립단에도 가입하였다. 그리고 국내 지단(國內支團)의 설치에도 적극적으로 가담하였다.[15]

정순영은 1920년 11월 11일 대한독립단 중앙본부의 전모가 드러나면서 김기한 등과 함께 체포되었다. 그는 검찰 신문에서 자신의 가명이 정서웅(鄭瑞雄)이고, 조선고사연구회의 활동에 대해서도 진술하였다.

문 정서웅(鄭瑞雄)이란 변명인가.
답 내가 만주에 간 후로부터 정서웅(鄭瑞雄)이라고 가명을 쓰고 있다.
문 그것은 조선독립운동(朝鮮獨立運動)을 위해서 그와 같이 가명을 쓰고 있는가.
답 나는 조선의 독립을 목적으로 한 것이 아니다. 우리는 만주(滿洲)를 독립시켜 대동민국이라고 이름 붙이고 싶은 생각이었다. 그렇지만 내지인(內地人, 일본인)도 참가하고 있어 대고려(大高麗國)이라는 운동을 하였다. 현재는 돈이 없어 아무런 운동도 하고 있지 않다.
문 그대는 언제 만주에 갔었는가.

---

15 「(정순영)판결문」(1921. 9. 30, 경성 지방법원)

답   4년 전 음 2월, 만주(滿洲)의 길림성(吉林省)에 가서 농업에 종사하고, 작년 음 5월 봉천부(奉天府)에서 역시 농업을 하고 있었다. 작년(1919) 음 12월 중에 당지에 왔다.

문   가족은 봉천(奉天)에 있는가.

답   모두가 본적지에 돌아와 있다.

문   입경한 목적은 무엇인가.

답   앞에 말한 만주독립의 주창자였던 정안립이 작년 말 경성에서 조선고사연구회를 창립하였다. 나는 동인(同人)을 의지해서 입경하였다. 그러나 동회가 해산되었으므로 정안립은 내지를 여행하였고, 지금은 길림성에 가 있다.[16]

정순영은 1916년 10월 이시영, 김규와 함께 만주로 망명하였다. 선양에서 삼달양행 정미소(三達洋行精米所)를 거점으로 삼고, 광복회의 남만주 연락책으로 활동하였다. 이 무렵 지린에서 정안립을 만났고, 그와 함께 과거 우리의 강토이자, 우리의 유구한 역사를 가진 만주를 독립시켜 대동민국(大東民國), 곧 대고려국(大高麗國)을 건국하자는 데 뜻을 모았다.

일찍이 정순영은 김창숙, 김정호 등과 함께 향리에서 구국운동을 전개할 때, "우리의 광복운동은 고구려(高句麗)·발해(渤海)의 구토(舊土)에 근거(根據)를 두지 않으면 안 된다.'라고 주장한 바 있었다. 이때 그는 만주와 연해주를 다니며 독립운동기지 개척에 참여하였

---

16 「정순영 신문조서」(1920.11.14) 정순영은 만주 거주 당시 이명 정서웅(鄭瑞雄)을 사용하였고, 둘째 부인과 함께 선양에서 생활하며 슬하에 6남매를 두었다. 조서에 의하면, 1920년 11월 현재 가족은 국내 본적지 성주로 돌아와 있었다.

『매일신보』, 1920. 4. 10, 「해산의 엄명을 받은 조선고사연구회」

던 동문 김정호의 영향을 많이 받았을 것으로 여겨진다.[17] 청장년 시절 그가 가졌던 고구려와 발해에 관한 관심이 정안립을 만나면서 대고려국 건국으로 이어졌다.

1919년 12월 정안립 등은 '대고려국' 선포를 앞두고 국기(國旗)와 휘장(徽章)을 제정하였다. 그리고 지도(地圖)를 공포하여 도로와 철도 노선을 확정하였다.[18] 그렇지만 같은 달 12월 군벌 장쭤린(張作霖) 측의 중국 관헌이 "마적 두목 김정신 등과 공모해 동삼성의 독립을 기도하여 치안을 문란케 할 우려가 있다."는 이유로 정안립과 정순영 등 8명을 체포하였다. 이후 철거령(撤去令)이 내려짐에 따라 이들은 서울로 귀국하였다.[19] 1920년 4월 『매일신보』는 정안립 등 8명이 장쭤린에게 체포된 전말을 다음과 같이 보도하고 있다.

17　제1장, 주 15) 참조. 이희환, 「백초 유완무와 북간도에서의 민족운동」, 『범월(犯越)과 이산(離散)-만주로 건너간 조선인들-』, 인하대학교 한국학연구소, 2009.
18　『매일신보』1920년 1월 18일, 「재만 유랑 일선인(日鮮人)의 만주 독립국 건설 음모, 정안립이란 자가 중심 인물」
19　『불령단관계잡건-조선인의 부-재만주의 부』14, 제385호, 「권씨 형제 건」, 대정 8. 12. 20.

만주에 있는 백만 조선인을 규합하여 한국독립국을 건설하고 조선인을 현금의 궁상에서 구하여 낼 계획을 한다함은 여러 번 전하던 바였다. 이 음모의 수괴는 일찍이 지린에서 동삼성 순열사(東三省巡閱使) 장쩌린(張作霖) 씨에게 동지 8명과 함께 잡힌 정안립(鄭安立)이라는 조선 사람이다. 더 놀랄만한 일은 그 배후에 일본인으로 중국 낭인(浪人)인 한 단체가 있다. 이들이 일을 꾸미며 동경에 근거지를 두고 모든 수단을 꾸미는 중이다. 지도(地圖)를 만들고 도로와 철도는 물론이요, 독립할 때 통신 기관의 예정 선로를 정하였고, 국기까지 제정하였다. … (이하 생략)20

1920년 6월 5일자 『독립신문』도 정안립 체포 전말을 다음과 같이 보도하였다.

작년(1919) 개원(開原) 방면에서 마적(馬賊) 김정신(金鼎臣) 등과 기맥을 통하여 소위 대동민국 건설을 계획한다던 정안립은 작년 12월경에 중국 군대에게 포박되어 수 주간 봉천(奉天) 장독군서(張督軍署)에 구인되었던 바, 그 후 왜(倭)(봉천)영사는 정(안립)과 밀의한 후, 정(안립)은 즉시 경성(京城)에 입(入)하여 조선고사연구회(朝鮮古史研究會)를 조직하고 만주에 '고려국(高麗國)' 건설이라 하여 일시(一時) 훤료(喧鬧)를 극(極)하다가 일경(日京, 동경)으로 갔다.21

---

20 『매일신보』1920년 4월 10일, 「재만 유랑 일선인(日鮮人)의 만주 독립국 건설 음모, 정안립이란 자가 중심 인물」

21 『독립신문』1920년 6월 5일, 「정안립 내봉(來奉)-한일이간(韓日離間)을 책호(策乎)-」

윤보현(尹普鉉)의 『경북판 독립운동 실록』의 「정순영약전」에서도 정순영이 정안립과 함께 장쬐린 군대에 체포되었다고 기록하고 있다. 이때 정순영은 장쬐린의 합작 요청을 거부하였다는 이유로 철거령(撤去令)을 받았고, 1919년 12월 정안립과 함께 서울로 들어왔다고 하였다. 그 내용은 다음과 같다.

> 1919년에는 조국 광복의 수단으로 한민족 및 동부 시베리아의 각 민족을 규합하여 이 지역을 독립시켜 대동민국을 건설할 계획하에 활동을 전개하였다. 만주인 자본가의 자금을 이용하려고 획책하였으나 그 만주인의 밀고로 장작림(張作霖) 군대에 붙잡혀 압송 도중 사선을 넘어 봉천에 이르렀다. 장(張)이 북경 출장 중이라서 그 부하의 취조를 끝내 거부하고 장(張)과의 직접 담판을 요구하였다. 장(張)이 합작을 요청하였으나 그는 단연 거부하였다. 그러므로 철거령(撤去令)을 받고 국내로 되돌아왔다.22

정안립 등과 함께 귀국한 정순영은 1920년 1월 18일 경성에서 조선고사연구회 창립총회를 주도하였다. 이때 그는 「극동 중국, 한국, 러시아 세 민족에게 고하는 글(仰告極東華韓俄三民族文)」23을 발표하였다. 아래는 정순영이 지은 앙고문(仰告文)인데, 그의 역사 인식을 이해하기 위해 그 전문을 소개한다.

---

22 윤보현, 『영남출신 독립운동가 약전』제1집, 상신사, 1961; 윤보현, 『경북판 독립운동 실록』, 중외출판사, 1974. 이 기록의 필자 윤보현은 인용 근거를 제시하지 않았다.
23 「극동 중국, 한국, 러시아 세 민족에게 고하는 글(仰告極東華韓俄三民族文)」은 신문 등의 언론에 발표된 적이 없었다. 정순영의 손부 신종숙이 간직한 것으로 미루어 정순영이 작성한 것으로 보인다.

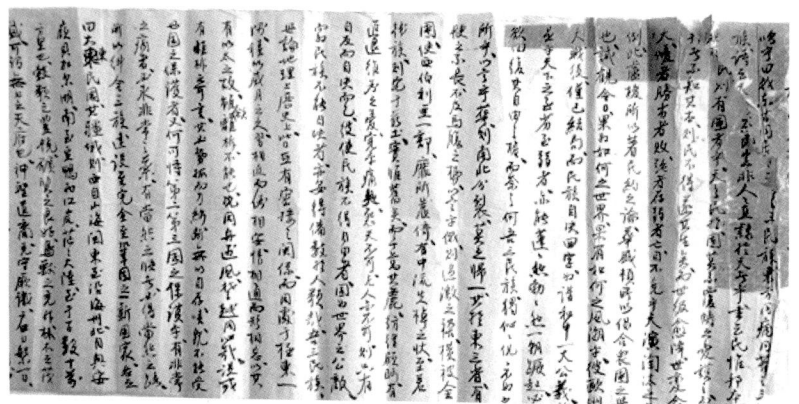
후손이 보관하고 있는 「극동 중국, 한국, 러시아 세 민족에게 고하는 글」

〈극동 중국, 한국, 러시아 세 민족에게 고하노라〉

오호라. 우리 동방은 중국, 한국, 러시아 세 민족이 함께 거주하며, 동방은 세 민족이 동병동고(同病同苦)하고 있다. 시경(詩經)에 이르기를 "하늘이 백성을 냄에, 어찌 사람마다 하늘에 직속되지 않았으랴!"라고 하였고, 서경에 이르기를 "백성이 나라의 근본이니, 백성이 있으면 나라가 있는 것이 아니랴!"라고 하였다. 하늘이 백성을 대함에 두루 덮어 보호하지 않음이 없건만, 나라를 위하는 자가 그 근본을 알지 못하면 백성은 그 삶을 제대로 누릴 수 없다. 세상의 흐름이 갈수록 비루해지고 세상의 변화가 갈수록 커지니, 우월한 자는 승리하고 열등한 자는 패배하며, 강한 자는 존속하고 약한 자는 멸망하는 것이 자연적 도태라는 공정한 이치에서 벗어날 수 없다. 이는 루소가 민약론(民約論)을 저술하고 워싱턴이 합중국(合衆國) 건설을 주창한 이유이다.

오늘날을 살펴보건대, 과연 어떠한 세계(世界)이며, 과연 어떠한 풍조(風潮)인가? 저 1차 세계대전이 겨우 끝났을 뿐인데, '민족자결(民族自決)' 네 글자가 강화회의의 가장 큰 공의(公議)가 되었다. 이에 천하의 가장 미약하고 보잘것없는 자들조차도 하루아침에 떨쳐 일어나 반드시 그 자유(自由)의 권리(權利)를 회복하고자 한다.

그런데 어찌하여 우리 세 민족은 홀로 두려워하며 머뭇거려 행동하지 못하는가? 중국으로 말하자면 남북으로 분열되어 하나로 귀속되지 못하고, 동삼성(東三省)은 채찍이 길지 못하여 말의 배에는 미치지 못하는 형세이고, 러시아로 말하자면 과격한 혁명의 재앙이 전국을 휩쓸어 시베리아 일부는 의지할 곳 없이 흐르는 물에서 노를 잃어버린 형상이다. 한국 민족에 이르러서는 이 땅에 터를 잡은 지 실로 오래되었으나, 수많은 백성이 방황하며 갈 곳을 몰라 진퇴유곡의 근심에 빠져 있다. 원통하고 아프다! 하늘을 원망할 수도 없고, 남을 탓할 수도 없으니, 다만 스스로 돌이켜 스스로 결정할 수밖에 없다.

저들 민족의 자유를 빼앗는 자는 실로 세계의 공적(公敵)이요, 민족으로서 스스로 결정하지 못하는 자 또한 어찌 인류의 대열에 설 수 있겠는가? 우리 세 민족은 지리적으로나 역사적으로나 모두 서로 밀접한 관계를 맺고 있으며, 극동의 한 모퉁이에 함께 자리 잡은 세월이 오래되어 습속이 서로 비슷하고 풍속이 서로 편안하며, 감정이 서로 통하고 모습이 서로 잊혀질 정도이다. 마치 큰 까닭이 있어 비록 헤어지려 해도 헤어질 수 없고, 하물며 같은 배를 타고 바람을 만난 초나라 사람과 월나라 사람과 같은 마음이다. 만약 헤어짐을 말하더라도 반드시 세력이 외롭고 힘이 약하여 스스로 보존할 방도가 없을 것이다.

아! 이미 모국의 보호를 받지 못하는 자가 또 어찌 제2국, 제3국의 보호를 믿을 수 있겠는가? 몹시 고통스러운 자는 반드시 매우 효험 있는 약을 구하고, 당연한 깨달음이 있는 자는 반드시 당연한 길을 얻는 법이다. 그러므로 세 민족을 규합하여 지극히 완전하고 지극히 굳건한 하나의 새로운 국가를 건설하여 이름을 대동민국이라 한다. 그 강역은 서쪽으로 산해관(山海關)에서 동쪽으로 연해주(沿海洲), 북쪽으로 흥안령(興安嶺)의 바이칼 호수에서 남쪽으로 두만강(豆滿江)과 압록강(鴨綠江) 연안에 이르니, 넓고 넓은 대륙이 천백 수십만(千百數十萬) 방리(方里)에 이른다. 곡식은 풍요롭고 광물은 양호하며, 새와 짐승이 가득하고 삼림이 무성하니 가히 최고의 천부(天府)라 할 만하다. 신성한 겨레의 후예(後裔)들이 그 직분을 잘 지켜 인구가 날마다 늘어나니, 그 진화의 빠름을 가히 짐작할 수 있다.

이미 이와 같은 토지, 이와 같은 물산, 이와 같은 인민을 가지고 있으니 정치와 법, 도덕과 교화, 공업과 기술, 외교를 더한다면, 자기의 권리를 잃지 않을 뿐만 아니라 장차 세계열강과 나란히 달릴 수 있을 것이다. 과거의 고통에서 벗어날 뿐만 아니라, 또 장차 무궁한 태평성대를 누릴 것이다. 이에 하늘이 준 기회를 맞아 민본주의(民本主義)를 으뜸으로 삼아, 각자 눈을 크게 뜨고 담금질하고 갈고 닦아, 떨쳐 일어나라![24]

정순영은 위 '앙고문'에서 "극동의 중국, 한국, 러시아 세 민족을 규합하여 지극히 완전하고 지극히 굳건한 하나의 새로운 국가, 대동민국을 건설하자."고 호소하였다. 그러나 조선고사연구회는 설립 3개월 만인 1920년 4월 1일 조선총독부에 의해 강제 해산되었고, 그 결과 그가 꿈꾸었던 대동민국, 곧 대고려국 건설의 웅대한 구상 또한 실현되지 못한 꿈으로 남게 되었다.

---

24 정순영, 「극동 중국, 한국, 러시아 세 민족에게 고하는 글(仰告極東華韓俄三民族文)」,(후손 소장)

제7장
인도공의 소

1. 인도공의소, 신세계 건설을 모색하다

조선고사연구회가 1920년 4월 1일 조선총독부에 의해 강제해산된 뒤, 정안립은 일본 동경을 거쳐 만주로 돌아갔다. 정순영은 서울에 남아 조선고사연구회 동지들과 교유하며 인도공의소(人道公議所)를 조직하였다.

인도공의소는 대종교(大倧敎) 교인이자 국어학자인 권덕규(權悳奎, 1890~1950)가 1920년 5월 8일과 5월 9일 『동아일보』에 기고한 글, 「가짜 명(明)나라 사람 머리에 몽둥이 한 대」가 계기되어 설립되었다.[01] 이 기고문에서 권덕규는 명나라 황제의 제사를 지내고, 명나라의 연호를 고집하는 유림의 반민족성을 강하게 성토하였다. 그는 기고문에서 중국 중심의 모화사상에 젖은 유림을 '가명인(假明人)'이라고 비판하였다. "그 이름은 조선인이로되 그 실은 지나인(支那人)

---

01 「『동아일보』, 1920. 5. 8, 「가명인 두상(假明人 頭上)에 일봉(一棒)」(1)」; 『동아일보』, 1920. 5. 9, 「가명인 두상(假明人 頭上)에 일봉(一棒)」(2)」

『매일신보』, 1920. 5. 25, 「인도공의소와 태극교 유생 통고문 발포」

의 한 모형(一模型)에 불과하다.'는 주장이었다.02 나아가 그는 만동묘(萬東廟) 제사, 화양동 바위에 새겨진 대명의리(大明義理)에 대해서도 다음과 같이 날카롭게 비판하였다.

> 우연히 어느 인쇄소에 들렀더니 마침 그 제사하는 통지(通知)를 인쇄하더라. 그 사의(辭意)에 만절필동(萬折必東)03의 구절이 있고, 그 끝에 숭정기원후(崇禎紀元後)라 쓰여있더라. 만동묘(萬東廟)의 약력을 잠깐 말하건대, 만절필동이란 좋은 뜻을 더럽게 응용하여 광대한 건물을 세우고 화양동(華陽洞)의 깨끗한 수석을 대명건곤(大明乾坤)으로 삼고 이에 대명의리(大明義理)니, 무엇이니 하는 허명(虛名) 아래 엄연히 갓을 쓴 도적(盜賊)놈의 소굴이 되더니 (이하 생략)04

권덕규의 기고문은 공자와 그를 존숭하는 유교, 그리고 유림을 모독한 사건으로 받아들여졌다. 이에 격노한 유림은 1920년 5월

---

02 최기영, 『식민지시기 민족지성과 문화운동』, 한울아카데미, 2003, 111쪽.
03 황하는 굽이가 많아도 반드시 동쪽으로 들어간다는 뜻, 충신의 절개는 꺾을 수 없다는 말.
04 『동아일보』, 1920. 5. 8, 「가명인두상에 일봉(1)」

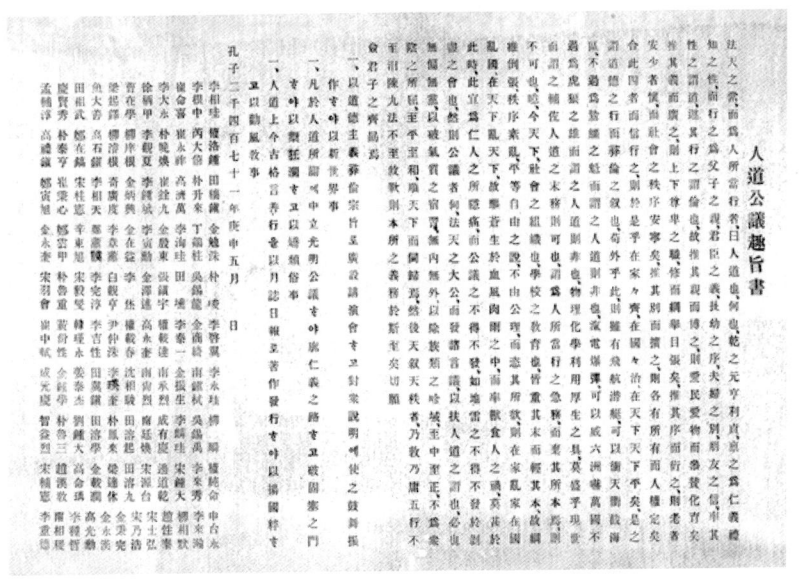

「인도공의취지서」(독립기념관 소장)

경성 삼청동 126번지에 인도공의소를 설치하고, 전국 유림의 동참을 호소하는 통고문(通告文)을 발송하였다. 인도공의소는 통고문에서 "인도(人道)상 윤리를 천명하여 세계를 새로 세운다."라는 목적으로 설립된 유림 단체를 표방하였다.[05]

인도공의소의 거점은 홍주 의병의 지도자 김복한(金福漢)이 거주하던 충남 홍성이었고, 총의장은 이상규, 즉 이상린(李相麟)이 맡았다. 이 단체는 이상린·이상천(李相天) 형제 등 홍주의병 계열, 조재학(曺在學, 1861~1943) 등 최익현 계열의 의병 세력, 김영근(金永根)을 포함한 남도 유림 세력, 그리고 만주에서 활동하던 정안립 등 조선고사연구회 세력 등이 연대하였다. 이상규, 조재학 등이 주도한 것으로 미

05 『매일신보』, 1920. 5. 25, 「인도공의소와 태극교 유생 통고문 발포」

「동아일보」 1921. 7. 12. 「인도공의를 표방하고」

뤄 볼 때, 반일적 성향이 농후한 유림 단체였다.[06]

    1920년 5월 발표된 「인도공의취지서(人道公議趣旨書)」에 따르면, 인도공의소는 '덕치주의와 이륜종지(彝倫宗旨)로써 강연회를 개최하여, 대중을 고무하고 진작시켜 신세계를 건설하고자 한다.'고 주장하였다. 나아가 '고금의 격언과 선행을 월지일보(月誌日報)로 저작·발행하여 국수(國粹)를 드날리고 풍교(風敎)를 권장하고자 한다.'라고 행동 강령을 발표하였다.

    1920년 7월 25일 인도공의소는 제1회 총회를 개최하여 설명회를 열었다. 곧이어 7월 28일 이상규·조재학·박태형(朴泰亨)[07] 등이

---

06 서동일, 「조선고사연구회의 설립과 해산 경위」, 『역사와 담론』110권 110호, 호서사학회, 2014. 4.
07 박태형. 호 간암(艮嵒), 진주 출신의 유생으로 문집이 있다.

공자(孔子)를 제향하는 향사(享祀)개최에 대한 허가를 성균관의 후신인 경학원(經學院)에 요청하였다. 그러나 경학원은 인도공의소의 제향 요청을 거부하였다.

한편, 1920년 9월 양기탁 등은 전국 각지에 학교를 설립하고 지역별로 유림을 조직화하려 하였다. 나아가 회원 확보를 위해 1923년 경남 진주에서 도회를 개최하기도 하였다.[08]

이런 상황에서 1921년 7월에는 경북 봉화에서 인도공의소 발기인 박승래(朴升來)가 경북 김천의 김영규(金永奎)와 함께 상해 대한민국임시정부에 보낼 군자금을 모집하다가 체포·구속되었다. 일제는 "공맹교(孔孟敎)를 선전할 목적으로 설립된 인도공의소는 표면적으로 회원과 회비를 모집한다고 칭하고 실은 상해 대한민국임시정부에 보낼 군자금을 모집하였다."고 파악하였다. 그리하여 이 사건을 계기로 조선총독부는 인도공의소를 강제 해산시켰다.[09]

2. 인도공의소 설립에 참여하다

정순영은 이상규·정안립 등과 함께 조선고사연구회 설립에 이어 인도공의소 설립에도 적극적으로 참여하였다. 이런 사실은 1920년 11월 「대한독립단 국내 분치기관설치 기획(大韓獨立團國內分置機關設置企劃)」사건으로 검거되어 종로경찰서에서 신문 받을 때, 정순영의 조서에서 확인할 수 있다.

---

08   권대웅, 『울산 전상무의 독립운동』, 선인, 2022, 188쪽.
09   『동아일보』, 1921. 7. 12, 「인도공의를 표방하고」

문　입경(入京)한 목적은 무엇인가.

답　앞에 말한 만주독립의 주창자였던 정안립이 작년 말 조선고사연구회를 창립하였다. 나는 동인(同人)을 따라 입경하였다. 그렇지만 동회(同會)가 해산된 뒤 정안립은 내지를 여행하였고, 지금은 길림성(吉林省)에 가 있다.

문　그대는 아무런 용무도 없는데 무엇 때문에 체재하고 있는가.

답　나는 현재 「인도공의회(人道公議會)」를 일으키고 있다.

문　그 주지 및 목적은 무엇인가.

답　금년 3월경 동아일보에 공자(孔子)를 모욕한 기사가 게재되었으므로 우리는 크게 이에 반대할 생각으로 「인도공의회(人道公議會)」를 일으켜 연구하려 한 것이다.

문　그대와 함께 그 회에 참가하고 있는 중요한 자는 누구인가.

답　회장은 이상규(李相珪)이고 회원이 100명쯤 된다. 다른 사람은 아무런 역할을 맡은 것이 없다.[10]

위의 심문조서에 의하면, 정순영은 조선고사연구회의 회장 이상규를 비롯하여 의원 조재학·오석룡·송주헌 등과 함께 1920년 5월 인도공의소를 설립하였다. 이때 정순영은 스승인 회당(晦堂) 장석영(張錫英)을 인도공의소 총의장(總議長)으로 추대하고자 하였으나 그가 사양하였으므로 뜻을 이루지 못였고,[11] 이상규를 총의장으로 추대하였다.[12]

---

10 「정순영신문조서」(1920. 11. 14).
11 권대웅, 「회당 장석영의 생애와 독립운동」, 경북독립운동기념관, 2017년 7월 ; 『(국역) 회당선생문집』「해제」한국고전번역원.
12 총의장 이상규에 대해서는 제5장 조선고사연구회 참조.

조재학(曺在學, 1861~1943)은 경남 의령 출신이다. 면암(勉庵) 최익현(崔益鉉)과 연재(淵齋) 송병선(宋秉璿)의 문하에서 수학한 의병 출신의 유생이었다. 1914년 고종의 밀조(密詔)를 받았다는 혐의로 울릉도에 유배되었다. 1918년 조선총독부의 만동묘 묘향 폐지에 반대하여 제향을 강행하였으며,[13] 1919년 3월 프랑스 파리에서 열린 만국평화회의에 제출할 독립청원서(獨立請願書, 일명 파리장서)에 서명하기도 하였다.[14]

오석룡(吳錫龍, 1878~1926)은 경북 상주 등암(騰巖) 출신이다.[15] 1910년 나라가 망하자 궁내부(宮內府) 장례원(掌禮院) 전사(典祀)에서 사직한 뒤, 1914년 만주로 망명하여 이상규·정안립·권도상·권보상·정순영·김병수 등과 함께 재만 한인의 정착을 위해 노력하였다. 1919년 12월 서울로 들어와 1920년 1월 조선고사연구회 창립의 발기인으로 참여하였으며, 1920년 5월 인도공의소 설립에도 참여하였다.[16]

송주헌(宋柱憲, 1872~1950)은 전남 고흥 출신이다. 1891년 20세부터 연재(淵齋) 송병선(宋秉璿), 입재(立齋) 송근수(宋近洙), 심석재(心石齋) 송병순(宋秉珣)의 문하에서 공부하였고, 1896년 김복한이 창의하자 백관형(白觀亨)·유준근(柳濬根) 등과 함께 홍주의병에 참여하였다. 1917년 조선총독부가 충북 괴산에 있는 만동묘 제향을 금지하자 시암(是菴) 이직현(李直鉉), 율산(栗山) 전상무(田相武) 등과 함께 저항하다가 1918년 9월 괴산경찰서에 구속되기도 하였다.[17] 1919년 2월 고

13　권대웅, 『율산 전상무의 독립운동』, 선인, 2022, 159쪽.
14　위의 책, 176쪽.
15　『울산오씨세보』(하)
16　오석룡의 후손 오병탁의 증언을 참조하였다.
17　이민홍, 『시암 이직현 평전』, 시암선생추모사업회, 2019.

종에게 순종복위 상소를 올렸다가 유준근·백관형·어대선(魚大善) 등과 함께 구금되어 옥고를 치렀다. 1920년 1월 조선고사연구회, 같은 해 5월 인도공의소에 각각 참여하였다.[18]

조재학이 인도공의소의 발기인으로 참여하자, 간재 전우의 문하에서 수학하였던 많은 경남 의령 유생들이 호응하였다. 발기인 명단에서 확인되는 담양전씨 출신의 전상무를 비롯하여 전양진(田穰鎭)·전익진(田翼鎭)·전용구(田溶九)·전용기(田溶起) 등의 유생이 그들이다.[19]

송주헌이 인도공의소 발기인으로 참여하자, 그의 동문을 비롯하여 1896년 홍주의진과 1919년 순종복위 상소에 참여하였던 전라도 출신의 많은 유생이 호응하였다. 유준근(柳濬根)·백관형(白觀亨)·고석진(高石鎭)·조재학(曺在學)·고재만(高濟萬)·정재호(鄭在浩)·이내수(李來脩)·고예진(高禮鎭) 등의 유생이 그들이었다.[20]

정순영은 조선고사연구회, 인도공의소 등에 참여하여 정안립, 이상규 등 저명한 유림 출신 인사들과 함께 활동하였다. 그는 성리학의 전통을 지키면서 유림들이 지향하던 독립운동에 참여하였다. 그는 영남 출신 유림으로 평안도의 정안립, 충청도의 이상규, 전라도의 송주헌 등의 유림과 더불어 독립운동을 전개하였다. 그런데 인도공의소 발기인 명단에는 정순영이나 이명 정현식을 확인할 수 없다. 그것은 그가 배후에서 설립을 지원하는 역할을 맡았기 때문이다.

---

18 송주헌, 『삼호재집』권5, 「행장」.
19 권대웅, 『율산 전상무의 독립운동』, 선인, 2022, 59쪽.
20 독립기념관 소장 「인도공의취지서」.

제8장 대한독립단

1. 재만 독립운동 단체, 국내 진공을 추진하다

만주는 백두산을 중심으로 서쪽으로 압록강(鴨綠江) 연변의 서간도(西間島), 동쪽으로 두만강 대안(對岸)의 북간도(北間島)를 포함한다. 19세기 후반부터 한인들이 간도로 이주하기 시작하였고, 1910년 나라가 망한 뒤에는 국권 회복을 모색하는 민족지사(民族志士)들의 망명이 이어졌다. 3·1운동 이후에는 이주민이 급증하여 1919년 당시 한인 수가 431,198명으로 증가하였다.[01]

한인 민족지사들은 재만 한인사회의 자치와 생활 안정을 도모하는 한편, 무력투쟁을 위한 군비 확충, 독립군 모집과 양성을 추진하였다. 당시 만주는 독립운동의 근거지, 실지(失地) 회복을 위한 국내 진공작전(國內進攻作戰)의 전진 기지로 설정되었다.

대한제국 시기와 일제 초기에 의병계열 인사들의 간도 이주가 본격적으로 이루어졌다. 1908년 7월 의암(毅菴) 유인석(柳麟錫)과

---

[01] 『재만 조선인 개황』, 소화 10년도, 재만 일본대사관; 현규환, 『한국 유이민사』, 1967; 이훈구, 『만주와 조선인』, 성진문화사, 1979.

그의 문인 박치익(朴致翼)·방정빈(方正彬)·박장호(朴長浩) 등 50~60명의 연해주(沿海洲) 망명이 계기가 되었다. 이후 이들은 1911년부터 만주로 이동하였다.02 1911년 10월 의병장 이진룡(李鎭龍)·조맹선(趙孟善) 등이 만주로 이주하였고03 조병준(趙秉準)·전덕원(全德元)·백삼규(白三圭) 같은 의병장도 만주 관톈현(寬甸縣), 환런현(桓仁縣) 등지로 이주하였다.04 삼수(三水)·갑산(甲山)에서 활동하던 홍범도(洪範圖)·차도선(車道善) 등도 1910년 3월 창빠이현(長白縣) 왕개툰(王開屯)으로 이주하였고, 1911년 함경도 경원(慶源) 출신 서일(徐一)도 지린성(吉林省) 왕칭현(汪淸縣)으로 이동하였다.05

의병계열의 인사들은 창빠이(長白)·푸쑹(撫松)·린장현(臨江縣) 등 남·북 만주에서 무력 단체를 결성하고 활동하였다. 1913년 3월 유인석은 지안현(輯安縣) 패왕단(覇王壇)에서 보약사(保約社)를 조직하였고, 조병준·전덕원·백삼규 등은 관톈현, 환런현 등지에서 향약단(鄕約團)과 농무계(農務契)를 조직하였다.06 또 이진룡·조맹선·박장호 등은 창빠이현 일대에서 활동하던 홍범도·윤세복·차도선 등과 함께 무장단체 포수단(砲手團)을 조직하였다.07 의병장 조상갑(趙尙甲)은 1912년 1월 옌지현(延吉縣) 황직(黃直)에서 급당(急黨)을 조직하여 국내 진공을 준비하였다.08

02 독립운동사편찬위원회, 『독립운동사』제5권, 독립군전투사(상), 1973, 156쪽.
03 위의 책, 155쪽.
04 위의 책, 155쪽.
05 오세창, 『재만 한인의 항일독립운동사연구』, 1988, 124쪽; 채근식, 『무장독립운동비사』, 대한민국 공보처, 1949, 47~48쪽.
06 오세창, 위의 책, 63쪽.
07 박영석, 「일제하 만주·노령지역에서의 복벽적 민족주의계의 항일독립운동」, 『일제하 독립운동사연구』, 일조각, 1984, 47쪽.
08 (비)『재외 조선인 결사 단체 상황』, 대정 원년 11월조, 조선 주차 헌병사령부; (비)『재외 불

재만 한인의 항일 독립운동은 장기간의 준비 과정을 거쳐 진행되었다. 홍범도는 노령에서부터 서간도에 이르는 광범한 지역에서 국내 진공을 준비하였다. 그는 1911년 3월 부장 박영신(朴永信)과 함께 경원의 일본군 수비대와 종성군 세천(細川)을 기습하였다. 이들의 활동 무대는 경원·종성·혜산 등지였고, 불리할 때는 노령의 연추(煙秋)로 근거지를 옮겨 후퇴하기도 하였다.[09] 이진룡·조맹선·조병준·전덕원·백삼규 등도 국내 진공작전을 계획하였다. 1916년 10월 포수단의 이진룡과 조맹선 등은 군자금 확보를 위해 평북 운산(雲山)에 진입, 운산 금광의 송금 마차를 습격하기도 하였다.[10]

재만 한인의 항일 독립운동은 1919년 3·1운동을 계기로 국내 진공작전에 치중하였다. 이들은 각처의 독립운동 세력을 통합하여 본격적인 대일 무장투쟁을 준비하였다. 그중에서 서간도를 근거지로 삼고 있던 대한독립단(大韓獨立團)은 무장투쟁을 준비하던 대표적인 독립운동 단체였다.

2. 대한독립단, 무장투쟁을 준비하다

대한독립단은 1919년 3월 15일 통화현(通化縣) 하니허(合泥河)에서 조직되어, 그해 4월 19일 본부를 류허현(柳河縣) 싼위안푸(三源堡) 서구(西溝) 대화사(大花斜)로 옮겼다. 대한독립단에는 1910년대 남만주 서간도에서 활동하던 보약사(保約社)·향약계(鄉約契)·농무계(農務契)·포수

랑선인의 언동」, 대정 원년 11월조, 조선 주차 헌병사령부.
09 대정 원년 5월 31일, 조헌기(朝憲機) 제73호, 「혜산 대안에 관한 건」
10 독립운동사편찬위원회, 『독립운동사』제5권, 독립군전투사(상), 1973, 195~196쪽.

128   제8장 대한독립단

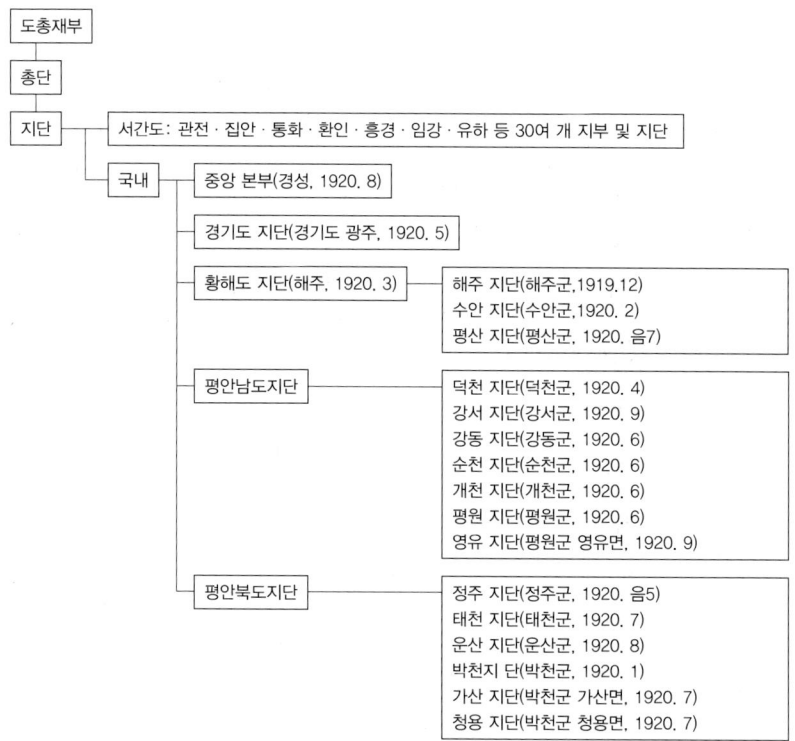

권대웅, 「대한독립단 국내 지단의 조직과 활동」, 『교남사학』제5집 참조.

단(砲手團) 등과 의병계열 인사 50~60여 명이 참여하였다.[11] 대한독립단은 도총재(都總裁) 박장호(朴長浩), 부총재(副總裁) 백삼규(白三奎), 자의부장(諮議部長) 박치익(朴治翼), 사한장(司翰長) 김기한(金起漢), 부참모

---

11 박환, 「대한독립단의 조직과 활동」, 한국민족운동사연구회, 『한국민족운동사연구』 3, 1988; 권대웅, 「대한독립단의 국내지단의 조직과 활동」, 영남대 국사학과, 『교남사학』제5집, 1990.

장(副參謀長) 박양섭(朴陽燮), 총참모(總參謀) 조병준(趙秉準), 총단장(總團長) 조맹선(趙孟善) 등으로 편성되었다.[12]

1919년 이후 남만주 독립운동 단체들은 대한독립단의 결성을 계기로 통합된 무장투쟁으로 전환하였다. 대한독립단은 취지에서 "각자의 능력에 따라 자금을 갹출하고, 청장년을 무장하여 우선 만주에서 일제를 구축하고 나아가 국내로 진격하여 독립을 쟁취한다."[13]라고 밝혀 국내 진공을 천명하였다.

대한독립단은 서간도뿐만 아니라 국내에도 각도(各道)·군(郡)·면(面)을 단위로 지단(支團)을 설치하였다. 국내 지단 설치를 주도한 이는 도총재 박장호(朴長浩)를 비롯한 집행부였다.[14] 대한독립단은 1919년 말부터 지단을 설치하여 1922년 8월 대한통군부(大韓統軍府)로 통합될 때까지 국내·외 각지에 80여 개의 지단을 설치하였다.[15]

서간도 지단은 한족회(韓族會) 세력이 미약했던 흥경·환런현에서 시작하여 점차 지안·관뎬현 등지로 확대되었다.[16] 1920년에는 환런·창빠이·푸쑹·린강·관뎬·지안·흥경·퉁화·류허 등 9개 현에 지단이 설치되었고,[17] 1921년 9월경에 이르면 서간도에서 30여 개의 지부와 지단이 설치되었다.[18]

국내 지단은 1919년 말부터 전국 각지에 설치되었다. 서울에 중앙본부(中央本部)를 설치하고, 각도에 총지단(總支團), 각 군·면에 군

12　애국동지원호회, 『한국독립운동사』, 1956, 252~253쪽.
13　국회도서관, 『한민족독립운동사료』(3·1운동편), 1992, 563쪽.
14　권대웅, 「대한독립단 국내지단의 조직과 활동」, 영남대 국사학과, 『교남사학』 제5집, 1990.
15　김승학, 『한국독립사』 상, 1970, 342쪽.
16　국회도서관, 『한민족독립운동사료』(3·1운동편, 2), 1992, 806쪽.
17　위의 책, 766쪽.
18　조선총독부경무국, 『재외불령선인의 근황』, 1921년 9월, 154쪽.

·면 지단(郡·面支團)을 설치한다는 방침을 세웠다. 1919년 12월 황해도 해주 지단(海州支團)을 시작으로 황해도, 경기도, 평안남·북도의 각 군·면에 지단이 설치되었다. 나아가 전라도와 경상도에서도 총지단 설치 움직임이 있었다.[19] 서간도 지단은 향약(鄕約)을 실시하여 한인을 통제하면서 원활한 항일투쟁을 전개하려 하였고, 국내 지단은 국내 독립운동 세력과의 제휴를 목표로 하였다.[20]

대한독립단은 처음에는 상해 대한민국임시정부를 반대하고, 조선왕조의 복벽(復辟)을 통해 독립을 도모하려 하였다. 그렇지만 1919년 12월 총참모 조병준이 임시정부 평안북도 독판(督辦)에 임명된 이후 임시정부와 통합을 모색하게 되었다. 이후 대한독립단은 대한청년단연합회(大韓靑年團聯合會)에 합류, 광복군사령부(光復軍司令部)로 개편되었고, 조병준이 광복군 참리부장(參理部長)에 임명되면서 대한민국임시정부의 산하단체가 되었다.[21]

3. 대한독립단 국내 지단 설립에 참여하다

대한독립단은 전덕원·김승학·백의범·백기준·김기한·이승영 등의 전권위원을 평안남·북도와 황해도 지역에 파견하여 지단을 설치하고자 하였다.[22] 이들 대부분은 황해도와 평안도 출신의 의암 유인석 문인이었다. 그런 이유에서 국내 지단(支團) 설치도 자연히 그들의 연

---

19 권대웅, 「대한독립단의 국내지단의 조직과 활동」, 영남대 국사학과, 『교남사학』 제5집, 1990.
20 위의 논문.
21 위의 논문.
22 독립운동사편찬위원회, 『독립운동사』 제5권, 독립군전투사(상), 1973, 247쪽.

고지와 학맥을 좇아 설치되었다. 대한독립단의 전국 중앙기관인 중앙본부는 1920년 8월 중순 전권특파위원 김기한[23], 경기도 시찰 전권위원 강시형[24] 등의 주도로 조직되었다.

    정순영은 1920년 8월경 서울의 김홍식(金弘植) 집에서 김기한을 처음 만났다. 그는 김기한으로부터 만주에서 박장호 등이 대한독립단을 조직했다는 얘기를 듣고 대한독립단에 가입하였다.[25] 그리고 김기한 등과 함께 국내에 배포할 격문(檄文)을 작성하였다. 그가 작성하고 인쇄한 격문은 「대한독립단 내지분치기관 임시통칙(大韓獨立團內地分置機關臨時通則)」(이하 임시통칙)을 비롯하여 모두 8종이다.

1. 「국내 진신·사림에 고함(檄告國內縉紳士林)」(약 800매)
1. 「대한독립단 국내 분치기관 임시통칙(大韓獨立團內地分置機關臨時通則)」(1부 10권의 것 115부)
1. 「대한독립단 총재 박장호 명의 사령 용지(大韓獨立團總裁朴長浩名義辭令用紙)」(각도 및 경성총기관 공약 1천 매)
1. 「사령서 봉통(辭令書入封筒)」(약 425매)
1. 「사령서 및 통지서(辭令書及通知書)」(약 3천매)
1. 「국내 동포로 왜인의 관리된 자들에게 경고함(警告國內同胞中爲倭人官吏者)」(약 1천매)

---

23 김기한(金起漢, 1884~1921)은 평북 덕천(德川) 출신으로 호가 직재(直齋)이고, 유인석(柳麟錫) 문인이다. 1905년 을사늑약이 체결된 뒤, 황해도 평산(平山)에서 의병을 일으켜 활동하다가 일본군의 추격을 피해 만주로 망명하였다.
24 강시형(姜始馨, 1881~1931) 1919년 3·1 운동 직후 이헌교(李憲敎)·김사국(金思國)·이규갑(李奎甲)·이민태(李敏台)·한남수(韓南洙) 등과 한성 임시정부 및 국민대회에 관한 방안을 토의하였다. 강시형은 국민대회 13도 대표자로 참여하였다.
25 「(정순영)판결문」, 1921. 9. 30, 경성지방법원.

1. 「사형 선고장(死刑宣告狀)」(약 100매)
1. 「대한독립단 재무부 영수증(大韓獨立團財務部領收證)」(약 150매)
1. 「국내 경향 각 부호에게 경고함(警告國內京鄕各富戶)」(약 150매)
1. 「국내 황실 종친 및 귀족·관리·사림에게 비밀히 고함(密告國內皇室宗親及貴族文武公卿大夫士林)」(약 100매)[26]

위 문서 가운데 특히 주목되는 것은 「임시통칙」과 「국내 경향 각 부호에게 경고함」이다. 「임시통칙」은 다음과 같다.

「대한독립단 내지 분치기관 임시통칙」
1. 명칭; 대한독립단이라 함.
1. 목적; 남·북만주와 조선 내지에 기맥을 상통하여 조선독립의 완전한 성취를 도모할 일.
1. 조직; 대한독립단의 본부를 중국 유하현(柳河縣) 삼원보(三源堡)에 두어 이를 총재소(總裁所)라 하고, 도총재로 박장호(朴長浩), 부총재로 백삼규(白三圭), 총단장으로 조맹선(趙孟善)을 임명하고, 경성에 전국 중앙기관을 두고, 각도에는 총지단(總支團), 각 군 각 면에는 군면지단(郡面支團)을 설치할 일.
1. 방법; 각 도에 소집 전권위원(召集全權委員)을 특파하여 전권을 급속히 위임할 일.
1. 전권위원의 사무는 아래와 같음.
   ㉮ 독립운동 의무금을 징수할 일.

---

26 국회도서관, 『한민족독립운동사료』(3·1운동편, 1), 1992, 731쪽. 「대한독립단 내지 문치기관 임시통칙(大韓獨立團內地文置機關臨時通則)」 중 문치기관은 분치기관의 오자로 보임.

㈏ 만주에 있는 본단에서 동병(動兵)하야 압록강을 건너 올 때는 일제히 내응할 일.

㈐ 독립단이 개전할 때에는 군인군속(軍人軍屬)과 군수품(軍需品)을 징발하여 운수해 보낼 일.

㈑ 기타 적병(敵兵) 일본군과 전국의 경찰관 배치 상황과 전국의 간첩(間諜)과 친일하는 관리의 조사표를 꾸밀 일.

㈒ 행정 관리에 대한 경고문을 본부의 명령으로 선포할 일.

㈓ 지방 청년으로 의용단(義勇團)을 조직하여 군(郡)은 200명으로 조직한 중대(中隊)를 두고, 도(道)에는 400명으로 조직한 대대(大隊)를 두고, 중앙에는 800명으로 조직한 연대(聯隊)를 설치할 일.

㈔ 의용단(義勇團) 중에서 용감한 사람을 선발하여 암살단(暗殺團)과 방화대(放火隊)를 조직하여, 암살대는 중앙기관의 명령을 받아 관리와 친일하는 사람을 암살하고, 방화대는 일이 일어날 때 경찰서 근처에 불을 놓아 경관이 소방하러 나간 틈을 타서 무기를 탈취하고 경관과 싸우는 동시에, 중앙으로부터 대병을 출동시켜 전투를 개시하고, 또 각소에 있는 감옥을 파괴하여 각처에 있는 죄수를 해방할 일, 군용품은 물론 철도와 전선을 파괴·절단할 기구를 준비하여 둘 일.[27]

「국내 경향 각 부호에게 경고함」은 다음과 같다.

---

27 「동아일보」, 1920. 9. 19, 「대규모의 대한독립단」

「동아일보」, 1920. 9. 19, 「대규모의 대한독립단」

「국내 경향 각 부호에게 경고함」

(전략) 이제 국내 각 부호의 소유 재산을 일일이 확실하게 조사해서 10분의 3할의 군자금을 배부하는 통지서를 발포한다. 통지서가 도착한 즉시 각자의 해당 군자금을 빨리 변납한다. 만일 이를 꺼려 거절 혹은 회피하거나 적에게 누설하는 자가 있으면 당연히 죄상을 들어 사형을 선고하고, 따라서 국경에 배치된 토벌대에게 명하여 사형집행을 개시 하겠으니(후략)[28]

정순영은 독립운동 관련 문서를 작성하고 인쇄하는 일에 참여하는 한편, 김기한과 함께 단원 포섭에 들어갔다. 이리하여 1920년 11월 상순 전남 완도 출신의 송내호(宋乃浩)가 대한독립단에 가입하여 전라남·북도 지단 설치 책임을 맡았다. 그는 김기한 등에게서 여비 50원과 인쇄물을 받아 전북 고창군 이송면 상금리의 김정환(金淀煥)에게 관련 문서를 맡긴 후 상경하다가 체포되었다.

---

28 「독립단지령서」, 강덕상, 「현대사자료」27, 조선(3), 독립운동(1), 90쪽.

이당 정순영의 독립운동

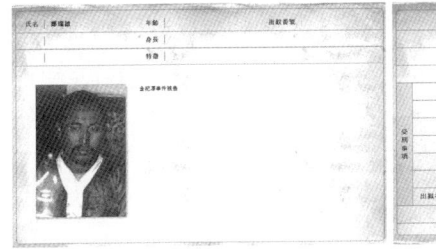

(왼쪽) 『매일신보』, 1921. 8. 30, 「조선 내에 총기관을 두고 독립운동을 하고자 계획이 진행 중 잡혔다」
(오른쪽) 『독립신문』, 1921. 10. 14, 「독립단총기관사건」

「형사사건부」(정서웅)　　　　　　　　「수형인명부(정서웅)」

　　1920년 11월 11일 김기한 등이 체포되면서 정순영을 비롯한 관련자 15명이 체포되었다. 이들은 대정 8년 제령 제7호 위반 및 출판법 위반으로 경성지방법원에 기소되었다. 기소된 단원은 다음과 같다.

　　김기한(金起煥)·강지형(姜芝馨)·정순영(鄭舜永)·홍영전(洪永傳)·조종하(趙宗夏)·안흥기(安興基)·이주현(李周鉉)·이기룡(李起龍)·정무순(鄭武淳)·안영기

(安永基)·손명근(孫命根)·송내호(宋乃浩)·이섬(李暹)·최승환(崔承煥)·고윤원(高允源)29

　　조종하와 이기룡 2명은 경성지방법원 예심에서 무죄 방면되었고, 나머지 13명은 1921년 9월 30일 각각 형을 선고받았다. 김기한 징역 8년, 이섬과 최승환 각 징역 4년, 강지형과 홍영전 각 징역 3년, 정순영 징역 2년, 송내호 징역 1년, 이주호 징역 8월, 안흥기·고윤원·정무순 각 징역 6월이었다. 이들 가운데 고윤원은 집행유예 2년을 받고 방면되었으며, 안영기·손명근은 무죄 방면되었다.30
　　상해 대한민국임시정부의 기관지『독립신문』도 대한독립단 국내 지단 설치사건을 보도할 정도로 지대한 관심을 보였다.
　　정순영은 징역 2년을 받고 경성형무소에서 옥고를 치렀다.「형사사건부」와「수형인명부」에는 그가 정서웅이라는 이명으로 기록되어 있다.

29 「매일신보」, 1921. 8. 30, 「조선내에 총기관을 두고 독립운동을 하고자 계획이 진행 중 잡혔다」.
30 「(정순영)판결문」, 1921. 9. 30, 경성지방법원.

제9장 조선민흥회

1. 조선민흥회, 신간회와 통합하다

조선민흥회(朝鮮民興會)는 1926년 7월 8일 서울 조선물산장려회관에서 서울청년회의 사상단체인 전진회(前進會)[01]와 조선물산장려회(朝鮮物産獎勵會)의 결합으로 탄생하였다. 조선민흥회는 국내의 민족협동전선(民族協同戰線) 결성에 대한 열망과 움직임, 해외의 민족유일당운동(民族唯一黨運動), 코민테른의 노선 변화 등 국내·외의 복합적 상황에 부응하여 조직된 단체였다.[02] 조선민흥회는 111명의 발기인, 수백 명의 회원이 참여하였다.

    이 단체의 결성을 주도한 이들은 조선공산당에 참가하지 않았던 서울청년회 계열의 이경호(李京鎬) 등 사회주의자들, 명제세(明濟

---

01 1925년 10월 서울에서 조직되었던 좌익운동단체. 1925년 4월 조선공산당이 결성되면서 조직에서 소외된 서울청년회 계열의 구파(舊派)로 분류되는 이병의(李丙儀)·차재정(車載貞)·이영(李英) 등의 서울파가 조직하였다. 전진회는 조선민흥회에 참여하여 활동하다가, 1927년 신간회가 발족하자 쇠퇴하였다.
02 이균영, 「조선민흥회와 신간회를 둘러싼 제논의의 검토」, 『한국근대민족주의운동사연구』, 1987. 130쪽.

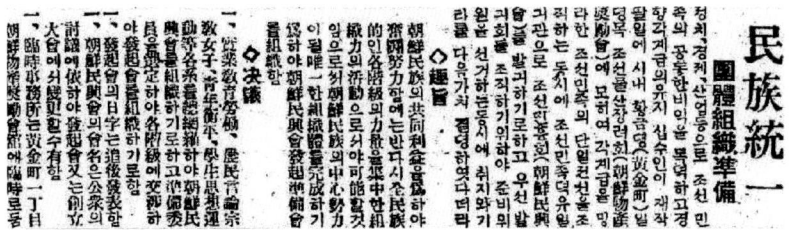

『동아일보』, 1926. 7. 10, 「민족통일 단체조직준비」

世)·조만식(曺晩植) 등 조선물산장려회 계열의 민족주의자들이었다. 조선민흥회는 "조선 민족의 공동이익을 위하여 분투·노력함에는 반드시 전 민족적인 각 계급의 역량을 총 집중한 조직력의 활동으로서야 가능할 것이므로 조선 민족의 중심세력이 될 유일한 조직체를 완성"03 하는 것을 목표로 삼았다.

조선민흥회는 실업·교육·노동·농민·언론·종교·청년·형평·학생·사상운동 등의 각종 단체를 총망라하여 민족 대동단결을 목적으로 했다.04 1926년 10월 30일 30여 명의 발기인이 참석한 가운데 기독교청년회관에서 발기총회를 개최하였다.05 그렇지만 총회는 경찰의 회합 금지 명령으로 개최되지 못하였고, 11월 29일이 되어서야 창립 준비위원회를 개최하였다.06

---

03 『동아일보』, 1926. 7. 10, 「민족통일 단체조직준비」.
04 박경식, 「한국민족해방운동과 민족통일전선」, 『신간회연구』, 1983. 34쪽.
05 『동아일보』, 1926. 10. 31, 「조선민흥회 작일에 발기회」.
06 『동아일보』, 1926. 11. 3, 「조선민흥회 소식」.

2. 조선민흥회 창립준비위원으로 활동하다

정순영은 1926년 11월 29일 열린 조선민흥회 창립준비위원회(創立準備委員會)에서 창립준비위원 29명 중 한 사람으로 참여하였다.[07] 그가 조선민흥회에 참여한 것은 송내호와의 인연 때문이다. 송내호(宋乃浩, 1895~1928)는 1920년 11월 정순영의 소개로 대한독립단에 가입하였고, 동단의 전라도지부 설치를 맡아 활동하였다. 전남 완도 출신인 그는 아우 송기호(宋琪浩)와 함께 1910년 이후 청년운동, 3·1운동, 노동운동, 사회운동 등에 참여하면서 민족해방운동을 벌이던 중 1928년 순국하였다.

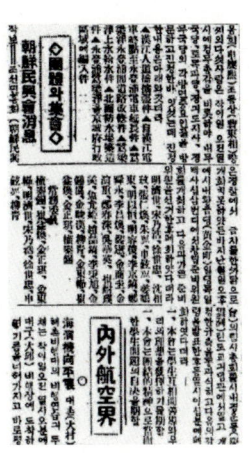

『동아일보』, 1926. 11. 3. 「조선민흥회 소식」(준비위원 정순영의 이름이 보인다)

송내호는 어릴 때 완도군 소안면 비자리의 침벽재(枕碧齋)에서 한학(漢學)을 공부한 후, 1911년 완도 사립육영학교(私立育英學校)를 졸업하였다. 이후 서울의 사립 중앙학교(私立中央學校)에 진학하여 신학문을 배웠다. 1914년 졸업 이후 귀향하여 국권회복운동을 전개하였다. 그는 1914년 비밀결사 수의위친계(守義爲親契)를 조직, 전라남·북도와 경상남·북도로 조직을 확대하였다. 이 조직은 중국에서 조직된 독립운동 단체와 연결되어 있었고, 그는 양기탁을 통해 신흥무관학교와 연결, 청장년을 독립군으로 파견하기도 하였다.[08]

---

07 김준엽·김창순 공저, 『한국공산주의운동사』제3권, 고려대학교 아세아문제연구소, 1973, 44쪽; 『동아일보』, 1926. 11. 3, 「조선민흥회소식」.
08 손형부, 「식민지시대 송내호·송기호 형제의 민족해방운동」, 『국사관논총』제40집, 국사편찬위원회, 1992.

송내호는 1915년 향리에서 배달청년회(倍達靑年會)를 조직, 청년들을 규합하여 민족해방운동을 전개하였다. 이 조직은 서울청년회와 연결, 1923년 전조선청년당대회(全朝鮮靑年黨大會)를 주최하기도 하였다.[09]

정순영과 송내호는 대한독립단 전라도 지부 결성 이후 동지적 결속을 이어 나갔다. 송내호는 조선민흥회에 참여하여 사회주의와 민족주의 진영 간의 좌우 합작을 추진하였다.[10] 정순영이 1926년 11월 조선민흥회 창립 준비위원(創立準備委員)으로 위촉된 것은 송내호와의 인연 때문이라 여겨진다. 그렇지만 송내호가 1928년 순국한 이후에는 모든 단체와 활동에서 정순영의 이름이 나타나지 않는다.

3. 경남 진주와 전남 목포를 전전하다.

정순영은 1919년 12월 귀국하여 서울에서 조선고사연구회와 인도공의소를 설립하여 활동하던 중, 재취 부인 박화사가 선양에서 1920년 7월 30일 사망하였다는 소식을 들었다. 그는 선양으로 들어가 장례를 치른 뒤, 장남 돈화와 함께 6 남매를 데리고 귀국하였다.

장남 돈화는 서울역에서 아버지와 작별하고, 어린 동생들을 데리고 성주 수륜면 윤동으로 내려갔다. 이곳 윤동은 부친과 함께 수학했던 해사(海史) 김정호(金丁鎬)의 고향이었고, 이미 혼약을 맺었던 그의 딸 김복수가 살고 있었다. 정돈화는 어린 동생 육 남매와 함께 이곳에 정착하였고, 1923년 김복수와 결혼하여 동생들과 함께

---

09 손형부, 위의 논문.
10 손형부, 위의 논문.

윤동에 거주하였다.[11]

대한독립단 국내 지단 사건으로 2년 옥고를 치르고 1923년 출소한 정순영은 경남 진주로 내려갔다. 정순영 후손 가에서 소장한 편지와 기타 문건을 살펴보면, 그는 1924년 진주에서 한약방 세창약포(世昌藥舖)를 열었다. 1924년 여름 진주를 지나던 한 과객이 당시 여사(旅舍)에 머물던 정순영을 만나 세창약포를 방문하였다. 그는 다음과 같은 헌정시를 정순영에게 남겼다.

金井水寒玉宇淸	금정(서쪽 우물)의 물 차고 선생의 모습 맑은데,
蕭條物物摠傷情	쓸쓸한 물상은 모두 마음을 아프게 하네.
大地有山嶽口動	대지는 산이 있으니 산악이 살아 움직이고
一天無際埜潮橫	하늘은 끝이 없으니 들녘에 물결이 걸렸네.
零露栖梧驚睡鶴	떨어지는 이슬방울은 오동나무에 잠든 학을 놀라게 하고
衰陰梭柳囀流鶯	노음(老陰, 6월)의 실 같은 버들에는 앵무새 지저귀며 날아다니네.
滿腔義氣愀然坐	내면에 의기를 가득 품고 쓸쓸히 앉은 자리,
手撫商絃且讀兵	손으로 가을 곡조를 연주하고 또 병서(兵書)를 읽으시네.
養正齋高洞僻天	양정재(養正齋) 높은 곳은 동천이 외져서,
林泉剩得百年前	백 년 전부터 자연을 한껏 누리시네.

---

11 「(정순영)제적등본」(2001.6.19, 성주군 수륜면장); 「정순영제적등본(2001.10.16, 성주군 대가면장)」; 「정순영제적등본(2025.3.11, 대구광역시 달서구청장)」; 「(정순영)판결문」 (1921.9.30, 경성 지방법원); 신종숙의 증언

諸子文章將有後	뭇 스승의 문장은 장차 이을 사람이 있으니,
先生風月尚無邊	선생의 풍월은 오히려 끝이 없네.
主人自得閒中趣	주인은 한가한 정취를 스스로 즐기시니
坐數桃花滴講筵	강학하는 자리에 복사꽃 몇 송이 뚝뚝 떨어지네.

갑자(1924년) 가을 내가 마침 진양(晉陽, 진주)에 도착하여 우연히 이당(彛堂) 형을 나의 일족 여사(旅舍, 여관)에서 만나고, 그다음 날 세창약포(世昌藥舖)를 방문하여 그간의 회포를 간단히 풀었다. 이당이 굳이 시필(試筆)을 청하므로, 감히 그의 간절함을 거절하지 못하고 나의 졸렬함을 잊고 시를 쓴다.

정순영의 후손들도 그가 경남 진주로 내려가 한약방을 열었다고 기억하고 있다. 한약방을 운영하던 그는 재취 부인 이두안(李斗安)과 결혼하였다. 그의 제적등본에 따르면, 1928년 4월 경남 남해군 삼동면(三東面) 지족리(知足里)의 부호 이지무(李枝茂)의 장녀 이두안과 결혼하였고, 1926년 이두안과의 사이에서 아들 윤화(尹和)가 태어난 것을 보면, 혼인은 1925년 전후였을 것으로 여겨진다. 1928년 6월 딸 진화(晉和), 1930년 10월 딸 인화(仁和)가 태어났다. 1930년 11월 10일 아들 윤화는 전염병으로 사망하였고, 11월 18일 딸 진화도 그 뒤를 따랐다.[12]

정순영은 1924년 석방 이후 그동안 활발하게 전개하던 독립운동에서 점차 거리를 두기 시작하였다. 1926년 11월 조선민흥회

---

[12] 「(정순영)제적등본」(2001. 6. 19, 성주군 수륜면장); 「정순영제적등본(2001. 10. 16, 성주군 대가면장)」; 「정순영제적등본(2025. 3. 11, 대구광역시 달서구청장)」

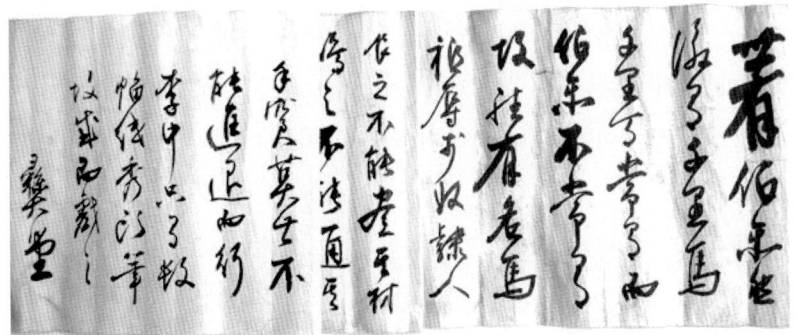
정순영의 친필 글씨, 한유의 「마설」

창립 준비위원으로 참여한 것이 그의 마지막 공적 활동이었다. 조선민흥회가 신간회(新幹會)와 통합한 이후에는, 더이상 그의 독립운동 행적이 드러나지 않는다. 당시 독립운동계가 좌우로 분열하여 극렬하게 대립하던 상황에서 유림계열의 독립운동을 지향한 그로서는 세태의 변화를 따르기 힘들었을 것으로 여겨진다. 게다가 성주의 문벌 가문의 부호였던 그로서는 사회주의 계열의 젊은 청년들이 지향하던 견해나 입장에 동조하기 어려웠을 것이다. 더욱이 그의 나이 이미 40대 후반에 이르렀고, 그동안 함께 활동하던 동지들이 옥고를 치르거나 순국하는 상황에서 그의 독립운동에 대한 열정도 점차 식어갔을 것으로 짐작된다.

　　정순영은 1930년 전후 전남 목포로 이주, 그곳에서 한약방을 열었다. 후손이 간직한 편지 봉투에는 "전남 목포부 남교동 12번지 약방(藥房) 정현식(鄭鉉湜)"이 적혀 있는 것으로 볼 때, 목포에서도 한약방을 열었던 것으로 보인다. 그는 이곳에서 1930년 11월 아들 윤화와 딸 인화를 동시에 잃는 참척(慘慽)의 슬픔을 맛보았다. 이즈음 그는 자신의 삶을 되돌아보기 시작했던 것으로 보인다. 1932년 소춘절(동짓날)에 『고문진보(古文眞寶)』의 「잡설(雜說)」에 나오는 한유(韓愈)의 「마설(馬說)」을 친히 적은 필적이 후손 집에 전해지고 있다. 당시 그의 심중을 헤아리는 데 도움이 되는 글이라 여겨 옮겨 적는다.

> 세상에는 백락(伯樂)[13]이 있어야 천리마도 있다. 천리마는 항상 있는 것이나 백락은 항상 있는 것이 아니다. 비록 명마라고 하더라도 하찮은 사람의 손에서 수모를 당하고 평범한 말과 함께 마구간에서 죽게 되면 천리마라는 평판을 듣지 못한다. 천리마는 한 번에 한 섬의 곡식을 먹지만, 말을 먹이는 사람이 천리마인지 모르고 먹이면 이 말이 비록 천 리를 달릴 수 있는 능력이 있더라도 배불리 먹지 못하여 힘이 부족하게 되어 그 재능이 드러날 수 없다. 천리마는 보통 말처럼 하려 해도 할 수 없는데, 어찌 천 리를 달릴 수 있기를 바라겠는가. 천리마를 다루는 방법으로 채찍질하지 않고 먹이지도 않으니 천리마는 본래의 재능을 다할 수 없고, 천리마가 울어도 그 뜻을 알 수 없다. 이렇게 천리마를 다루면서도 채찍을 잡고 말에 다가가 "세상에는 좋은 말이 없다."라고 한다. 슬프다. 참으로 좋은 말은 없는 것인가! 진정 천리마를 알아보지 못하는 것이다!
>
> 임신년(1932) 소춘절에 남해 지족리(知足里)를 지나는데, 그때 매우 궁색하여 움직일 수 없었다. 행리(行李) 안에는 단지 종이 몇 폭과 몽땅 붓이 있어 흥에 겨워 적었으니 놀라지 말라.
>
> — 이당(彝堂)

---

[13] 중국 주(周)나라의 말을 감정하는 신하, 본명은 손양(孫陽)이다.

「마설」은 한유가 천리마를 인재에 빗대어 인재를 알아보지 못하는 세태를 개탄한 글이다. 정순영은 이 글을 빼어난 필체로 적었는데, 당시 거듭된 불운 속에 회한(悔恨)에 빠진 그의 심중을 잘 드러낸 글이다.

이 무렵 그는 목포에서 큰 병을 앓았다. 1932년(壬午) 중추절(仲秋節)에 그는 일본인 의사 히시다(菱田)에게 헌시(獻詩)를 보냈다. 그가 창질(瘡疾)[14]에 걸려 히시다의 진료를 받고 완치된 뒤, 감사한 마음을 시로 읊은 것이다.

天遣菱田渡碧海	하늘이 히시다(菱田)를 보내 푸른 바다를 건네게 하니
華佗才操釋伽心	화타(華佗)의 재주에 석가(釋迦)의 마음을 가졌네.
鬼門咫尺蒼黃客	귀문(鬼門)이 지척인데 허둥지둥 경황없는 나그네
却使回生不索金	도리어 살려내고도 돈을 요구하지 않네.

一見能擔可得療	한 번 보고 능히 감당하여 치료하고
慇懃贈愛摠難名	은근한 사랑 베푸니 그 은혜 헤아리기 어렵네.
憑君欲問前生果	그대에게 부탁하여 전생의 업보를 묻노니
倘是當年在弟兄	혹시 당년에 형제였던가.

分明茫相後身是	분명히 아득한 모습이 후생의 모습이니
經濟專心試學醫	경제에 전념하여 시험 삼아 의술을 배우네.
醫國神方藏在手	나라를 다스릴 신묘한 처방이 손에 있으니
瘡疾足下療何時	발밑 종기는 어느 때나 치료할 수 있으리.

---

14 피부에 나는 질병을 통틀어 이르는 말.

정순영은 1930년대 후반까지 목포에 살았다. 이곳에서 그는 조선고사연구회, 인도공의소, 대한독립단, 그리고 조선민흥회에 참여하였던 동지들과 교유하며, 한약방을 경영하기도 하였다. 그렇지만 목포 생활은 순탄치 않았다. 1930년 두 어린 자녀가 요절하였고, 자신도 창종(瘡腫)으로 죽을 고비를 넘겼으며, 58세가 되던 1939년에는 중풍으로 쓰러지고 말았다.

죽음을 예감한 그는 주변을 정리하기 시작하였다. 재취 부인 이두안과 딸 인화를 친정 남해(南海)로 보냈고, 결혼할 당시 가져온 모든 재산도 딸려 보낸 뒤, 대구에서 한약방을 운영하던 장남 돈화의 집에서 살았다. 1941년 11월 15(음. 9. 27)일 사망하였다. 향년이 60세였다.[15]

정순영은 나라가 망한 뒤 남·북만주와 국내 각처를 전전하며 국권회복을 위해 헌신하였던 독립운동가였고, 시대적 소명을 실천한 지사였다. 그가 세상을 떠나 50여 년이 지난 1995년, 후손들은 「애국지사이당정공지비(愛國志士彛堂鄭公之碑)」를 건립하여 그를 추모하였다.

---

15 『청주정씨문목공파세보』, 2001 ; 정재화, 『이당공약력』, 1975.

맺음말

이당(彝堂) 정순영(鄭舜永)은 1882년 4월 9일 경북 성주군(星州郡) 대가면(大家面) 칠봉동(七峰洞) 유촌(柳村)에서 청주정씨 정주석(鄭周錫)의 아들로 태어났다. 그는 조선 선조(宣祖) 대 문신이며 학자인 한강(寒岡) 정구(鄭逑)의 10대손이다.

    그는 1905년 을사늑약 이후 국권회복에 뜻을 품고 동향의 심산(心山) 김창숙(金昌淑)·해사(海史) 김정호(金丁鎬) 등과 함께 구국운동을 벌인 혁신유림이었다. 1910년 나라가 망한 뒤에는 박상진(朴尙鎭)·권영만(權寧萬) 등과 함께 대구 이시영(李始榮) 집에서 구국의 방책을 논의하였다. 1912년 봄부터 남·북만주·연해주·상하이 등지를 다니면서 독립운동계를 둘러본 뒤 1913년 9월 귀국하였다.

    정순영은 1913년 9월 21일 서상일(徐相日) 등과 함께 달성친목회(達城親睦會)를 재흥, 비밀결사 단체로 재편하였다. 1915년 1월 15일 박상진·윤상태(尹相泰)·홍주일(洪宙一)·이시영(李始榮)·서상일(徐相日) 등과 함께 조선국권회복단(朝鮮國權恢復團) 중앙총부(中央摠部)를 결성하고, 유세부장을 맡았다.

    그는 1915년 7월 15일(음) 박상진(朴尙鎭)·우재룡(禹在龍)·권영만

(權寧萬)·채기중(蔡基中) 등과 함께 대구에서 광복회(大韓光復會)를 조직하였다. 광복회는 풍기 광복단(豊基光復團)과 조선국권회복단의 김재열·정운일·이시영·정순영·홍주일·최준 등이 합류하여 결성한 단체였다. 광복회는 총사령 박상진이 지휘하는 본부를 중심으로 국내지부와 길림 광복회(吉林光復會), 그리고 국내·외에 연락기관을 설치하였다. 정순영은 국외 연락책을 맡았다. 권유부장 김규(金圭)와 함께 조선국권회복단과 광복회 사이를 연결하는 가교(架橋)의 역할을 수행하였다.

정순영은 1916년 9월 3일 총사령 박상진의 지시로 군자금 모집을 위해 대구 부호 서우순을 협박한 대구권총사건에 참여하였다. 이 사건으로 조선국권회복단과 광복회의 단원들이 체포되자, 1916년 10월경 만주로 망명하였다. 가족과 함께 선양에 거주하면서 삼달양행 정미소(三達洋行精米所)를 거점으로 삼고 남만주 연락책으로 활동하였다.

1919년 12월 서울로 귀국할 때까지 그는 정서웅(鄭瑞雄)·정호웅(鄭琥雄)·정현식(鄭鉉湜) 같은 이명을 사용하였다. 1919년 대한민국 임시정부 수립과정에서 4월 2일 인천 만국공원에서 조직된 한성정부(漢城政府) 평정관(評定官)으로 참여하였다. 정현식이라는 이명으로 참여하였다.

정순영은 1919년 정안립(鄭安立)과 함께 조선고사연구회(朝鮮古史研究會)를 설립, 중국·한국·러시아 세 민족을 결합하여 대동민국(大東民國)을 건설하려는 계획을 세웠다. 이 계획의 실현을 위해 1919년 12월 정안립 등과 함께 귀국, 1920년 1월 18일 서울에서 조선고사연구회 창립총회를 개최하였다. 이때는 정현식이라는 이명으로 이름을 올렸다. 그렇지만 1920년 4월 1일 조선고사연구회가 일제에 의해 강제 해산되면서, 그가 꿈꾸던 대동민국(大東民國), 대고려국(大高麗國) 건설 계획도 좌절되었다.

1920년 5월 조선고사연구회의 회장 이상규(李相珪)를 비롯하여 조재학(曺在學)·오석룡(吳錫龍)·송주헌(宋柱憲) 등과 함께 인도공의소(人道公議所)를 설립하였다. 그는 회장 이상규와 함께 인도공의소 설립에 주도적인 역할을 담당하였지만, 발기인 명단에는 이름을 올리지 않았다.

1920년 8월 중순 루허현(柳河縣) 싼위안바오(三源浦)에 본부를 둔 대한독립단(大韓獨立團)의 국내 지단 조직에도 참여하였다. 그는 전권특파원 김기한(金起漢), 경기도 시찰 전권위원 강지형(姜芝馨) 등과 함께 서울의 중앙본부(中央本部)와 각도에 총지단(總支團), 그리고 군·면 지단(郡·面支團) 설치에 주력하였다. 1920년 11월 11일 대한독립단 중앙본부의 전모가 드러나면서 김기한 등과 함께 체포되었고, 1921년 9월 20일 경성지방법원에서 징역 2년을 선고받고 옥고를 치렀다.

1923년 9월경 출옥한 그는 경남 진주에서 한약방을 운영하면서 독립운동에 참여하였다. 1926년 11월 민족협동전선의 구축을 목표로 조선민흥회(朝鮮民興會)가 창립되었을 때, 창립 준비위원이 되었다. 그러나 조선민흥회가 신간회와 통합된 이후에는 그의 행적이 더 이상 드러나지 않는다.

그는 진주를 중심으로 경남 일원과 전남 목포 등지에서 한약방을 하면서 생계를 이어갔다. 1941년 11월 15일(음 9. 27) 대구에서 서거하였다. 향년 60세였다. 경북 성주군 수륜면 봉양리(鳳陽里) 백양(栢陽)골 박달산(朴達山)에 그의 유택이 마련되었다. 그로부터 50여 년이 지난 1995년 후손들이 그를 추모하는 비를 건립하였다. 2001년 국립 대전현충원(독립유공자 제2묘역 938번)에 유해를 옮겨 안장하였다.

　　대한민국 정부는 1963년 대통령표창, 1990년 건국훈장 애족장을 추서하였다.

부록

| 해제 |

이당 정순영은 경북 성주 출신이다. 그는 한주학파(寒洲學派)의 주문팔현(洲門八賢) 중 한 사람인 회당(晦堂) 장석영(張錫英) 문하에서 수학하였다. 동향 출신 심산(心山) 김창숙(金昌淑), 해사(海史) 김정호(金丁鎬) 등이 그의 동문이다. 그는 청년 시절 국권 회복에 뜻을 품고 구국 활동에 참여하였던 혁신유림이었다. 청장년 시절 대구와 만주 지역을 전전하며 달성친목회, 조선국권회복단, 광복회, 한성정부, 조선고사연구회, 인도공의소, 대한독립단, 조선민흥회 등 여러 독립운동 단체에서 독립운동을 전개하였다.

정순영은 자신의 구국운동과 독립운동에 관한 기록을 남기지 않았다. 그의 장손 정하용(鄭河容)이 보관하고 있는 몇 가지 문건, 즉 대한독립단 재판 판결문, 서간문, 그리고 자필의 앙고문(仰告文)과 시문 등이 남아 있을 뿐이다. 일제강점기 독립운동이나 사회 활동을 했던 유생들은 자신의 생애를 회고록 형태로 남겼지만, 그는 일체의 기록을 남기지 않았다. 후손 집에는 그가 말년에 남긴 것으로 추정되는 시문과 편지 몇 건만이 보관되어 있다.

정순영은 본명 외에도 3가지의 이명을 사용하였다. 1916년 10

월경 만주로 망명하여 광복회의 남만주 연락책으로 활동했을 때, 정서웅(鄭瑞雄), 정현식(鄭鉉湜), 정호웅(鄭琥雄) 같은 이명을 사용하였다. 정서웅과 정호웅은 대한독립단의 심문조서에서 나타나고 있으며, 정현식은 한성정부의 평정관 명단이나 조선고사연구회의 발기인 명부에 나타나고 있다. 독립운동가였던 그가 이명을 사용하여 자신의 행적을 은폐하려 하였기 때문이다.

이 책의 부록은 정순영이 관여했던 독립운동 단체와 그의 활동이 언급된 기록을 모은 것이다. 1975년 인쇄된 『이당공약력』은 장남 정돈화가 부친의 행적을 정리한 것이다. 이 작은 책자는 정순영의 독립운동에 관한 행적과 그의 사상적 기반을 이해할 수 있는 자료이다. 이 밖에 재판 판결문과 신문조서, 그가 참여했던 독립운동 단체의 발기문, 앙고문, 그리고 그와 연관이 있는 신문기사를 수록하였다.

마지막으로 정순영의 평생을 정리한 연보를 이 책 끝에 실었다. 이 연보는《청주정씨문목공파세보》(2001), 〈(정순영)제적등본〉, 그리고 이 책『이당 정순영의 독립운동』에서 발췌한 자료를 기반으로 작성한 것이다.

이당정순영 관련자료

1. 『이당공약력』

정재화(鄭在華), 『이당공약력(彛堂公略歷)』, (1975)

2. 재판기록 및 신문조서

1-1. (국역) 조선국권회복단, 정순영「판결문」(1920년 3월 22일, 고등법원)

관리번호: CJA0000477 문서번호: 840058 성명: 윤상태 외 29인 쪽번호: 358~370
대정 8년 특예 제8호 제9호

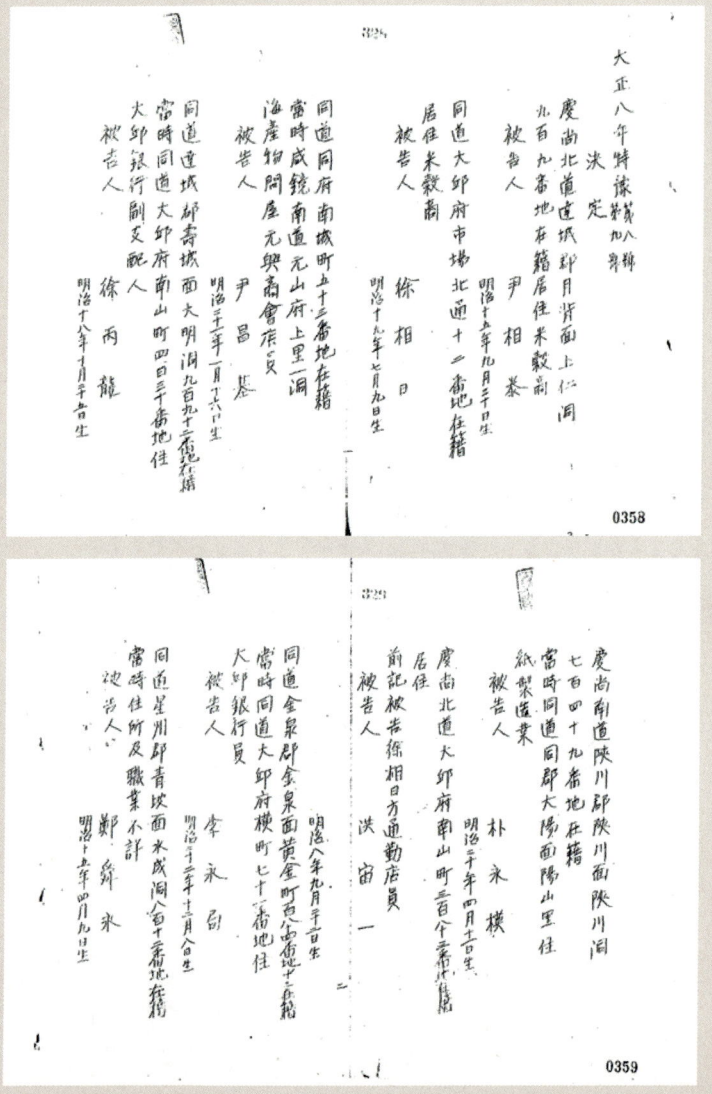

정순영「판결문」(1920년 3월 22일, 고등법원)

결정

경상북도 달성군 월배면 상인동 909번지, 재적, 거주, 미곡상
피고인: 윤상태(尹相泰), 1882년 9월 20일생

동도 대구부 시장 북통 12번지 재적, 거주, 미곡상
피고인: 서상일(徐相日), 1886년 7월 9일생

동도 동부 남성정 53번지, 재적, 당시 함경남도 원산부 상리 1동,
해산물 문옥 원흥상회 점원
피고인: 윤창기(尹昌基), 1888년 1월 16일생

동도 달성군 수성면 대명동 992번지, 재적,
당시 동도 대구부 남산정 430번지 거주
피고인: 서병룡(徐丙龍), 1885년 10월 25일생

경상남도 합천군 합천면 합천동 749번지 재적,
당시 동도 동군 대양면 양산리 거주, 종이 제조업
피고인: 박영모(朴永模), 1887년 4월 11일생

경상북도 대구부 남산정 382번지, 재적, 거주,
전기 피고 서상일 방 통근 점원
피고인: 홍주일(洪宙一), 1875년 9월 22일생

동도 김천군 김천면 황금정 184번지 12, 재적,
당시 대구부 횡정 72번지 거주 대구은행원
피고인: 이영국(李永局), 1889년 12월 8일생

동도 성주군 청파면 수성동 812번지, 재적, 당시 주소 및 직업 불상

피고인: 정순영(鄭舜永), 1882년 4월 9일생

충청남도 대전군 유성면 복용리 330번지, 재적, 거주, 농업, 김주사
피고인: 김교훈(金敎勳), 1880년 10월 20일생

본적 주소 직업 미상
피고인: 황병기(黃炳基), 30세 정도

경상남도 창원군 내면 회원리 526번지, 재적
피고인: 안확(安廓), 1886년 2월 28일생

동도 마산부 오동동 213번지, 재적, 당시 주소 및 직업 미상, 이형재(李瀅宰)라 함
피고인: 이형재(李瀅宰), 1882년 9월 19일생

동도 마산부 표정 28번지, 재적, 거주, 무직업 김기성(金琪聲)이라 함
피고인: 김기성(金璂成), 1891년 12월 4일생

경기도 경성부 가회동 125번지, 재적, 당시 주소 및 직업 불상
피고인: 남형우(南亨祐), 1875년 7월 27일생

경상남도 창원군 진전면 양촌리 274번지, 재적, 당시 주소 및 직업 불상
피고인: 변상태(卞相泰), 1882년 10월 2일생

경상북도 칠곡군 약목면 복성동 1060번지, 재적, 거주, 미곡상
피고인: 신상태(申相泰), 1890년 4월 1일생

경상북도 안동군 풍북면 오미동 234번지, 재적, 변호사, 당시 주소 직업 불상
피고인: 김응섭(金應燮), 1878년 11월 15일생

경상남도 통영군 통영면 대화정 265번지, 재적, 거주, 농업
피고인: 서상환(徐相懽), 1888년 9월 24일생

동도 동군 동면 월정리 349번지 재적 거주 정미업
피고인: 서상호(徐相灝), 1888년 7월 25일

경상북도 대구부 경성 2정목 87번지 재적 거주 농업
피고인: 서창유(徐昌圭), 1889년 12월 22일생

동도 성주군 성주면 경산동 628번지 재적 거주 농업
피고인: 배상연(裵相淵), 1890년 4월 22일생

경상남도 창원군 진전면 오서리 907번지, 재적 거주 농업
피고인: 권영대(權寧大), 1885년 8월 16일생

동도 동군 동면 일암리 333번지 재적 거주 농업
피고인: 황태일(黃泰益), 1877년 4월 20일생

동도 동군 동면 동리 796번지 재적 거주 농업
피고인: 변상섭(卞相燮), 1881년 9월 21일생

동도 동군 동면 양촌리 30번지 재적 거주 농업
피고인: 변상술(卞相述), 1888년 9월 15일생

동도 동군 동면 고암리 226번지 재적 거주 농업
피고인: 구수서(具守書), 1893년 6월 20일생

동도 동군 동면 양촌리 383번지 재적 거주 농업

피고인 : 변상헌(卞相憲), 1897년 9월 3일생

동도 동군 동면 기곡리 319번지 재적 거주 농업
피고인 : 김영종(金永鍾), 1900년 3월 27일생

동도 동군 동면 일암리 662번지 재적 거주 농업
피고인 : 변우범(卞又範), 1898년 10월 24일생

위 피고 윤상태(尹相泰) 외 29명에 대한 내란 피고사건에 대해 고등법원장의 명을 받은 고등법원 예심 담당, 조선총독부 판사 나가누마(永沼直方)로부터 제출한 소송기록 및 의견서를 조사하고 고등법원 검사장 대리 조선총독부 검사 소바야시(草場林五郎)의 의견을 듣고 결정함이 다음과 같다.

주문
경성지방법원을 피고 변상태(卞相泰), 권영대(權寧大), 권태용(權泰容), 황태익(黃泰益), 변상섭(卞相攝), 변상술(卞相述), 구수서(具守書), 변상헌(卞相憲), 김영종(金永鍾), 변우범(卞又範)에 대한 피고사건의 관할 재판소로 지정한다.
피고 윤상태(尹相泰), 서상일(徐相日), 윤창기(尹昌基), 서병룡(徐丙龍), 박영모(朴永模), 홍주일(洪宙一), 이영국(李永局), 김교훈(金敎勳), 김기성(金璣成), 신상태(申相態), 서상환(徐相權), 서상호(徐相灝), 서창규(徐昌圭), 배상연(裵相淵)을 면소 석방하고, 피고 정순영(鄭舜永), 황병기(黃炳基), 안확(安廓), 이형재(李瀅宰), 남형우(南亨佑), 김응섭(金應燮)을 면소한다.

이유
피고 변상태, 권영대, 권태용, 황태익, 변상섭, 변상술, 구수서, 변상헌, 김영종, 변우범은 공모하여 대정 8년(1919년) 4월 3일 구(舊) 절구(節句, 다섯 명절)를 기해 다수 공동으로 조선독립 만세를 부르는 방법으로 조선 독립시위운동을 할 것을 계획하고, 피고 권영대, 변상태, 변상섭은 동월 2일 정오경 경상남도

창원군 진전면(鎭田面) 양촌리(良村里) 토지 개간 장에서 약 70~80명에게 독립운동에 참가할 것을 권유하고, 피고 권태용은 동월 2일 오전 중 진전면 율치리(栗峙里) 김순삼(金順三)의 집에서 피고 김영종에게 같은 뜻을 권유하자 피고 김영종은 권태용의 뜻에 따라 동월 3일 아침 자택에서 구한국 국기를 만들어 30명을 인솔하고 양촌리(良村里)에 모였다.

변상헌, 변상섭, 변상술은 동월 2일 아침 진전면 봉암리(鳳岩里) 음식점 박영섭(朴永燮)의 집에서 동 구장 구수서(具守書)에게 동리 사람들을 참가토록 하라고 권유하자, 구수서는 이 선동에 동월 3일 동리 사람 약 10명을 인솔하고 양촌리에 모였고, 변상태와 황태익은 동월 1일 피고 변우범의 집에서 동인에게 동 운동에 참가할 것과 이에 사용할 구한국 국기를 만들어 줄 것을 권유하자 피고 변우범은 이에 응하여 거주하는 마을 서당에서 이를 만들어 마을 사람들에게 배포하고, 피고 황태익은 변우섭 등과 함께 동 국기를 만들어 이를 주민에게 배포하고, 그리고 피고 변상섭, 변상술, 구수서, 변상헌. 김영종, 변우범은 모두 약 1,500명의 군중과 함께 그 국기를 앞세우고 조선독립 만세를 연호하며 양촌리로부터 동군 진동면(鎭東面)으로 향해 행진했는데 진동면에서 약 15정(丁) 떨어진 진북면(鎭北面) 사동리(社洞里) 사동리 다리쯤에서 헌병으로부터 제지를 받아 달아남으로써 치안을 방해한 사실은 본건 기록에 의해 이를 인정할 수 있다.

그러나 피고 변상태가 피고 윤상태 등이 조직한 조선으로 하여금 제국의 통치로부터 이탈시키고 그 지역으로 구한국과 같은 새로운 독립단(獨立團)을 건설할 것을 목적으로 하는 중앙총부(中央總部)라는 단체에 가맹하고, 중앙총부로부터 위의 목적을 달성하는 수단으로써 폭동을 일으킨다는 내용의 명령을 받고 위의 피고 권영대 외 8명과 공모한 후 위 명령의 취지에 따라 동년 4월 3일 폭동을 일으킬 것을 계획하고, 주민 다수를 선동하여 진동 헌병 주재소를 습격하기 위해 조선 독립만세를 부르며 진행하던 중, 이를 제지하려고 한 헌병과 충돌하여 헌병 오장 가와카미(川上淸太郞) 외 여러 명에게 부상을 입히고 폭행을 했다고 인정할 만한 증빙이 충분하지 않다.

이상 각 피고의 소위는 보안법 제7조, 조선형사령 제42조, 대정 8년

(1919년) 제령 제7호 제1조 제1항, 형법 제8조, 제6조, 제10조를 적용 처단해야 할 범죄행위가 됨으로 피고사건은 지방법원의 관할에 속함에 따라 형사소송법 제315조 제2항에 의해 관할 재판소를 지정함이 타당하다. 그리고 그 나머지 피고 윤상태 외 19명에 대한 공소사실은 피고 윤상태, 서상일, 이시영, 서병룡, 윤창기, 박영모, 홍주일, 이영국, 정순영, 김규 및 황병기는 전부터 일한병합에 불만을 품고 조선으로 하여금 제국의 통치로부터 이탈시키고 그 지역으로 구한국과 같은 새로운 독립단을 건설할 것을 계획하고, 시기를 보아 목숨을 걸고 위 음모의 실현에 노력할 것을 맹세하고, 다시 그 수단 방법에 대해 협의를 열중하여 먼저 중앙총부를 대구부 내에 두고 피고 윤상태를 총령으로 추천하고 다른 피고 등은 각 주요 지위에 두고 담당 사무를 정해 동지 규합에 힘쓰고, 또 외국에 있는 조선인과 몰래 연락을 하여 획책을 하던 중 관헌이 알아내어 진압책을 찾기 위해 음모계획에 잠시 좌절이 있을 때 마침 올해 3월이 되어 조선 전도에 걸쳐 조선독립 시위운동이 발발하자, 좋은 기회를 놓치면 안 되기에 궐기 활동을 재개했는데, 피고 안확, 이형재, 김기성, 남형우, 변상태, 신상태 및 김응섭은 바로 찬동하여 위 음모단에 가맹했고, 이에 따라 피고 등은 중국 상해에 불령(不逞)한 조선인이 설립한 조선 임시정부(朝鮮假政府)와 서로 연락을 취하는 한편 남조선을 중심으로 하여 동지를 규합하고, 경상남도 마산부(馬山府)에 지부를 설치하고, 피고 안확을 지부장으로 피고 이형재, 김기성을 직원으로 하여 동 지방의 독립사상을 고취하고, 피고 서상일은 동인은 동월 중 피고 서상환, 서상호, 서창규 및 배상연에게 음모의 진상을 알리고 가맹케 하고 또 목적을 관철시키는 데는 많은 액수의 자금을 필요로 한다는 내용 쪽으로 말하여 출자를 승낙케 하고, 그리고 한편 피고 변상태는 중앙총부의 명에 따라 동도 창원군 지방에서 조선독립의 목적을 달성하는 수단으로써 폭동을 결행하기를 계획하여 4월 3일 권영대 외 천 수백 명의 군중을 선동하여 동군 진동 헌병주재소를 습격하기로 하여 진행하던 중 이를 제지 시키려는 헌병과 충돌하고, 오장(伍長) 가와카미(川上淸太郞) 외 여러 명에게 부상을 입혀 폭동을 왕성하게 했다.

또 피고 윤상태는 조선독립 청원서를 작성하여 피고 김응섭에게 주고 동인은 이를 가지고 피고 남형우와 함께 상해로 도항하고, 피고 서상일도 그 당국 관헌을 속여서 여행 허가를 받아 그곳 임시정부에 보내려고 한 것이라 말하고 있으나 이를 인정할 만한 증빙이 충분하지 않음에 따라 형사소송법 제165조 제2항에 의해 위 각 피고에 대해 면소 언도를 한다.

이상의 이유에 따라 주문과 같이 결정한다.

대정 9년(1920) 3월 22일
고등법원 특별형사부 판사 와타나베(渡邊 暢)
재판장 조선총독부 판사 이시카와(石川 正)
조선총독부 판사 이나타(稻田俊夫)
조선총독부 판사 미즈노(水野正之丞)
조선총독부 판사 하라(原 正鼎)

1-2. (국역) 조선국권회복단, 「윤상태 신문조서」(1919년 6월 16일, 대구지방법원)

(국사편찬위원회, 『한민족독립운동사자료집』7, 「국권회복단」Ⅰ)

「윤상태 신문조서」(제2회)

신문

피고인 윤상태 위 자에 대한 대정 8년 제령 제7호 위반 피고사건에 관하여 대정 8년 6월 16일 대구지방법원 검사국에서 조선총독부 검사 호카마(外間現篤)는 조선총독부 재판소 서기 마쓰시마(松島親造)를 입회시키고 전회에 이어 전기 피고인에 대해서 신문하기를 다음과 같이 하다.

문 윤상태(尹相泰)인가.
답 그렇다.
문 피고는 서상일과는 어떤 관계인가.
답 그의 부친이 내 부친의 친구였는데, 그 아들인 서상일이 7·8년 전 극히 가난하여 장사라도 해서 생계를 세우고 싶다고 하므로 내가 당시 돈 1천 원을 대여해 주어 남문 안에서 조그만 곡물 및 숯 장사를 하게 하였으나, 그 후 시장정으로 서상일이 점포를 옮겼고, 그 뒤 현재 사는 곳으로 땅을 사서 옮겼다. 그래서 그가 그 뒤의 자금은 어음에 이서해 주기도 하는 등 자금의 융통을 도왔는데, 작년 봄쯤 서창규와 내가 농공은행에 지불을 보증해 주어 1만 원을 한도로 융통하게 되었으므로 그는 그 후 위 자금을 가지고 장사를 하는 것으로 생각된다. 이와 같은 상황이므로 그는 장사에 관한 일은 모두 나에게 상의를 해 오고 있는 터이다.
문 그대는 대정 4년 음력 정월 보름날 눈이 내리고 있을 때 달성군(達城郡) 대명동(大明洞) 안일암(安逸庵)에 간 일이 있겠지.
답 그렇다. 일시는 잘 기억하지 못하나 눈이 내리고 있을 때 안일암에서 심부름을 와 대구의 친구들이 모여 있으니 놀러 오라는 것이었다. 그래서 나는 곧 안일암으로 갔다. 그곳은 우리 집에서 약 시오리쯤 된다. 그 절에 갔더니 거기에 서상일·서병룡·홍주일이 있었는데, 설경을 바라보면서 시를 짓기 위해 불렀다는 것으로 저물녘이었으므로 한 차례 시를 짓고 얼마 뒤에 헤어져 집으로 돌아왔다. 집에 돌아오니 거기에는 이영국이 와 있었는데, 그는 하룻밤을 우리 집에서 자고 자기 집이 있는 김천(金泉)으로 돌아갔다. 이영국은 원래 김천(金泉) 사람으로 내가 아이의 교육을 위하여 전에 가정교사로 데려다 놓았다가 아들이 경성(京城)에 가게 되었으므로 그도 고향으로 가게 되었던 것인데, 그 후 상인동(上仁洞)으로 옮길 의향이 있어서 그것 때문에 그때 우리 집에 왔던 것이다.

문 그때 이시영·박영모·김규·정순영·황병기 등도 함께 있었겠지.

답 아니다. 그들은 없었다. 그리고 그 옆방에 약을 먹으러 온 정모(鄭某)라는 대구 성내에 사는 사람이 있었던 것으로 기억되나, 우리 친구들은 전술한 네 사람뿐이었던 것으로 기억한다. 그런데 신문하는 이시영·박영모·정순영은 아는 사이이다. 김규·황병기는 듣던 이름 같으나 기억은 없다. 이시영은 대구사람이고, 박영모는 합천(陜川) 사람이며, 정순영은 성주군(星州郡) 사람으로, 내 숙모의 남편인 진사 정진영(鄭震泳)의 친척이라 아는 사이이다.

문 그때 그대들은 조선의 국권회복을 모의하여 위 국권회복단의 중앙총부를 대구에 두고, 중앙총부의 통령에 윤상태, 외교부장에 서상일, 교통부장에 이시영·박영모, 기밀부장에 홍주일, 문서부장에 이영국·서병룡, 권유부장에 김규, 유세부장에 정순영, 결사대장에 황병기를 임명하였으며, 협심 일치하여 목적을 수행할 것을 기하고 서약서를 작성하여 「단국대황제령위(檀君大皇帝靈位)」라는 위패를 세우고 그 앞에서 기도했다는 것인데, 어떠한가.

답 그러한 일은 없었다.

문 그다음 해 음력 정월 보름에도 마찬가지로 안일암에 집합했다는데, 어떠한가.

답 그렇지 않다. 전술한 한번 그 무렵에 간 일이 있을 뿐이다.

문 매우 춥고 눈이 내릴 때 산중의 험한 암자에 무슨 구경할 것이 있다고 집합했다는 말인가.

답 이미 대구의 친구들이 와서 기다리고 있다 하여 나도 그 부름에 응하여 갔을 뿐이다.

문 대정 5년 8월 대구의 부호 서우순(徐祐淳)의 집에 권총을 휴대하고 침입한 통감단(總監團)에도 그대들 국권회복단은 관계하고 있었던 것으로 생각되는데, 어떠한가.

답 그러한 일은 없었다.

문 변호사 김응섭이 금년 4월 초쯤 그가 이곳을 출발하기 전, 그대는 서상일의 집 안방에서 그와 회합하여 밀의(密議)했다는데, 어떠한가.

답 그러한 일은 없었다. 마침 그달 초쯤 나는 달성공원(達城公園)으로 벚꽃 구경을 갔다 돌아오는 길에 서상일의 집에 들렀던바, 그 가게 앞에 김응섭이 의자에 앉아 있었으므로 인사를 했는데, 그는 달성공원으로 가는 길에 들렀다고 하며 변호사들이 먼저 가 있어서 가지 않으면 안 되겠다고 하면서 일어나 나갔으므로 나도 곧 집으로 돌아온 일은 있으나, 안방에서 그와 만난 일은 없으며, 따라서 신문하는 것과 같이 비밀 모의 같은 것을 한 일은 전혀 없었다.

문 그러나 당시 위 서상일의 점원이 윤거제(尹巨濟)·김(金) 변호사가 안방에서 주인과 담화 중이라고 찾아온 사람에게 말한 일이 있다는데, 어떠한가.

답 그래도 그러한 일은 없었다.

문 위는 김응섭이 조선 독립운동 건에 관하여 획책하기 위해 상해로 가는 일에 대하여 협의한 것으로 생각되는데, 어떠한가.

답 그러한 일은 없었다.

문 남형우를 알고 있는가.

답 알고 있다. 그는 백산상회원(白山商會員)이다.

문 백산상회에서 남형우를 상해로 파견한 데 대하여 대구의 중앙총부에서는 김응섭을 파견하기로 했던 것이 아닌가.

답 그런 일은 모른다. 들은 바에 의하면, 김응섭도 남형우도 상해 방면에 가 있다는 소문이다.

문　그대는 3월 8일의 대구 독립 만세운동에도 관계하지 않았는가.
답　관계가 없다.
문　그대는 백산상회, 마산(馬山)의 환오상회(丸五商會)·원동상회(元東商會)에 관계하고 있는가.
답　부산의 백산상회는, 주인 안희제(安熙濟)가 작년에 대구에 와서 백산상회를 확장하여 주식으로 하고 싶은데 대구에는 아는 사람이 없으니 귀하가 애써 달라고 해서 내가 100주를 인수하고, 다른 사람에게도 주선하였으나 별로 가입자가 없어서 그대로 돌아간 형편이었다. 환오상회·원동상회와는 별 관계가 없다.
문　금년 4월 13·4일경 통영의 서상환이 그대를 서상일과 함께 본정(本町) 2정목(丁目)의 소실집으로 방문했을 때, 그에게 현재 각지에서 독립운동을 하고 있으니 우리도 이때 큰 결심으로 협력하여 거사를 하지 않으면 안된다고 말하자 그가 찬동했으므로 다시 그 수단 방법에 대해서는 뒤이어 협의하자 하고 헤어진 일이 있다는데, 어떠한가.
답　그 무렵 서상환이 우리 집을 방문했기에 내가 전에 그에게 나무로 만든 식기·제기 따위를 부탁했었으므로 그것을 물었던바, 좋은 목재가 나오지 않아서 어렵다고 하였으며, 그때 나는 시국이 시끄러울 때이므로 주의하지 않으면 안된다는 말은 했으나, 그때 큰 결심으로 거사해야 한다는 등의 말을 한 일은 없다. 또 서상일은 언제나 우리 집을 방문하는 사람이므로 그때 함께 왔었는지 아닌지는 모르겠다.
문　그러나 서상환은 그 사실을 본직에게 자백하고 있는데, 어떠한가.
답　그것은 그의 오해라고 생각한다.
문　서상환·서상호는 그대들 중앙총부의 요구에 응하여 자금 제공을 약속했다는 것인데, 어떠한가.
답　그러한 일은 모른다. 서상호는 이전부터 서상일의 태궁상회와 쌀 거래 관계가 있어 아는 사이가 되었는데, 서상환은 일본의 대학을 졸업했다는 사람이며 또 서상호의 종제라는 관계로 알게 되었다.
문　서상환은 보통의 인격을 가진 청년이므로 그러한 부실(不實)을 말할 까닭이 없다. 실제로 앞에서 말한바(와 같은) 협의를 했던 것으로 생각되는데, 어떠한가.
답 아니다. 그래도 그러한 일은 없었다.
문 태궁상회는 머지않아 증자(增資)를 할 계획이었는가.
답 아니다. 그러한 계획은 없었다. 작년 봄쯤 나는 왜관(倭館)에 조카인 윤창한(尹昌翰)을 시켜 향산상회(香山商會)라는 곡물 매매 상점을 경영하도록 하였는데, 그 밖에 나는 각 은행 등에 관계하여 자금 운전의 형편상 위 향산상회와 태궁상회를 병합하여 내가 사장이 되고 다른 점원들을 주주 겸 사원으로 하여 경영할 것을 생각하였으나, 작년에 쌀값이 폭등했을 때 한 섬에 한 푼씩 타격을 입었기 때문에 그 계획을 중지하고 그대로 있었으며, 근자에는 확장할 아무런 생각도 없었다.
문 그런데 서상일은 태궁상회를 확장할 목적으로 그 주식의 인수를 신청하는 증서까지 받았다는데, 어떠한가.
답 그러한 일은 모른다. 그가 그렇게 확장할 의사가 있었으면 내게 그것에 대한 이야기를 했을 것으로 생각되나, 그러한 이야기는 없었다.
문 위는 사실 조선 독립운동의 자금조달을 목적으로 상회 확장을 빙자하여 겉으로는 상업자금처럼 꾸미고 있었던 것이라 인정되는데, 어떠한가.
답 그러한 일은 모른다.
문 태궁상회 확장의 건에 대하여는 사실이 없었다면 위 자금은 독립운동비에 충당할 계획이 있었던 것으로 생각되는데, 어떠한가.
답 서상일이 단독으로 그렇게 생각했는지 모르겠으나, 여하튼 대궁상회 확장의 일에 대해서는 나에게 아무런 상의가 없었으므로 그런 계획은 없었다고 생각된다.
문 그러나 서상호에 대해서는 이미 4만 원을 출자할 것을 승낙받아 그 1회 불입으로 4월 30일까지 2만 원을 출자하겠다는 증서를 받고, 서창규에게서는 마찬가지로 1만 원을 출자받도록 되어 있(었다)는데, 어떠한가.
답 그것은 처음 듣는 일이다.
문 마산(馬山)에 국권회복단(國權恢復團) 지부(支部)를 두고, 안확(安廓)이 그 지부장을 하면서 김기성(金璣成)·이형재(李亨宰)가 그 부원이 되어 활동하고 있었다는데, 어떠한가.
답 그런 사실은 없다. 안확·이형재·김기성 등은 이름만은 알고 있으나 본 적은 없다.
문 그대는 서상일·편동현 등과 함께 달성공원의 매월(梅月)이라는 요리 집에서 회합하여 상의한 일이 있다는데, 어떠한가.
답 작년에 한번 서상일이 태궁상회의 피로연을 매월(梅月)에서 연 일이 있었다. 그때는 대구은행·상공은행원 및 나와 서상일이 모여 연회를 한 것이다. 그 밖에는 없다.

본 신문은 입회 서기인 조선총독부 재판소 통역생의 통역에 의해 이를 행하다.

대정 8년 6월 16일
대구지방법원 검사국
조선총독부 재판소 서기 마쓰시다(松島親造)
조선총독부 검사 호카마(外間現篤)

1-3. (국역) 조선국권회복단, 「참고인 정진영 조서」(1919년 6월 8일, 대구지방법원 검사국)

(국사편찬위원회, 『한민족독립운동사자료집』7, 「국권회복단」Ⅰ)

「참고인 정진영 조서」

참고인 정진영(鄭震泳)

피고인 윤상태(尹相泰) 등 대정 8년 제령 제7호 위반사건에 관하여 대정 8년 6월 8일 대구지방법원 검사국에서 조선총독부 검사 스기무라(杉村逸樓)는 조선총독부 재판소 서기 마쓰시다(松島親造)를 입회시키고 참고인에 대하여 신문하기를 다음과 같이 하다.

문 성명·연령·직업·신분 및 주소는 어떠한가.
답 정진영(鄭震泳), 46세, 약종상(藥種商), 대구부 남성정 61번지.

이에 조선총독부 검사는 형사소송법 제123조 및 제124조의 각호를 해시(解示)하고 그 관계의 저촉 유무를 물었던바, 다음과 같이 대답하다. 윤상태(尹相泰)의 누이가 나의 처(妻)이며, 정순영(鄭舜永)의 10촌이 된다.
이에 조선총독부 검사는 전기 피고사건에 관하여 참고인으로서 신문하겠다는 뜻을 告하다.

문 윤상태가 국권회복단(國權恢復團)을 조직한 것은 언제쯤의 일인가.
답 대정 4년 음력 정월 15일, 마침 눈이 내릴 때 이영국이란 사람이 내가 사는 동리인 달성군 월배면 월촌동에 와서 윤상태를 꾀어 안일암으로 갔던 모양이었다. 나는 당시 무슨 일이 있어 그러한 곳에 간 것인가 의심하고 있었는데, 그 후 3·4일 지나 내가 대구부에 왔을 때 위 안일암에는 당일 서상일(徐相日)·정운일(鄭雲駅)·이시영(李始榮)·홍주일(洪宙一)·이영국(李永局) 및 윤상태(尹相泰)가 모였다는 것으로, 그들은 국권회복을 모의하고 각각 서약서를 작성하였으며, 또한 「단국태황제영위(檀君太皇帝靈位)」라고 쓴 위패를 세워 그 앞에서 기도하였고, 또 중앙총부(中央總部)를 대구에 둘 것, 총부장·외교부장·교통부장·기밀부장·문서부장 등을 각각 임명하고 해산했다는 것이었다. 그런데 그 후 다음 해 음력 정월 15일 다시 앞서 말한 사람들이 안일암에 집합하여 전술한 대로 국권회복을 모의한 모양으로, 그때는 나의 10촌이 되는 정순영(鄭舜永)도 그 단체에 가입했다는 것을 들었기 때문에 나는 그러한 일에 참가하는 것은 고려하지 않으면 안 되겠다고 말한 일이 있다. 당시 각지에서 윤상태 등을 찾아온 동지인 사람들은 내가 윤상태·정순영 등과 친척관계인 사정을 알고 있었기 때문에 당연히 그 모의에 참가하고 있을 것이라 추측하고, 또 나도 당시 마치 위 모의에 가입한 사람처럼 꾸미고 있었던 것이므로 그 단원들도 사정을 곧 잘 상세히 나에게 이야기하였기 때문에 알 수가 있었다. 그런데 그중 직접 나에게 잘 이야기해 주었던 것은 이시영(李始榮)으로, 그 밖에 윤상태(尹相泰)·서상일(徐相日)·정순영(鄭舜永) 등으로부터도 가끔 들었다.

문 그 서약서에는 어떠한 사항을 기재하였던 것인가.

답 그 서약서 전문을 보지 못했으므로 모르나, 대강은 조선의 국권을 회복하는 것에 관해 결의를 한 후 만약 그 단원으로 이후 의무 이행을 하지 않거나 또는 탈퇴하는 사람이 있을 때는 반드시 천지신명의 주벌(誅罰)을 받는다는 취지의 서약을 기재한 것이었다.

문 중앙총부의 역원은 어떠한가.

답 중앙총부 통령 윤상태, 외교부장 서상일, 교통부장 이시영, 동 박영모, 기밀부장 홍주일, 문서부장 이영국, 동 서병룡, 권유부장 김규, 유세부장 정순영, 결사대장 황병기를 임명하였으며, 그 중 결사대장이란 것은 만약 이 일에 관하여 관청에 밀고하는 자가 있을 경우 죽음을 결심하고 복수한다는 목적으로 생겼다는 것이다.

문 중앙총부는 대구의 어디에 있었는가.

답 중앙총부는 미리 장소를 정해 두었던 것이 아니라 집회에 앞서 장소를 정하기로 하고 있었다.

문 국권회복단은 그 후 계속 활동하였는가.

답　그 후 얼마 안 있다 대정 5년 8월경 이곳에서 박상진·김진우 등의 강도단 사건으로 말미암아 위 단원 중 다수가 수감된 후 당시 이미 위 음모에 대한 의심이 있어 수사가 엄중하였으므로 일시 주춤하여 활동도 없었고 또한 매우 비밀을 엄수하게 되었는데, 그 후 금년 3월 초부터 조선 독립운동이 각지에서 거행되었기 때문에 다시 각지로부터 단원의 왕래가 빈번하게 되고 활동을 개시했던 모양이다.

문　피스톨 강도는 국권회복단의 목적 수행을 위해 행한 것인가, 그렇지 않으면 강도 범인 중에 우연히 위 단원이 들어있었던 것인가.

답　그것은 모르겠다.

문　금년 3월의 소요 발발 후의 국권회복단의 행동을 진술하라.

답　소요 발생 후 2월 말경 유생(儒生)이 주로 부르짖어 파리평화회의 및 조선 총독에게 조선독립의 청원서를 발송한다는 것으로 맨 처음에 조긍섭(曺肯燮, 달성군 가창면 영대동)이 작성·발송한다는 것이었으나, 그는 유생 중의 수반(首班)이 아니었기 때문에 성주군의 장석영(張錫英)이 위 청원서를 작성하기로 되어 월촌면의 우하교(禹夏敎)를 시켜 그로부터 위 청원서를 받아오게 하였는데, 그때 조선총독부의 청원서는 그만두고 파리평화회의에 발송하는 것만을 작성시켜 그것을 우(禹)는 서상일 등에게 건네주었고, 그는 윤상태 등과 협의한 후 변호사 김응섭과 짜고 그가 위 청원서를 가지고 상해에 가는 것으로 되었으며, 그는 음력 3월 초쯤 서상일의 집에서 윤상태 함께 상의하고 같은 달 7일 대구를 출발하여 평양(平壤) 방면으로 간다고 하고 출발하였으나 실제는 상해로 가서 영문으로 번역하여 제출키로 한 모양이다. 내가 음력 3월 초쯤 위 서상일의 집으로 갔더니 주인이 보이지 않으므로 어디 갔느냐고 물었던바, 점원인 김창선이 나에게 주인 서상일은 윤거제(尹巨濟, 상태의 통칭)·김변호사와 함께 안방에서 이야기를 하고 있다는 것이었으므로 그 사정을 추측해 알고 그대로 돌아왔다. 3월 8일 여기 대구 시내에서 발생한 독립운동에 그들이 어떻게 관계하고 있었는지는 모르나, 3월 초쯤 경상남도 김해의 변상태라는 사람이 경성(京城)의 국장(國葬)을 참배하고 돌아오는 길에 우리 집에 약을 사러 왔으므로,

그가 위 서상일 등의 음모단과 관계가 있는지 의문이 있었기 때문에 그에게 이번에 어떤 일을 맡았는가를 물었던바, 자기는 경남에서 소요를 일으키는 임무를 맡고 중앙총부의 명을 받아 가는 것이라고 하였는데, 5월 26·7일경 그가 종형인 이곳 식산은행원 변상구의 집에 왔기에 그 이유를 물었더니, 창원·함안 지방에서 소요를 교사·발생시켜 다수의 사상을 내고 자기는 관헌의 수사가 엄중한 까닭에 이곳으로 도망쳐 왔다는 것이었는데, 2·3일 체재하고 현풍 방면에서 다른 데로 간다고 하며 출발한 후 그 행선은 모른다.

문 변호사 김응섭은 위 국권회복단 중앙총부에 가입하고 있었는가.

답 물론 가입하고 있었던 것으로 생각되나, 실제 어떠한 사정으로 그가 가입하기에 이르렀는지는 모르는데, 그는 전술한 대로 서상일의 집에서 윤상태·서상일과 회합하고 상해로 출발한 것이다. 그것은 5월 20일경 위 단원 중의 한 사람인 홍주일이 우리 집에 왔으므로 그때 물었던바, 그는 김응섭이 청원서를 가지고 상해로 갔다는 것으로, 그 여비로 다액의 돈을 윤상태·서상일이 지출해 주었다는 것을 말했기 때문에, 나는 당시 수사가 엄중한데도 불구하고 청원서를 가지고 간 것은 위험하다고 했더니 위 문서는 절단해서 종이노끈으로 꼬아 짐을 묶어 검사를 면하고 가져간 것이라고 말하였다. 그 후 얼마 안 있어 나는 서상일에게 세평(世評)도 있고 나는 다른 데서 이미 그 일에 관해 들었으므로 자네가 나에게 그 사실을 이야기하지 않으면 너무 소외하는 것이라고 하며 그 사정을 물었던바, 그는 홍(洪)이 말한 대로 사실 김응섭을 상해에 심부름을 보냈다는 것을 말했다. 그래서 나는 그 여비는 얼마가 소요되었느냐고 했더니 그는 김응섭은 자기 집을 매각해서 여비에 충당한 것 같이 말했기 때문에 그 이상은 깊이 묻지 않았는데, 김응섭이 안착했느냐고 묻자 상해에 안착했다는 통지가 왔다고 하였다.

문 또한 김응섭은 3월 8일 대구의 시위운동에 관계하고 있었던 것이 아닌가.

답 그것은 모른다.

문 윤상태·서상일 등 국권회복단체원은 위 대구의 시위운동에 관계하고 있었는가.

답 나는 그 당시 병으로 월배면 월촌동의 나의 집으로 돌아와 있었기 때문에 그 당시의 일은 모르는데, 대구로 얼마 안 있다 돌아온 후 서상일이 우리 집에 와서 지금 동산의 미국 선교사에게 각지의 소요 사건을 이야기하였던바, 그들도 각지의 사정을 알고 있었다고 하였으므로 당연히 그들도 몰래 위 운동에 조세(助勢)하고 있었던 것으로 생각되나, 그 상세한 것은 모르겠다.

문 위 중앙총부(中央總部)와 각 지방과의 연락 관계는 어떠한가.

답 지부로서는 마산(馬山)에 1개소가 있어 지부장은 안확이 하고 부원에는 이형재·김기성이 있다는 것이다. 그 밖에 누구누구가 가입하고 있는지는 모른다. 부산의 백산상회 그 상회 설립 당시부터 경상북도 지방의 일은 윤상태·서상일이 맡아 위 설립에 노력해 주었으므로 위 음모단에 관계하고 있었던 것이라 생각한다. 또 최근에 남형우를 그 상회에서 상해로 보냈다는 것으로 그와 서로 전후해서 김응섭을 중앙총부에서 보냈던 것이다. 경남 통영의 서상환 및 그 종제 서상호와도 관계하고 있는 것으로, 앞서 음력 4월 15·6일경이라고 생각되는데, 서상환이 대구에 왔다가 전부터 아는 사이이기 때문에 우리 집에 왔으므로 무슨 용무가 있어 왔느냐고 했더니 서상일이 전보로 불렀기 때문에 왔는데 금전에 관하여 상의할 필요가 있다고 하였다. 귀가 시에는 우리 집에 들르지 않고 출발했으므로 나는 그 후 서상일에게 마치 서상환으로부터 들은 것처럼 꾸며 서상환은 돈에 관한 일을 어떻게 협의했느냐고 물었던바, 서상환은 중앙총부의 요구에 응하여 출금할 것을 승낙하고 귀가했다는 것이었는데, 그 5·6일 후에 서상환이 다시 대구에 왔으므로 그에게 그대는 어느 정도의 지출을 승낙했느냐고 물었더니 그는 통영에 동지가 있기 때문에 그들과 상의하여 5·6만 원의 지출을 승낙했는데 제1회 불입으로 1만 원을 내기로 하였다는 것을 나에게 말했다. 그것은 그가 궁정(弓町) 이효철(李孝徹)의 집에 숙박하고 있을 때 그곳으로 가서 들었다.

문 상해의 한국 가정부(假政府)와 위 중앙총부와의 관계는 어떠한가.
답 김응섭·남형우 등이 상해로 건너간 후 서상일에게 안착했느냐고 물었던 바, 그는 두 사람 모두 상해에 안착하여 김응섭은 법무차관에, 남형우는 외무성 차관인가가 되어있다는 것이며, 또한 그는 상해에서 행편(幸便)에 부탁하여 이러한 서면을 송부해 왔다고 하며 나에게 위 문서를 보였으므로 일견(一見)하였더니, 그 서면은 반지(半紙) 4절 정도로 그것에 활자로써 조선은 이미 독립하였다, 상해에 이미 가정부가 조직되어 있으므로 추후 일반에게 발표하게 될 것이다, 조선 민족은 일본의 통치를 벗어나 일본 정부의 명령에 따를 필요가 없다, 금후 유혈(流血)의 참사를 본다고 하더라도 위 독립을 수행하여 본 정부를 완전하게 할 것이다. 조선민족은 금후 조세 등도 결코 납부하는 일이 없어야 한다는 의미의 명령서와 같은 것이었다. 위와 같은 사정이므로 당연히 상해의 가정부와 연락하고 있었던 것으로 생각된다.
문 중앙총부는 국권회복에 관해 운동비를 모집한 일이 있는가.
답 위 운동비에 관해서는 통영의 서상환이 5·6만 원을 책임졌다는 것으로, 그 전주는 서상호라는 것이었다. 그것은 서상환이 이번에 인치되었을 때 그 후 서상호가 따라와서 우리 집에 들러 서상환이 인치된 것은 서상일·윤상태 등과의 운동비 관계 때문이라고 생각하는데 윤상태·서상일의 가택을 수색하여 각자가 승낙한 운동비의 액수를 기재하고 승낙·날인한 문서라도 압수된 것이 아니냐고 물었으므로, 내가 서·윤 두 사람 모두 가택수색을 했기 때문에 당연히 위와 같은 문서가 있었으면 압수되었을 것이라고 했더니, 그는 매우 걱정하며, 그러한 문서가 압수되어서는 큰일이다, 만약 압수되어 있다면 서상환뿐 아니라 자기도 인치되었을 터인데 상호만 인치당한 것은 혹은 아직 위 문서가 압수되지 않았을 것이라고 하였으며, 또한 나에게 서상일·윤상태의 집에 가서 그 가족에게 다시 가택수색을 받을 우려가 있으니 위와 같은 서면을 찢어버리도록 전언(傳言)해 달라고 한 것으로 보아, 그가 위 운동비의 대부분을 맡은 것은 상상할 수 있다. 성주의 배상연은 이번에 내가 왜관으로부터 돌아오는 길에 기차 안에서 인치되어 대구서(大邱署)로 오는 것을 만났는데, 그때 그의 동생 배상렴이 따라오는 것을 보았기 때문에 나는 그대의 형은 어째서 인치되는 것이냐고 물었더니, 대구에서 서상일·윤상태가 인치되었으므로 그들의 운동비를 지출하겠다는 것을 승낙한 관계로 인치되는 것이라고 말하였기 때문에 이도 위 운동비를 승낙한 자이다. 그 밖에 서창규(대구)·편동현(흥해)이 서상일·윤상태와 함께 달성공원(達城公園)의 매월(梅月)이라는 요리 집에서 자주 회합한 일이 있으므로 그들도 부호이기 때문에 운동비를 승낙한 것이라고 생각한다. 결국은 각지 자산가로부터 모집하고 있었던 것이다.

문 김응섭·남형우 등이 상해로 건너가는 여비는 중앙총부에서 출자한 것이 아닌가.

답 그렇다. 그것은 홍주일이 나에게 김응섭이 상해로 갈 때, 그에게 여비를 지출한 것은 윤상태·서상일이 주었으나 그 돈은 자기들 중앙총부의 돈을 지출한 것으로, 당시 여비만을 주고 추후 운동비는 송부한다는 것을 말했으므로 그 돈은 중앙총부의 것임을 알았다. 또 남형우의 것은 백산상회(白山商會)에서 낸 것이라고 생각되나 상세한 것은 모르겠다.

문 윤상태는 권총을 가지고 있었던 것 같은데, 어떠한가.

답 그렇다. 그 권총으로 그의 소실 유(兪) 과부가 잘못해서 부상한 것이다. 그것은 그가 미국인이 경영하는 병원에서 그 상처를 치료하였을 때 나에게 이야기했다.

문 위 권총의 출처는 어떠한가.

답 그것은 모른다.

문 부상한 것은 언제의 일인가.

답 대정 2년의 일이다.

문 중앙총부(中央總部)는 광복회(光復會)와 관계가 있지 않은가.

답 위 중앙총부와 광복회와는 김규·정순영이 그 사이에 있어 서로 연락하고 있었는데, 광복회가 발각되어 다수 체포되었으므로 위 두 사람 모두 도주했다.

문 　중앙총부에 관계한 사람 중 증인이 알고 있는 사람의 주소·성명은 어떠한가.

답 　윤상태, 달성군 월배면 상인동, 소실의 집 대구부 본정 2정목(T目) 서상일 대구부 시장 북통 태궁상회, 정순영 성주군 석진면 신당동, 황병기 전라도, 이시영 대구부 수정 52번지, 홍주일 대구부 남산정, 신상태 부산부(전 대구은행원), 변상태 창원군 진전면 진해, 서상환 통영, 서상호 통영, 이수묵 왜관, 배상연 성주군 읍내, 김 규 충남 아산군, 남형우 고령군 읍내(뒤에 경성부), 김웅섭 안동군, 전 대구부 경정, 박영모 경남 합천, 서병룡 대구은행 부지배인, 정운일 대구부(재감중), 이영국 대구은행원(김천군), 배상렴 성주군 읍내 배상연의 동생, 안확 마산포, 이형재 마산포, 김기성 마산포, 박상진 경주군(입감중), 최준 경주군 읍내, 서창규 대구부 경정 2정목(T目), 편동현 영일군 흥해면, 또한 이일우는 위에 관계한 것 같이 생각되나 잘 모르겠다.

문 　참고인은 어째서 본 사건을 관(官)에 밀고했는가.

답 　본건은 이미 다수의 동지가 모의하여 상해(上海)에 가정부(假政府)를 조직하고 이곳의 자산가도 그 동지로 유인하여 날로 차츰 그 수행에 힘쓰고 있던 것으로, 반드시 뒤이어 폭발할 것이라 생각하였으므로 지금 그 규모가 작을 때에 그 근원을 끊고 그 폐해를 근소하게 하는 것이 필요하다고 생각하여 나는 관청에 자진해서 신고하게 되었던 것이다.

문 　피고는 원한을 가지고 있기 때문에 밀고한 것이 아닌가.

답 　아니다. 결코 그러한 것이 아니다.

문 　참고인은 이 단체에 가입한 일이 있지 않은가.

답 　내가 위 단체 조직 당시 경남에 있다가 귀가하였더니 서상일·윤상태가 나도 위 단체에 가입하고 있는 것처럼 물었다는 것이었으므로 그 단체의 취지를 물었던바 취지서를 보여주었기 때문에, 그 불가함을 말하고 나는 도저히 임무 이행의 능력이 없는 사람이므로 제명해 주었으면 하는 것을 신청했기 때문에 즉시 제명해 주었던 것으로, 위와 같은 관계상 전술한 사정도 나에게 숨길 수 없게끔 사정이 되었던 것이다.

본 신문은 입회 서기인 조선총독부 재판소 통역생의 통역에 의해 이를 행하다.

대정 8년 6월 8일
대구지방법원 검사국
조선총독부 재판소 서기 마쓰시다(松島親造)
조선총독부 검사 스기무라(杉村逸樓)

이 등본은 원본과 틀림없음을 증명함.

대정 8년 10월 15일
고등법원 검사국
조선총독부 재판소 서기 카모(加茂見治)

1-4. (국역) 조선국권회복단, 「참고인 정진영 신문조서」(1919년 7월 10일, 대구지방법원)

(국사편찬위원회, 『한민족독립운동사자료집』7, 「국권회복단」 I)

「참고인 정진영 신문조서」

참고인 정진영(鄭震泳)

피고인 윤상태(尹相泰)·서상일(徐相日)·이시영(李始榮)·박영모(朴永模)·홍주일(洪宙一)·서병룡(徐丙龍)·정순영(鄭舜永)·윤창기(尹昌基)·이영국(李永局)·김규(金圭)·황병기(黃炳基)·서창규(徐昌圭)·김응섭(金應燮)·신상태(申相泰)·변상태(卞相泰)·남형우(南亨祐)·안확(安廓)·이형재(李亨宰)·김기성(金璣成)·서상환(徐相懽)·서상호(徐相灝)·배상연(裵相淵)·배상렴(裵相濂)·편동현(片東鉉)·김재열(金在烈)·배중세(裵重世)·이순상(李舜相)에 대한 대정 8년 제령(制令) 제7호 위반 피고사건에 관하여 대정 8년 7월 10일 대구지방법원에서 예심괘(豫審掛) 조선총독부 판사 오이에(尾家仁六), 조선총독부 재판소 서기 사사키(佐佐木澄) 열석한 후, 판사는 위 자에 대하여 신문하기를 다음과 같이 하다.

문 성명·연령·직업 및 주소는 어떠한가.
답 성명은 정진영(鄭震泳), 연령은 46세, 직업은 약종상, 주소는 경상북도 대구부 남성정 61번지.

판사는 형사소송법 제123조에 기재된 자인지 아닌지를 묻고 또한 동법 제124조에 기재된 자인지 아닌지를 조사하였던바 피고 윤상태와 친척이므로 참고인으로서 신문하겠다는 뜻을 고(告)하다.

문 그대는 피고인 윤상태와는 어떠한 친척인가.
답 그는 나의 처남이다.
문 기타의 피고와는 하등의 관계도 없는가.
답 정순영(鄭舜永)은 나와 10촌의 일족이며 기타에는 하등 관계있는 사람이 없다.

문 대구부에 달성친목회(達城親睦會)라는 것이 조직되어 있던 일이 있는가.

답 있었다. 나는 그 회원이 아니므로 설립 연월 등은 자세히 모르나, 대정 2·3년경 대구부 사람을 중심으로 하여 기타 각지의 조선인들이 친목을 도모하는 기관으로 대구부 명치정과 남성정의 중간에 회장을 설치하여 때때로 회합하였다. 그 후 그 회원 중에 불온 행동을 하는 자가 있다 하여 경찰로부터 주의를 받고 항상 관찰(觀察)을 받아 왔기 때문에 회합하는 사람이 차츰 적어지는 형편이었다. 그러한 가운데 회원 중 학식있는 사람에게 한문의 강의 또는 강연회 등을 해 달라기로 하여 이름을 강의원(議義院)인가로 칭하고 회합하는 것으로 하여 때로 회합하고 있었는데, 대정 5·6년경 그 회원 중의 김진우 형제·홍주일·이시영·정운일·최아무개·김재열 등이 권총을 휴대하고 대구부 남문 밖 장동에 거주하는 부호 서우순(徐佑淳)의 집에 강도로 침입하여 집안사람을 부상시킨 피고사건이 일어나 그들이 처형되기에 이르렀기 때문에 경찰이 그 회의 해산을 명했으며, 그 무렵 완전히 해산한 모양이었다.

문 그 무렵 따로 대구부에 강유원(講遊園)이라는 회합단체가 조직되어 있었던 것이 아닌가.

답 그러한 회합단체가 있었던 것은 모르나 위 달성친목회의 말로에 그 회원 등이 강의원(講義院)이라고 칭하며 회합하고 있었으므로 그래서 오인하고 강유원(講遊園)이라고 하는 것이 아닌가 생각된다.

문 피고 윤상태·서상일·박영모·서병룡·정순영·윤창기·이영국·김규·황병기·서상호·서상환·서창규·김웅섭·변상태·신상태·남형우·안확·이형재·김기성·배상연·배상렴·편동현·배중세·이순상 등도 달성친목회의 회원이 아닌가.

답 서상일·박영모·서병룡·윤창기·서창규·신상태·안확·배상렴·김재열 등이 그 회에 출입하고 있던 것은 알고 있으므로 그들은 회원임에 틀림없다고 생각된다. 기타의 사람은 회원인지 아닌지 모르겠다. 특히 신문한 인명 중 이순상·배중세 두 사람은 전혀 모르는 사람이며, 이형재·김기성·편동현은 전부터 이름은 듣고 있었으나 면식은 없는 사람들이다.
문 그대는 윤상태·서상일 등이 구한국의 국권회복을 기도하여 동지를 규합하고 해외의 동지와 연락을 취해 목적 관철에 분주하고 있었음을 알고 있었던 것 같은데, 틀림없는가.
답 그러한 것을 알고 있었다.
문 그러면 그 사정을 상세히 진술하라.
답 나는 원래 경상북도 성주군에 거주하고 있었으나 어떤 사정으로 명치 41년경 처남인 윤상태가 사는 동리인 경상북도 달성군 월배면 상인동(옛 월촌)으로 이주하였으며, 그 후 대정 4년경부터 대구부 남성정에서 약종점(藥種店)을 개업하고 있다. 윤상태는 합방 전 거제도(巨濟島)의 군수로 근무하였고 그 부친 윤희순(尹羲淳)도 구한국시대에 각처의 군수로 근무한 일이 있으며, 윤상태가 거제군수(巨濟郡守)로 재임하던 중 친일파인 일진회(一進會) 회원에게 그 섬에서의 퇴거를 명한 일이 있어 물의를 일으켜 그 때문에 그는 군수를 파관 당한 일로 평소 배일사상(排日思想)을 품고 일한(日·韓)의 병합을 불만으로 생각하고 있다는 것을 전부터 나는 알고 있었다. 대정 2년 음력 1월 15일 큰 눈이 내리던 날 저녁 윤상태가 내리는 눈을 무릅쓰고 대구로 간다고 하면서 외출하였으므로 나는 무슨 용무 때문에 이 눈을 무릅쓰고 또한 저녁녘에 외출하는 것일까 하고 생각하고 있었는데, 얼마 안 있어 일몰 후 윤상태가 경영에 관계하고 있는 고령군의 일신학교 교원으로 윤상태와 친한 김천군(金泉郡)에 거주하는 이영국이 윤상태의 집에 와서 마침 있던 나에게 윤상태는 벌써 출발했느냐고 하므로, 나는 조금 전 출발했는데 당신들은 어디로 가는 것이냐고 물었던바, 그는 오늘은 우리 대구 부근의 친구들이 안일암(安逸庵)에서 회합하기로 되어 있는데 너도 가지 않겠느냐고 하므로 나는 뒤에 가겠다고 말했더니 그는 바로 떠나버렸다. 안일암은 상인동에서 약 10리인 곳으로 길도 험한 데다 큰 눈이 내리고 더구나 밤중에 그들이 무슨 용무로 마을과 떨어진 산중의 암자에 회합하는 것일까 하고 깊이 의심하였다. 그들은 그날 밤도 그다음 날도 돌아오지 않은 것 같았다. 그리고 그 후 2·3일이 지나 나는 용무 때문에 경상남도 고성군에서 4·5일 체재하고 돌아왔는데, 이영국 등은 안일암에서 대구의 친구 등과 회합한다고 말했기 때문에 그들의 친구로서는 대구부 경정에서 피류점을 경영하고 있는 이시영 및 동부 서상일·서병룡·홍주일·정운일 등이 있으므로 그들에게 물으면 안일암에서 회합한 사정이 판명되리라고 생각된 까닭에 고성(固城)에서 돌아오는 길에 이시영의 집에 들러 그에게 전날 당신들은 안일암에 회합하여 유쾌하게 놀았을 것이라고 말했다. 그랬더니 그는 그렇다, 실은 정월 15일 큰 눈이 내리던 날 밤 친구인 윤상태·서상일·정운일·이영국·홍주일·서병룡·윤창기 외 2·3명의 사람들과 안일암에 회합하여 구한국의 국권 회복에 관한 일을 모의하고 금후 서로 동지를 규합하고 해외에 있는 동지와 연락을 도모하여 시기를 보아 일치 단결해서 거사하기로 하였으며, 대구에 그 중앙총부(中央總部)를 두어 통령에 윤상태, 외교부장에 서상일, 통신부장에 자기, 비밀부장에 홍주일, 문서부장에 서병룡·이영국을 정하고 각기 부서에 취임하여 활동하기로 결정하였고, 일단의 사람은 금후 비밀리에 그 목적을 향해 활동하고 변심하지 않을 것을 서약하여 그때 서약서를 작성하고 각 연서한 후, 「단군태황조령위(檀君太皇祖靈位)」라고 기재한 위패(位牌)를 세워 그 앞에서 국권 회복의 기도를 가호하고 목적을 달성케 해달라고 기도하였으며 금후 매년 정월 15일을 기해 동지는 같은 기도를 할 것을 약속하였으니 당신도 그 동지에 가맹하라고 했다. 그래서 나는 비로소 그들이 안일암에서 그러한 모의를 숙의한 것을 알고 그에게 국권을 회복하는 일이 되면 나도 찬성하나 그러한 것을 계획하더라도 도저히 그 목적을 달성하지는 못할 것이라고 말했던바, 그는 지금 당장 결행하려고 하면 목적을 달성하기 어려우나 우리 동지들은 이로부터 점차 동지를 규합하고 해외의 동지와 연락을 도모하며 또한 중국(中國)·만주(滿洲) 간도(間島) 방면에 산재해 있는 불평분자와 단결하여 기초를 공고히 하고 시기가 도래하는 것을 기다렸다가 궐기하여 생명을 걸고 성공을 기할 작정이니 당신도 꼭 가맹하라고 하기에 나는 그러한 일을 기도하더라고 도저히 성공할 수 없을 것이라고 믿고 있었으므로 애당초 그것에 가맹할

의사는 없었으나 깊은 사정을 그가 털어놓았으므로 표면상 가맹하겠다고 하고 헤어졌다. 그 1·2개월 후 내가 윤상태의 집에 갔을 때 이영국이 그곳에 왔기에 그에게 나는 윤상태로부터 들어 알고 있는 것 같이 가장하고 당신들은 국권 회복에 관한 모의를 하고 목적 수행에 힘쓰고 있는 것이 아니냐고 했던바, 그는 내가 윤상태와 친척이라는 것을 알고 또한 나도 그 음모단에 가맹하고 있는 것으로 믿었던지 안일암에서 회합했을 당시의 사정을 이시영과 마찬가지로 상세히 이야기해 들려주었으므로 나는 찬성의 뜻을 표하고 성공하면 좋겠다고 말했다. 그래서 윤상태가 통령(統領)이 되고 각 역할을 정해 그 음모를 기도하고 있다는 것은 명백히 알았다. 그런데 윤상태는 웬일인지 친척인 나에게 그 일을 한 마디도 말하지 않고 나에게 비밀로 하는 것 같은 태도였는데, 그 무렵 나는 그에게 자네들은 안일암에 회합하여 이시영·이영국, 기타 수 명의 사람들과 국권회복에 관한 모의를 하였다는데 그 목적을 달성하는 것이 될 수 있을까 하고 말했던바, 그는 그러한 기도를 하여 목적을 향해 활동하고 있으나 결코 입 밖에 내서는 안된다, 지극히 비밀을 지키라고 말한 일이 있다. 그 후 그들은 서로 왕래하며 동지 규합을 도모하고 있는 것 같았다. 그리고 대정 2년 정월 15일에도 그들은 안일암에 동일한 목적으로 회합하여 단군(檀君)의 위패를 세우고 성공의 기도를 하였으며, 그때에는 나의 친척인 정순영(鄭舜永)도 회합했다는 것으로, 그 무렵 그와 이시영에게 들은 바에 의하면, 경상남도 합천군의 부호 박영모, 충청도 아산군 부근의 김규, 전라도 구례군인가 전라북도 남원군의 황병기라는 사람도 그 음모단에 가맹했다는 것으로, 박영모는 이시영 밑에 통신부의 역원(役員)이 되고, 김규는 권유부장, 정순영은 유세부장, 황병기는 결사대장으로 선임되었다는 것을 들었다. 그리고 그들 동지들은 동지 규합의 수단으로 대구 부근에 설치한 집합 단체인 달성친목회에도 그 단원 다수가 가입하였으며, 천도교회에는 홍주일·변상태, 예수교회에는 김응섭·신상태·안확·정순영, 불교회(佛敎會)에는 서상일·서병룡·윤창기 등이 가입하였다. 또 이시영은 윤상태의 후원에 의해 사회의 신용을 얻어 피륙상을 성대하게 하고 있었는데, 그러한 가운데 상업에 실패하였다고 하며 거래선인 고령군 읍내 관동(寬洞)에 거주하는 부호 이경(李俓) 기타 다수의 재산가에게 다액의 손해를 끼쳤으며 자기의 점포는 그 동인인 윤창기에게 양도하고 다액의 금전을 가지고 상업을 한다고 하며 중국(中國), 만주(滿洲) 및 간도(間島) 지방을 왕복하였고, 또 서상일은 성주의 부호 배상렴을 동지로 끌어들여 함께 중국(中國)·간도(間島) 및 만주(滿洲)인 탕해(湯海)·무송(茂松)·장백부(長白府) 등을 왕복하였고, 박영모는 상해(上海)·북경(北京)·봉천(奉天)·안동현(安東縣) 등을 왕복하며 모두 해외의 동지와 연락을 도모하면서 목적 수행에 노력하고 있었다. 그런데 대정 5·6년경 위 음모단의 동지로서 달성친목회의 회원이던 정운일·김진우·홍주일·이시영·김재열·최아무개가 대구부 장동의 부호 서우순(徐佑淳)의 집에 권총을 휴대하고 강도를 하여 집안사람에게 부상을 시킨 피고사건이 일어나 처형을 받음으로써 경찰서에서 달성친목회는 전술한 대로 해산을 명령받고 해산되었으나 그 회원 및 음모단원의 행동에 대하여서는 경찰의 주의가 매우 엄중하게 되었기 때문에 위 음모단원의 집회·왕래 등도 그 회수를 줄이고 또한 지극히 비밀리에 행해지는 것으로 되었을 뿐 아니라 나에 대해서도 동단(同團)의 상황을 알려주는 사람이 없어졌으므로 그 후의 소식은 나로서도 모르게 되었다. 그런데 대정 8년 3월 초경 경성에서 조선 독립운동이 있고 이후 서상일·윤상태의 집에 통영의 부호 서상호·서상환, 대구의 부호 서창규, 성주의 부호 배상연 등이 자주 출입하며 달성공원(達城公園)의 요리집 매월(梅月) 등에서 무슨 일인가 비밀히 이야기하는 모습이 있었을 뿐 아니라 그들 동지가 서상일·윤상태의 집에 자주 왕복하였으므로 나는 그들이 예(例)의 음모를 차제에 수행할 목적으로 활동을 시작한 것이라고 생각했기 때문에 그 행동에 주의하고 있었다. 그랬던바, 금년 3월 말인가 4월초 쯤 서상환이 우리 집에 들러 윤상태가 대구에 와 있느냐고 하므로 나는 와 있다고 하고 또한 그에게 무슨 용무로 대구에 왔느냐고 물었더니 그는 서상일이 불러서 왔다고 하기에 나는 서상일이 돈을 내라고 하지는 않더냐고 물었다. 그랬던바, 그는 그렇다, 실은 전날 왔을 때 서상일이 우리 동지들은 국권회복을 기도하여 상해에는 가정부(假政府)를 설치해서 크게 운동을 하고 있는데 이에 많은 비용을 필요로 하기 때문에 각처에서 자금을 조달하고 있으니 그대는 친척인 서상호와 상의하여 통영 지방에서 그 자금 5·6만 원을 받아 조달해 달라, 그리고 1만 원만 시급히 소용되니 빨리 조달해달라고 했기 때문에 승낙하고 통영으로 돌아가 있었더니 서상일이 오라고 불렀으므로 온 것이라고 하였다. 그래서 나는 그에게 그러면 그대는 1만 원을 가져왔느냐고 물었더니 돈은 가져오지 않았다고 하고 서상일의 집에 간다고 하며 떠나갔으며 그 후 그는 만나지 못했으나, 서상일이 배상연·서창규 등에 대해서도 서상환과 마찬가지로 운동자금의 조달을 요구하고 그들이 국권 회복의 초지를 관철하려고 여러 가지로 활동하고 있는 것으로 미루어 알았던 것이다.

문 위 국권회복단원 중 그대가 아는 자의 주소·성명은 어떠한가.

답 그것은 전술한 윤상태·서상일·이시영·박영모·홍주일·서병룡·정순영·윤창기·이영국·김규·황병기 등 외에 김응섭(대구부 장동, 변호사)·서상환(경상남도 통영군 통영)·신상태(칠곡군 약목)·변상태(창원군 진전면 양촌리)·남형우(고령군 읍내)·안확(마산부)·이형재(마산부)·김기성(마산부)·배상렴(성주 읍내)·김재열(고령군 운수면)·정운일(대구부)·김진우(대구부) 등이 그 단원인 것은 알고 있으며, 기타로 다수 있다는 것은 들었으나 누구누구인지는 모르겠다.

문 위의 자들이 그 단원인 것은 어떻게 알고 있는가.

답 윤상태·서상일·이시영·박영모·홍주일·서병룡·정순영·윤창기·이영국·김규·황병기·서상환 등이 단원인 것은 전술한 대로 이시영·이영국·정순영으로부터 들어 알고 있을 뿐 아니라 내가 본인으로부터도 직접 들어 알고 있다. 김응섭·안확·남형우는 각 본인으로부터, 신상태·변상태·배상렴은 서상일로부터, 이형재·김기성은 안확 및 남형우로부터 각 그 단원인 것을 들어 알고 있는 것이다. 또한 김재열은 위 단원 중 정운일 등과 권총 강도를 하여 처형을 받은 일이 있으므로 위 단원에 가맹하고 있었던 것으로 생각된다.

문 위 국권회복단은 대구(大邱)에서의 중앙총부 외에 마산부(馬山府)에 지부를 설치하고 있었던 것이 아닌가.

답 말을 빠뜨렸다. 그렇다. 대정 2·3년경 대구에서 안확을 만났을 때 그는 대구 중앙총부의 지부로 마산에 이형재·김기성 등과 국권회복단원을 규합하여 활동하고 있다고 이야기했다. 또한 남형우에게서 그 무렵 들은 바에 의하면, 안확은 마산의 지부장이 되어 이형재·김기성을 그 부원으로 해서 단원 규합에 활동하고 있다는 것이었다.

문 서창규·서상호·배상연·편동현·배중세·이순상 등도 위 단원이 아닌가.

답 그들이 그 단체에 가맹하고 있는지 아닌지는 모르겠으나, 서상호·배상연·서창규는 윤상태·서상일 등과 평소 친하게 교체하는 사이일 뿐 아니라 금년 3월 이후로는 전술한 대로 함께 달성공원 등에서 밀회하고 있는 것을 목격한 일도 있다.

문 서상호·서창규·편동현·배상연 등이 국권회복의 운동자금을 낼 것을 약속하고 또는 출자한 것은 모르는가.

답 서상호에 관해서는 금년 3월 말인가 4월 초경 서상환이 우리 집에 들러 서상일로부터 국권회복의 운동비로서 통영 방면에서 5·6만 원을 조달해 달라고 부탁받았으므로 이를 승낙하고 종제 서상호에게도 그 일을 상의했다고 하였다. 그리고 서상환에게는 자산이 없어도 서상호는 통영 굴지의 부호일 뿐 아니라, 금년 6월 초순경 서상환이나 서상일 및 윤상태 등이 경찰에 구인되어 가택수색 등을 받았을 때 서상호는 황하일이라는 사람과 동행하여 우리 집에 와서 그는 나에게 서상일·윤상태가 구인되어 가택수색을 받았을 때 연명(連名)한 서류를 압수당한 일은 없을까, 만약 그 서류를 압수당했다고 하면 큰일이라고 대단히 걱정하며 나에게 물었으므로, 나는 윤상태 집의 가택수색을 받을 때에는 나도 입회하고 있었는데 그러한 서류를 압수당한 일은 없었으나 서상일의 집은 어떠한지 모르니 물어보겠다고 했던바, 그는 그 서류를 압수당하면 큰일이니 만약 그 서류가 아직 압수되지 않고 있으면 곧 파기하도록 취급해 달라고 했는데, 그 옆에 동행한 황하일이 만약 연명한 서류 등을 압수당해 그 때문에 구인된 것이라고 하면 서상환이 구인될 까닭이 없으니 혹은 그 서면은 압수당하지 않고 있을지도 모른다고 하였다. 그래서 나는 서상일이 경영하고 있는 태궁상회에 가서 그 서류에 관한 것을 물었던바, 그러한 서류를 압수당하지는 않았다는 것이었으므로, 그 일을 당시 서상호가 체재하고 있던 대구부 이효철(李孝澈)의 집에서 그에게 알려 주었다. 그러한 사실이 있었기 때문에 나는 서상호가 연명서라고 한 것이 국권 회복에 필요한 운동비 출자를 받아들인 연명서임에 틀림없다고 믿고 있다. 그러나 나는 서상호가 어느 정도 출자를 약속하고 또 현금을 주었는지 아닌지는 모른다. 서창규에 관해서는 금년 3·4월경 그가 서상일 및 윤상태의 집에 출입하고 또한 그들과 달성공원의 매월(梅月)에서 자주 밀회하고 있었던 일과, 본건으로 서창규가 구인된 후 그는 서상일이 경영하고 있는 태궁상회와 대차(貸借)에 관한 일로 구인되었다는 풍문을 들었기 때문에, 그 상점의 고용인 김창선(金昌璿)에게 서창규는 태궁상점과의 대차건으로 구인되었다는데 그러한 일이 있었느냐고 물었던바, 그는 서상일이 요즘 서창규에게서 현금 5천 원을 받은 일이 있다고 하였으므로, 나는 그 돈은 반드시 국권회복의 운동비로서 서상일이 서창규에게서 받은 것이라고 생각했다. 배상연에 관해서도 그는 금년 3월경 서상일·윤상태·서창규등과 위 매월(梅月)에서 자주 밀회하고 또한 그 무렵 서상일이 배상연의 집에 갔다는 것을 들었으므로 홍주일에게 무슨 용무로 그가 간 것이냐고 물었던바, 돈에 관한 용건으로 갔다는 것이었으므로, 아마 위 운동비에 관한 일 때문에 간 것이라고 생각하고 있으나 어느 정도 그가 출자를 하고 또 어느 정도 현금을 주었는지 그런 것은 모른다. 편동현에 관해서는 그도 위 매월(梅月)에서 서상일 등과 자주 밀회한다는 것을 들었으므로 아마 그가 위 운동비의 출자를 약속한 것이라고는 생각하지만 실제적인 것은 모른다.

문 그대는 검사에게 서상환 등이 구인되었을 때, 서상호가 자기 집에 와서 서상환이 구인된 것은 서상일 등과의 운동비 관계인데, 서상일·윤상태 집의 가택수색 때 운동비의 액수를 기재한 각자의 승인 날인이 있는 문서를 압수당한 것이 아니냐고 물었다는 것을 진술하고 있는데 그러한 것이 아닌가.

답　아니다. 그는 그와 같이 말한 것은 아니고 연명한 서류를 가택수색 때 압수당한 것은 아닐까. 만약 그것을 압수당했다면 큰일이라고 했던 것이며, 각자가 운동비 출자를 승낙한 연명서일 것이라고 내가 상상했던 그것을 진술한 것이 잘못되어 그렇게 되어 있을 것이라고 생각한다.

문　그대는 검사에게 서상환으로부터 그가 서상일의 요구에 의해 통영 방면에서 독립운동비 5·6만 원의 지출을 승낙했다고 들은 것은 4월 15일 후 대구 궁정(弓町) 이효철(李孝澈)의 집에 그가 체재하고 있을 때 그곳에서 들었다고 진술하였는데, 그러한 것이 아닌가.

답　그랬다. 앞서 나는 4월 초순경 우리 집에서 그로부터 들은 것 같이 말했는데 그것은 잘못으로, 날짜는 기억하지 못하나, 금년 4월 중순 그가 우리 집에 들렀으므로 무슨 용무로 왔느냐고 물었던바, 서상일이 전보로 불러서 왔는데 돈에 관해 상의할 일이 있어서 왔다고 하며 떠났고, 그 돌아가는 길에는 우리 집에 들르지 않고 돌아갔는데, 그 후 내가 서상일에게 마치 서상환으로부터 들은 것처럼 가장하고 서상환의 돈에 관한 일을 어떻게 협의했느냐고 물었던바, 그는 서상환이 중앙총부의 요구에 의해 출자할 것을 승낙해 주었다고 했으나 그때 통영 방면에서 그가 5·6만 원의 지출을 승낙했다고 말했는지 아닌지는 기억에 없다. 그 후 수일이 지나 여인숙 이효철(李孝澈)의 집에서 서상환을 만났기에 서상일에게 운동비 출자를 약속한 것을 물었던바, 전술한 대로 나에게 그가 말했던 것이다.

문　서상일이 대구부 서천대전정(西千代田町) 정용기(鄭龍基)에게 독립운동비의 출자를 요구한 것을 아는가.

답　나는 그 일은 전혀 몰랐는데, 금년 6월 초순경 서창규가 구인될 당시 전부터 친한 사이이던 정용기(鄭龍基)의 아우 정준기(鄭駿基)가 우리 집에 와서 나에게 서창규가 구인된 것은 그가 서상일에게 돈이라도 받은 관계일 것이라고 하므로 나는 그래서 왜 구인된 것이냐고 물었던바, 그는 서상일은 근래 이상한 운동을 하며 자기 형 정용기에게 조선 독립운동의 동지가 상해에 가정부를 설치하고 목적 관철을 위해 상해에서 활발하게 운동하고 있어 다액의 비용을 필요로 하므로 출자해 달라고 요구한 것을 형이 점잖게 사절했다는 것인데, 서창규는 반드시 서상일부터로 간곡하게 그러한 요구를 받아 출자했을 것이라고 했으므로 비로소 알았던 것이다.

문 피고 김재열이 청도군 대성면 송읍리의 김유경 및 대성면 송곡동의 김유덕 등을 위 국권 회복의 동지로 가맹시키기 위해 권유하고 운동자금을 출자시키려고 한 것은 모르는가.

답 그러한 일은 조금도 듣지 못하였다.

문 서상일·윤상태의 동지가 앞서 진술한 외에 다른 데 대하여 운동비 출자를 요구한 것은 모르는가.

답 전술한 외에 또한 다수 출자를 요구한 일이 있을 것이라고 생각되나 듣지는 못하였다.

문 위 국권회복단은 해외의 동지와는 어떻게 연락을 취하고 있었는가.

답 대정 2년경부터 4년경 사이에 이시영·박영모·배상렴·서상일 등이 상업을 빙자하여 서로 권유해서 중국 방면으로 가 동지와 연락을 도모한 것은 전술한 바로서, 당시 이시영·박영모·배상렴 등은 다액의 금액을 가지고 왕래하며 상업을 하는 것도 없이 항상 윤상태·서상일과 왕복 연락을 취하고 있었으나 어떠한 방법으로 그들과 연락하고 있었는지는 모른다. 그러나 일한병합(日韓倂合) 후 병합에 불만을 품고 중국 및 노령(露領) 블라디보스톡 방면으로 가서 국권 회복을 기도하고 있다는 이동휘(李東暉) 및 노백린(盧伯麟)은 원래 구한국의 육군 참령으로 근무하고 있던 사람으로서 전부터 서상일은 이동휘와는 형제의 맹세를 하고 있다고 하며 노백린과는 특별히 친한 사이라 하고 있었으므로 그들과 연락을 취하고 있었던 것으로 생각한다. 특히 서상일은 금년 3월경 나에게 노백린은 현재 노령(露領) 블라디보스톡 부근의 소항령(蘇項嶺)에서 국권 회복을 위해 중국 각지에 산재하는 불평분자를 규합하여 3만의 군사를 훈련하고 있다고 했으며, 이동휘(李東暉)는 현재 상해(上海) 가정부에서 육군 총장을 하고 있다고 이야기한 일이 있다. 다음에 부산(釜山)의 백산상회(白山商會)를 경영하는 안희제(安熙濟)·윤병호(尹炳浩) 등은 서상일 및 윤상태와 평소 친하게 교제하고 있고 국권회복단원인 남형우는 백산상회(白山商會)의 외교원으로 고용되어 있었는데, 금년 4월 초순쯤이라고 생각된다, 그 상회에서 남형우를 대표로 상해 가정부에 출발시켰다는 것을 서상일로부터 들어 알았다. 그리고 그로부터 수일 지나 위 단원인 김응섭은 평양(平壤)에 있는 소실의 모친이 급한 병이라고 하며 대구에서 소실을 데리고 출발했는데, 그 무렵 서상일로부터 김응섭을 우리 동지의 대표로서 상해 가정부를 향해 출발시켰다는 것을 들었으므로 윤상태에게 김응섭을 상해로 보냈느냐고 물었던바, 그는 조선 각도에서 상해의 가정부에 대표자를 1명씩 파견하기로 되어있어 경상북도에서는 달리 갈 사람이 없으므로 김응섭을 파견했다고 하였다. 그 후 내가 서상일에게 김응섭 등으로부터 소식이 있느냐고 물었더니 김응섭 등으로부터 심부름꾼이 있었는데 김응섭은 가정부의 법무차관, 남형우는 외무차관이 되었고 김응섭은 현재 블라디보스톡 방면에 시찰을 위해 출장하고 있다고 하므로, 나는 이곳 지방 출신자가 그러한 주요한 지위를 차지한 것은 참으로 좋은 일이라고 한 일이 있다. 또한 4월 말경의 일이라고 생각된다, 내가 서상일의 집에 갔을 때 상해에서 소식이 있었느냐고 물었던바, 그는 한 통의 서면을 내놓고 이러한 서면이 왔다고 하며 나에게 보여주었으므로 일견(一見)하였더니, 약 5촌 사방 크기의 양지에 상해에 조선 가정부를 조직하고 있으니 가까운 시일 내에 그것을 발표할 것이며, 조선 민족은 일본의 통치를 벗어나 이미 일본의 명(命)에 따를 필요가 없다, 따라서 이후 유혈(流血)의 참변을 보더라도 위 독립을 수행하여 완전한 정부를 조직하기까지 조선 민족은 금후 조세(租稅) 등을 일체 납부하지 말라는 의미를 인쇄한 명령서 같은 것이었다. 위와 같은 사정이었으므로 나는 서상일·윤상태의 국권회복단은 상해의 가정부 및 노백린 등과 연락을 취하고 기회가 성숙하기를 기다렸다가 일본과 개전하여 독립을 도모하는 것이라고 생각하였다. 또한 서상일은 노백린이 러시아의 과격파와도 연락을 취하고 있다고 하였다.

문　남형우·김응섭은 독립자금 등을 가지고 갔는가.

답 그러한 것은 모르나, 서상일은 김응섭에게 돈은 후일 보내주겠다고 약속하고 있는 것처럼 말하였으며, 또한 김응섭은 가옥 등을 매각하여 상해로 가는 여비로 했다는 것인데, 확실한 것은 모르겠다.
문 그러나 그대는 검사에게 홍주일로부터 윤상태나 서상일이 김응섭에게 다액의 돈을 여비로 주었다는 것을 들었다고 진술하지 않았는가,
답 그러한 사실은 없다. 나의 진술이 그렇게 되어있으면 그것은 틀린 것이니 정정한다.
문 김응섭은 상해로 갈 때 조선독립의 청원서를 휴대하고 갔는가.
답 정종호(성주군 대성면 지촌동)로부터 파리강화회의에 보내는 독립청원서의 안(案)을 김응섭이 종이노끈으로 꼬아 새끼를 만들어 짐을 묶는 새끼로 삼아 상해로 가지고 가 그곳에서 영문으로 번역하여 파리에 보내기 위해 가져갔다고 들었는데, 윤상태에게 그 일을 물었던바, 청원서는 보낼 작정이었으나 중지했다고 하였는데 어떤 것이 사실인지는 모르겠다.
문 그 청원서는 누가 작성한 것인가.
답 금년 3월 중순인가 하순경 내가 사는 거리의 우하교가 윤상태에게서 떠나는 것을 보았기에 어디 가느냐고 물었던바, 그는 파리강화회의에 보낼 독립청원서를 작성해 받기 위해 성주군에 거주하는 홍유(鴻儒) 장석영(張錫英)의 집에 간다고 하므로 나는 윤상태가 그를 보내는 것이라고 생각하고 그 후 수일 지나 우하교에게 온 청원서가 있었는데, 장석영에게 써서 받았느냐 물었더니 그는 장석영에게 그 초안 작성 건을 의뢰했던바, 뒤이어 후일 작성한 후 송부하겠다고 약속했는데 장석영 등은 거창의 홍유(鴻儒) 곽종석(郭鍾錫) 등과 연명으로 따로 파리에 청원서를 보내기 위해 이미 쓰고 있었으므로 그것에 자기는 연명하고 돌아왔다고 하였다. 그로부터 수일 후 내가 윤상태의 집에 가 있었더니 정종호가 그곳에 와서 옷의 꿰맨 곳을 뜯고 한 통의 서면을 끄집어내어 윤상태에게 건네주며 장석영에게서 가져왔다고 하며 주므로 나는 파리에 송부할 청원서일 것이라고 생각하고 있었는데, 그로부터 5일 정도 지나 정종호가 윤상태의 집에 왔기에 파리에 보내는 청원서는 어떻게 했느냐고 물었던바, 전술한 대로 김

응섭이 가지고 갔다고 했으며 또한 그 일은 그 무렵 홍주일로부터도 들었다. 그런데 그 후 내가 윤상태에게 그 일을 물었더니 그는 전술한 바와 같이 보내지 않았다고 하였다.

문 서상일에게서도 김응섭이 청원서를 가지고 갔다는 것을 듣지 못했는가.
답 서상일로부터 들은 일은 없는 것으로 생각된다.
문 그러나 그대는 검사에게 청원서를 김응섭에게 가지게 하여 보냈다는 것은 서상일에게서도 들었다고 말하지 않았는가.
답 그와 같이 말했는지 기억이 없으나, 그로부터 들은 일은 없는 것 같이 생각된다.
문 국권회복단은 금년 3월 이후 경상남·북도에서 일어난 만세 소동이나 소요에 관계하고 있었는가.
답 금년 2월 말경 변상태가 우리 집에 왔으므로 무슨 일로 왔느냐고 물었더니 서상일의 편지에 의해 왔다고 하였는데, 그다음 날 그는 경성의 국장(國葬)을 구경하러 간다는 것이었다. 그 돌아오는 길에 다시 우리 집에 들렀는데 그때 그는 경성에서의 소요상황을 이야기하고 자기도 경남 지방으로 가서 인심을 선동하여 소요를 할 작정이라고 말하였다. 그런데 그 후 과연 창원(昌原)·함안(咸安) 지방에서 만세 소요 등이 있었으며, 그 후 그는 대구에 있는 친척 변성구의 집에 와 있다는 것을 들었으므로 그 집에 가서 면담했던바, 그는 창원군 진전면 부근이나 함안(咸安) 지방에서 독립선언서를 배부하여 인심을 선동하고 소요를 일으켰던바, 면사무소를 파괴하고 다수의 사상자를 내기에 이르렀으므로 자기는 관헌으로부터 엄중히 수색당하고 있기 때문에 도망쳐 와 있는 것이라고 이야기하였으며, 당시 2·3일 그 집에 체재하며 윤상태·서상일의 집에도 출입하고 있었는데, 그러는 동안 현풍(玄風)에서 창원(昌寧) 지방으로 간다며 출발한 일이 있다. 그 이외의 만세 소동이나 소요 등에 위 단원 등이 관계하고 있었는지 아닌지는 모르겠다.
문 창원(昌原)·함안(咸安) 지방의 소요는 변상태가 국권회복단 중앙총부 통령인 윤상태 명(命)에 의하여 한 일인가.

답 국권회복단원은 중앙총부의 통령인 윤상태나 서상일 등의 명령이 없으면 그러한 소요 등의 행동 등은 하지 않기로 하고 있으므로 물론 그들의 명에 의하여 한 것으로 생각한다.
문 그대는 변상태로부터 중앙총부의 명에 의해 경남(慶南) 지방에서 소요를 하는 것을 수락했다는 것을 들어 알고 있지 않은가.
답 그에게서 특별히 그와 같은 것을 듣지 못하였다.
문 그러나 검사에 대해서는 중앙총부의 명에 의해 소요하는 것을 수락한 것 같이 변상태로부터 들었다고 진술하고 있는 것 같은데, 어떠한가.
답 그것은 전술한 대로 국권회복단원이 일을 함에 있어서는 무슨 일이나 중앙총부의 명이 있지 않으면 할 수 없도록 하고 있으므로 물론 그는 총부로부터 상당한 명령을 받아 소요한 것이리라고 진술한 것이 잘못되어 그렇게 공술한 것처럼 되어 있는 것이라고 생각한다.
문 윤상태·서상일, 기타의 단원이 변상태에게 명하여 창원(昌原)·함안(咸安) 지방에서 소요를 일으키게 하였다는 것을 들은 일은 없는가.
답 그것은 누구에게서도 특별히 듣지 못하였다.
문 변상태가 창원·함안 지방에서 배부한 독립선언서는 누가 작성한 것인가.
답 그는 경성에 국장(國葬) 구경을 갔을 때 그곳에서 그 선언서의 안(案)을 가지고 돌아와 그것을 등사하여 배부한 것 같이 말하였다.
문 국권회복단의 결사대는 어떠한 경우에 활동하는가.
답 그것은 그 단원이 제멋대로 탈퇴하거나 단체 내부의 사정을 관헌 기타에게 누설하는 경우 그 자를 살육하기 위해 설치된 것으로, 대장 황병기 밑에 대원이 8명이 있다는 것이었다.
문 그 대원의 주소·성명은 알지 못하는가.
답 그 대원의 주소·성명 등은 그들 단원 사이에 있어서도, 윤상태·서상일·이시영) 또는 대장 황병기 등은 물론 알고 있을 것이나, 몹시 비밀로 하고 있었기 때문에 단원 중에서도 다른 사람에게는 숨기고 있을 것이라 생각한다. 그래서 나도 누가 그 대원인지 모르는 것이다. 그리고 황병기는 전에 의병대장인가를 했던 경력이 있다는 것으로 완력이 출중하고 일견 사람으로 하여금 위축되게 하는 체격을 갖추고 있는 사람이다.

문 안일암(安逸庵)에서 작성하였다는 서약서를 본 일이 있는가.

답 본 일은 없으나, 그것에는 한국의 국권을 회복할 것, 매년 1월 15일은 단군(檀君)의 위패에 대해 목적 수행을 빌 것, 단원은 제멋대로 탈퇴하지 않을 것, 비밀을 누설하지 않을 것, 만약 범했을 경우는 신명(神明)의 주벌(誅伐)을 받을 것, 결사대로 하여금 살육케 한다는 등의 것을 정하고 있다는 것이다.

문 그대도 안일암(安逸庵)에 회합하여 기도를 한 일이 있지 않은가.

답 나는 그곳에 회합하여 기도한 일은 없으나, 대정 4년 1월 15일 대구부 궁정(弓町)의 전 서병룡의 집에서 서병룡·윤상태·서상일·홍주일·이시영 등이 회합·기도할 때 나는 윤상태에게 용무가 있어 그 집에 찾아갔다가 열석한 일은 있다. 그때의 기도는 「단군태황조령위(檀君太皇祖靈位)」라고 쓴 위패에 향을 피우고 냉수를 올려 서상일이 국권회복의 목적을 달성토록 해주십사고 기도를 하고 각자 4회씩 예배를 하였으며, 냉수를 차례대로 돌려 마시고 식을 끝냈던 것이다.

문 국권회복단은 그 조직 당시부터 병검(兵劍)에 의하여 목적을 수행한다고 기도하였는가.

답 조직 당시는 병력 양성 등에 관해서는 상의하지 않았으나 다수의 동지들과 단결하여 시기를 보아 생명을 걸고 목적을 달성할 것을 약속하였던 것이다.

문 달성친목회는 위 단원이 동지를 규합하는 수단으로써 조직한 것은 아닌가.

답 나는 그 회원이 아니므로 그것은 잘 모른다.

문 서상일이 경영하고 있는 태궁상점은 위 단원이 운동자금을 조달할 수단으로 경영하고 있던 것은 아닌가.

답 서상일은 이전에 대구경찰서(大邱警察署) 부근에서 작은 곡물 소매상을 하고 있던 자산도 없는 자인데, 그가 윤상태 등과 국권회복단을 조직한 이래 윤상태가 다액의 자금을 그에게 공급하여 태궁상점이라 칭하고 거래를 확장하여 성대히 경영하고 있었으므로 어떠한 일인가고 의아해 하고 있었는데, 금년 3월경 서상일은 영업자금을 회수하여 현재의 곡물을 매각하고 만주(滿洲) 방면으로 갈 계획을 하여 이미 대구경찰서(大邱警察署)에 여행허가원을 냈으며 자금을 준비하던 중 본건 때문에 구인되었다. 그는 만주(滿洲) 지방에 상업을 위해 가는 것처럼 표면상 말하였으나 실은 윤상태 등과 상의한 후 태궁상점의 자금 대부분을 가지고 상해의 가정부에 가는 것이리라고 나는 생각하고 있었던 것이다.

문 서상일은 금년 3월 초순경 정순영과 서로 전후하여 중국 안동현·하얼빈·길림성 방면으로 간 일이 없는가.

답 그러한 일은 없다. 정순영은 대정 5·6년경 국권 회복을 목적으로 하는 광복회(光復會)의 회원인 박상진 외 수십 명이 강도·살인·방화 등 때문에 검거되었을 때, 그는 박상진 등과 관계가 있었던 모양으로 자기도 검거될 것을 두려워하여 그 무렵 김규(金圭)와 함께 중국 방면으로 도주한 채 오늘까지 돌아오지 않고 있다.

문 윤상태·서상일의 국권회복단은 광복회(光復會)와 연락을 취하고 있었는가.

답 광복회원인 박상진 등이 검거되기 전의 일로 기억한다. 김규가 나에게 윤상태는 광복회도 국권 회복을 목적으로 하는 회라고 하니 그 회의 조직 및 회원의 인물 등을 보고 오라고 해서 자기는 그 회에 관하여 내용을 조사하였는데, 그 회는 국권 회복을 목적으로 하는 단체로서 회원도 상당한 인물이었으므로 그것을 윤상태에게 알려 주었다고 이야기한 일이 있으므로, 그 회와 서로 기맥을 통하고 있었던 것으로 생각되나, 자세한 것은 모른다.

문 부산의 백산상회(白山商會)도 국권회복단에 가맹하여 자금을 조달하던 기관이 아닌가.

답 자세한 것은 모르겠으나, 그 회에 단원 남형우도 들어있어 그 회의 자금을 윤상태가 원조하고 서로 친하게 교제를 하고 있었다.

문 　윤상태·서상일이 태궁상점을 주식 또는 합자 조직으로 변경한다고 하며
　　주식인수 등을 빙자하여 독립운동자금을 조달한 일은 모르는가.
답 　그가 어떠한 방법으로 운동비 조달을 도모하고 있었는지는 모르나 서상
　　환이나, 정용기에게는 직접 운동자금이라고 칭하여 출자를 요구한 것으
　　로 들었다. 태궁상점을 주식 또는 합자 조직으로 변경한다는 일이 있으
　　면 반드시 내가 들었을 터인데 아직 나는 들은 일이 없으므로 그가 주식
　　인수 등의 명목으로 출자를 요구했다고 하면, 운동비 조달을 위해 이름
　　을 빌린 것이라고 생각된다.
문 　그대가 본건의 사실을 관(官)에 밀고한 것인가.
답 　그렇다.
문 　무슨 까닭으로 밀고했는가.
답 　내가 전술한 대로 윤상태는 나의 처남, 정순영은 나와 10촌의 친척일 뿐
　　아니라, 이시영·서상일·홍주일·김응섭·서상환 등 다수의 사람은 수년
　　전부터 교제하고 있는 사람들이므로 이들에 관한 본건과 같은 일을 관에
　　밀고하는 것은 인정에 있어서는 견디기 어려운 일이나, 돌이켜 생각컨대
　　내가 이 일을 밀고하지 않아도 이대로 방치해 두면 그들의 행동은 이로
　　부터 더욱 발전하고 따라서 조만간에 발각되기에 이를 것은 불을 보는
　　것보다 명백한 것으로, 그때까지 이 사건을 방임해 둘진대 다수의 부호
　　기타의 양민이 그들의 동지로 끌려 들어가 함께 죄과를 범하기에 이를
　　뿐 아니라, 그들의 죄과도 일이 발전함에 따라 더욱 무거움을 더하기에
　　이르러 사회에 해독을 끼치는 일 더욱 깊어질 것이므로 나는 여러 가지
　　고려 끝에 그들의 이익 및 사회의 이익이라 생각하여, 그들은 어떻게 생
　　각할지 모르나, 몸을 희생할 각오를 가지고 전번에 대구경찰서(大邱警察署)
　　의 형사 박준영(朴埈永)에게 전술한 사실을 알리고 관대한 처분을 부탁한
　　다는 것을 말해 두었던 형편으로, 먼저 번에 귀청(貴廳) 검사정으로부터
　　취조를 받았을 때도 똑같이 진술하였던 것이다.
문 　그 이유는 한편 도리가 있는 것이나 달리 또 무엇인가 이유가 있을 것으
　　로 생각되는데, 있는 대로 진술하면 어떻겠는가.

답 아무것도 달리는 밀고할 이유가 전혀 없다.
문 그대는 윤상태·서상일 등에 대하여 무엇인가 깊은 원한이라도 있어 밀고한 것은 아닌가.
답 결코 그러한 일은 없다. 모두 그들과는 친한 사이이다.
문 그대는 국권회복단에는 표면상으로만 가입하고 있었던 것 같이 말하나 실제는 맨 처음부터 그들과 같이 국권회복의 기도를 품고 가맹하였다가 근래에 이르러 무엇인가의 이유로 그들과 이반한 것 같이 생각되는데, 있는 대로 진술하면 어떻겠는가.
답 실제 진의로써 가맹하고 있었던 것은 아니다. 그래서 나는 단원의 연명부에도 연명하지 않았던 것이며, 내가 윤상태와 친척인 것은 모든 사람들이 알고 있을 뿐 아니라 표면상 나는 찬성하는 뜻을 표하고 단원과 같이 가장하고 있었으므로, 그들은 나를 직계 단원으로 생각하고 있었기 때문에 나에게 모든 사정을 숨기지 않고 이야기하였던 것이다. 결코 거짓은 말하지 않는다.

본 신문은 입회 서기인 조선총독부 재판소 통역생의 통역에 의해 이를 행하다.

대정 8년 7월 10일
대구지방법원
조선총독부 재판소 서기 사사키(佐佐木澄)
예심괘(豫審掛) 조선총독부 판사 오이에(尾家仁六)
이 등본은 원본과 틀림없음을 인증함.

대정(大正) 8년 10월 15일
고등법원 검사국
조선총독부 재판소 서기 카모(加茂見治)

1-5. (국역)「조선국권회복단 중앙총부사건(일명 안일암사건)」
(경상북도 경찰부,「폭도사편집자료 고등경찰요사」, 1934)

「조선국권회복단 중앙총부사건(일명 안일암사건)」

1915년 음력 정월 15일 경상북도 달성군 수성면 안일암에서 표면은 시회(詩會)라 말하고 집회를 하여, 조선국권회복단 중앙총부라 칭하는 비밀결사를 조직했다. 통령(統領)에 윤상태(尹相泰)[01], 외교부장에 서상일(徐相日), 교통부장에 이시영(李始榮)·박영모(朴永模), 기밀부장에 홍주일(洪宙一), 문서부장에 이영국(李永局)·서병룡(徐丙龍), 권유부장에 김규(金圭), 유세부장에 정순영(鄭舜永)[02], 결사대장에 황병기黃炳基를 천거했다. 또 경남 마산에 지부를 설치하여 안확(安廓)[03]이 그 지부장이 되고 이형재(李亨宰)·김기성(金璣成)을 역원(役員) 등으로 하여 각 부서를 정했다. 그리하여 단군대황조(檀君大皇祖)를 봉사(奉祀)하고 신명을 걸어 국권회복운동에 종사할 것을 서약하였다. 그 후 만주·극동 러시아 노령(露領)지방 동지와 연락을 위하여 윤창기[04]·이시영·박영모·서상일은 상업시찰이라 빙자하여 그 지방으로의 여행계획을 짜는 등, 오로지 시기를 살피고 있었다. 그러던 중에 1919년 3월 소요가 발발하자, 중앙총부는 변상태[05]에게 명하여 4월 3일 경남 창원에서 동리 사람 천 수백 명을 선동하여 그 군의 진동헌병주재소를 습격하던 중에 일본 헌병과 충돌하여 수 명의 헌병에게 상해를 입혔다. 또 중앙총부에서는 만세 소요 발발 후, 상하이에 임시정부를 설치하였고 만주 소항령(蘇項嶺)에서 노백린(盧伯麟)을 교관으로 하여 3만 명의 병(兵)을 교련하고 있다고 하고 이를 위한 자금을 할당하여 모금하기로 하였다. 그리하여 배상연은 액면 5000원의 약속어음에 월(月)과 일(日)을 기입하지

---

01 윤상태: 1882~1942, 경북 달성출신, 1991년 애국장(1977년 대통령표창).
02 정순영: 1879~1941, 경북 성주출신, 1990년 애족장(1963년 대통령표창).
03 안확: 1886~1947, 서울출신, 1993년 애족장.
04 윤창기: 1888~1927, 경북 대구출신, 1990년 애족장.
05 변상태: 1889~1963, 경남 창원출신, 1990년 애족장(1963년 대통령표창).

않고 서상일)에게 주었다. 또 서상환[06]·서상호는 음력 4월 초순에 할당액 6만 원 중 일부 1만 원을 송부했으며, 최준(崔浚)도 출자했다. 그뿐 아니라 이 단체는 별항에서 기술한 바 있는 곽종석)·장석영 등의 독립청원운동과도 연락이 있었다. 즉 1919년 4월 상순경에 단원 조긍섭[07]이 집필한 독립진정서초안은 조(曺)의 명망이 높지 않았기 때문에, 곽종석·장석영 등이 기획한 파리강화회의에 제출할 청원서를 받기 위해, 윤상태는 그해 4월 상순에 단원 우하교[08]를 장석영의 집으로 파견하였다. 그리고 김응섭은 이를 영문으로 번역하게 하여 절단해서 종이노끈으로 만들어 상하이로 갈 때 지참했다. 그가 대구를 출발할 때, 윤상태와 서상일이 운동자금 5000원을 건네주어 남형우와 함께 출발하였다. 또 이 단체는 부산 백산상회(白山商會)와 연락이 있을 뿐 아니라, 서상일은 태궁상점 조직변경을 구실로 삼아 서창규(徐昌圭)에게 1만 원을 내게 하고 그 후 다시 서창규(徐昌圭)에게 시국을 빙자·협박하여 농공은행으로부터 1만 원을 대출받게 했다.

그리고 이 사건과는 직접관계는 없지만, 이 일파에 속하는 자로, 경성의 박중화, 밀양의 손영순·손영와, 대구의 정용기·한윤화, 밀양의 전영택, 동래의 이조원, 양산의 안희제, 청도의 최태석·최태욱, 동래의 윤현태, 대구의 양재하·정운기·서병주·한익동, 동래의 정인찬 등이 있고, 박중화는 이 계통을 좌우한 자이다. 이를 확실히 하기 위해 이에 부기(附記)한다.
사건 관계자는 아래와 같다.

본적 : 경북 대구부 시장북통 무역상 외교부장 서상일徐相日(33세)	본적 : 경북 대구부 횡정 대구은행원 이영국李永局(31세)
본적 : 경북 대구부 남산정 천도교 교구장 비밀계 홍주일洪宙一(44세)	본적 : 경북 달성군 월배면 상인동 전 군수 중앙총부 통령 윤상태尹相泰(38세)

---

06 서상환 : 1888~1968, 경남 통영출신, 1990년 애족장(1968년 대통령표창).
07 曺肯燮은 주소로 보아 曺競燮의 오식인 것 같다(다른 곳에서는 '兢'으로 표시되어 있다).
08 우하교 : 1872~1941, 경북 달성출신, 1990년 애족장(1983년 대통령표창).

본적 : 경북 달성군 상인동 농업 전 영사領事 윤흠允欽 곧 우하교禹夏敎(47세)	본적 : 경북 성주군 성주면 농업 배상연裵相淵(30세)
본적 : 경남 통영군 통영면 서상환徐相懽(33세)	본적 : 경북 대구부 경정 2정목 농업 서창규徐昌圭(38세)
본적 : 경북 대구부 은행부지배인 문서부장 서병룡徐丙龍(35세)	본적 : 경북 영일군 흥해면 중성동 편동현片東鉉(33세)
본적 : 경북 상주군 상주면 조필연趙弼淵(44세)	본적 : 경남 마산 김기성金基聲(29세)
본적 : 경북 대구부 명치정 2정목 윤창기尹昌基(31세)	본적 : 경북 고령군 운수면 김재열金在烈(26세)
본적 : 경남 마산부 석정 배중세裵重世(25세)	본적 : 경남 마산부 표정 이순상李舜相(33년)
본적 : 경북 성주군 월항면 장석영張錫英(69세)	본적 : 경북 성주군 성주면 배상렴裵相濂(연령 미상)
본적 : 경북 경주군 광복회원 박상진朴尙鎭(연령 미상)	본적 : 경북 대구부 봉산정 정운일鄭雲馹(연령 미상)
본적 : 경북 달성군 월배면 상인동(무직) 유세부장 정순영鄭舜永(연령 미상)	본적 : 경북 대구부 견정(무직) 교통부장 이시영李始榮(38세)
본적 : 경북 칠곡군 약목면(전 대구은행원) 신상태申相泰[09](연령 미상)	본적 : 경북 칠곡군 왜관면 이수묵李守默(연령 미상)
본적 : 경북 대구부 남산정(전 변호사) 김응섭金應燮(38세)	본적 : 경남 통영군 통영면(곡물상) 서상호徐相灝(51세)
본적 : 경북 고령군(전 보성중학교사) 남형우南亨佑(45세)	본적 : 경북 달성군 가창면 정대동 조긍섭曺兢燮(연령 미상)
본적 : 경북 경주군 최준崔浚(연령 미상)	본적 : 경북 대구부 서천대전정 정용기鄭龍基(42세)
본적 : 경남 진해 변상태卞相泰(연령 미상)	본적 : 경남 합천군(이하 미상) 교통부장 박영모朴永模(연령 미상)
본적 : 경남 마산 이형재李亨宰(연령 미상)	본적 : 경남 창원 안확安廓(연령 미상)
본적 : 충남 아산군(이하 미상) 권유부장 김규金圭(연령 미상)	본적 : 전라(이하 미상) 결사대장 황병기黃炳基(연령 미상)

09 신상태 : 1889~미상, 경북 칠곡 출신, 1990년 애족장(1963년 대통령표창).

2-1. (국역) 대한독립단, 정순영 「판결」(1921년 9월 30일, 경성지방법원)

관리번호: CJA0000265 문서번호: 772256 성명: 김기한 외 12인 쪽번호: 1167~1221
대정 10 형공(刑公) 제696, 697, 698, 755호

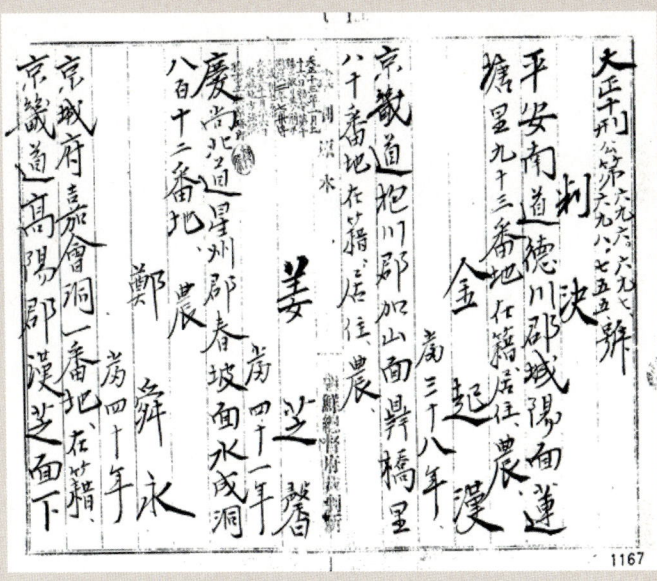

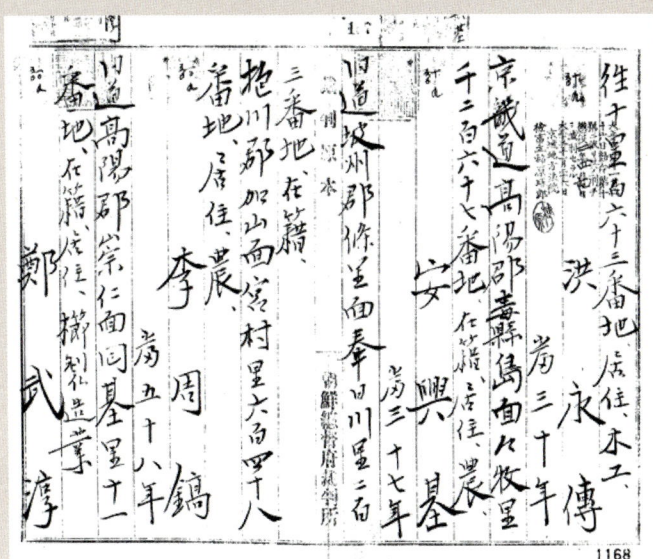

대한독립단, 정순영 「판결」(1921년 9월 30일, 경성지방법원)

판결

평안남도 덕천군 성양면 연당리 93번지 재적, 거주, 농업
김기한(金起漢, 당 38년)

경기도 포천군 가산면 정교리 80번지 재적, 거주, 농업
강지형(姜芝馨, 당 41년)

경상북도 성주군 청파면 수성동 812번지, 농업
정순영(鄭舜永, 당 40년)

경성부 가회동 1번지, 재적
경기도 고양군 한지면 하왕십리 163번지, 거주, 목공
홍영전(洪永傳, 당 30년)

경기도 고양군 독도면 면목리 1267번지, 재적, 거주, 농업
안흥기(安興基, 당 37년)

경기도 파주군 조리면 봉일천리 203번지, 재적, 농업
이주호(李周鎬, 당 58년)

경기도 고양군 숭인면 회기리 11번지, 재적, 거주, 절제조업
정무순(鄭武淳, 당 58년)

경기도 고양군 독도면 면목리 1277번지, 재적, 거주, 농업
안영기(安永基, 당 29년)

경기도 고양군 독도면 면목리 1262번지, 재적, 거주, 농업
손명근(孫命根, 당 51년)

전라남도 완도군 처안면 비자리 1435번지, 재적
동도 동군 동면 이월리, 거주, 농업
송내호(宋乃浩, 당 27년)

경기도 고양군 숭인면 회기리 71번지, 재적, 도주중, 거주
이섭(李㵀, 당 34년)

경기도 고양군 독도면 면목리 1292번지, 재적, 거주, 농업
고윤원(高允源, 당 29년)

경기도 양주군 구리면 상봉동, 재적, 현재 도주 중
최승환(崔承煥, 당 50년)

위 등에 대한 대정 10 형공(刑公) 제696호, 제697호, 제698호, 제755호 대정 8년 제령 제7호 위반 및 출판법 위반 피고사건을 병합하고 조선총독부 검사 미스노(水野重功) 간여 피고 최승환 결석한 채 심리 판결함이 다음과 같다.

주문
피고 김기한을 징역 8년, 피고 이섭, 최승환을 각 징역 4년, 피고 강지형, 홍영전을 각 징역 3년, 피고 정순영을 징역 2년, 피고 송내호를 징역 1년, 피고 이주호를 징역 8월, 피고 안홍기, 고윤원, 정무순을 각 징역 6월에 처한다.
단 피고 고윤원에 대해 2년간 위 형의 집행을 유예한다.
미결구류 일수 중 60일을 피고 이섭의 위 본 형에, 160일을 피고 안홍기, 이주호, 정무순의 위 각 본 형에, 180일을 피고 김기한, 피고 강지형, 정순영, 홍영전, 송내호의 위 각 본형에 각 산입한다.
차압 물건 중 수첩 1권, 보자기 1매, 마대 1매는 각 제출인에게 환부하고 그 나머지는 전부 이를 몰수한다.
피고 안영기, 손명근은 각 무죄.

이유

피고 김기한(金起漢)은 대정 8년(1919년) 5월 중 중국 지린성(吉林省) 관전현(寬甸縣)에서 박장호(朴長浩) 등 다중이 조직한 조선독립을 목적으로 하는 대한독립단(大韓獨立團)이라고 칭하는 결사에 가입하여 그 단체 사한원(司翰員)이라 칭하는 간부의 한 명이 되어, 같은 해 11월 중 그 단체의 총재 박장호 등 수명과 논의하여 조선 내 각도, 군, 면에 그 독립단의 지단(支團)을 설치하여 만주와 조선이 서로 연락을 통하여 조선독립을 목적으로 하는 선전문서를 인쇄, 배포하고 단원 및 군자금을 모집하여 극력 내외를 향해 조선독립의 승인을 구함으로써 독립의 목적을 달성할 것을 꾀하여 먼저 위 독립 지단 설치를 위하여 조선 내에 피고 김기한을 특파하기로 하고, 피고는 그 출발 시에 박장호 등과 협의한 후「사령서 통지서(辭令書 通知書)」라는 제목으로 조선독립군자금 납입명령서(朝鮮獨立軍金納入命令書),「대한독립단 분치기관임시통칙(大韓獨立團分置機關臨時通則)」이란 제목의 남·북 만주 조선 간 연락을 통하여 완전한 독립사업을 내외 일치하여 실행하기 위한 지단을 조선 내에 분치(分置)하고 경성에 총기관을 두고 통일하여 지단은 중앙에서 내린 명령, 기타 문서를 배포하고, 군자금 모집, 통신. 독립군이 조선 내에 진입할 시에 일제히 호응하여 병참수송(兵站輸送)의 임무를 담당하고 또 조선 내 독립운동의 상황 보고 등을 담당, 실행한다는 세칙을 정한 문서「격고국내진신사림(檄告國內縉紳士林)이라고 제목을 붙이고 '조선 내 구한국 문무공경장부 일반 사람은 어느 아침 독립군이 입국할 때 상호 응하여 독립의 완성에 진력해야 한다.'라는 취지의 문서,「경고국내동포중위왜인관리자(告國內同胞中爲倭人官吏者)」라는 제목으로 '조선인으로서 일본의 관리인 자는 일제히 퇴직하고 적을 살해하고 적의 상황을 밀고하라. 이에 응하지 않는 자는 독립군 진입과 함께 살해할 것이다.'라는 내용의 문서,「경고국내경향각부호(警告團內京鄕各富戶)」라는 제목으로 '조선 내 조선인 부자는 각 재산의 10분의 3을 독립단에 제공하라. 이에 응하지 않으면 사형을 선고하고 결사대를 파견하여 이를 집행하겠다.'라는 내용의 문서,「밀고국내황실종친 및 귀족문무공경대부사림(密告國內皇室宗親及貴族文武公卿大夫士林)」이라는 제목으로 위 등의 조선인은 대한독립단 임시 통칙이 정하는 바에 의해 동단 의 파견원인 김기한과 협의하여 왜인을 섬멸하고 조선 국토 회복에 진력해야 한다.」라는 내용의 문서 및 그 독립단 지단 임원 임명장 용지 등의 각 원고를 작성하고 수십 통을 복사하여 이를 휴대하고 대정 9년 음력 정월 무렵 황해도(黃海道) 해주군(海州郡) 해주면 영정 정순경(鄭順敬) 집에 가서 머물며 그에게 독립단의 취지를 설명하고 가입을 권유하고 동인이 이에 찬동 가입하자, 정순경을 황해도 지단의 단원으로 임명하고 이를 박장호에게 보고하고 동인의 통지에 의해 황해도 방면은 위 정순경에게 일임했다.

대정 9년(1920년) 음력 2월 중 동도 평산군(平山郡) 마산면 주답리 이발영(李發永)을 방문하여 동인을 설시, 권유하려고 했으나 동인이 부재중이어서 되돌아 왔다.

이어서 그해 6월 평안남도(平安南道) 평원군(平原郡) 회산면 용포리 안창일(安昌一), 평원군 영유면 괴천리 김윤기(金潤起), 평원군 동송면 운룡리 차은조(車殷祚) 등을 방문하여 대한독립단 임시 통칙을 보이고 그 통칙에 근거하여 평안남도 총지단 이하 군·면 지단의 임무를 권유하고 안창일을 도지단장(道支團長)으로, 김윤기, 차은조를 부지단장(副支團長)으로 각 임명하고 동인 등에게 등사판 인쇄 위의 임시통칙경고문(臨時通則警告文), 격고문(檄告文), 임명장 용지 등 각 여러 통을 교부하여 7월 하순경 평안남도 신안주(新安州) 역에서 이발영과 만나 독립단의 취지, 목적을 설명하고 동인이 이에 찬동하자 위 안창일 등과 함께 공동으로 도, 군, 면 지단의 설치 등에 진력해야 한다는 내용을 알리고 안창일에게 이발영과 함께 같이 위 독립단을 위해 활동하도록 이발영을 소개하는 의미의 편지를 교부하고 이발영으로 하여금 그날부터 그해 8월에 이르기까지 위 안창일 등과 함께 그 독립단 평안남도 영유지단(永柔支團)이라는 것을 조직하고 임원을 선임하는 등 크게 활동시키고, 피고 기한은 위 등의 사정을 박장호에게 보고하고 동인으로부터 경기도(京畿道) 방면에는 피고 강지형(姜芝馨)을 파견했으나 충분하지 않아서 조속히 평안남도 방면을 끌어 올리고 경성에 들어가 동부 삼청동 72번지 김홍식(金弘植) 집 및 원동 83번지 계현주(桂鉉柱) 집, 동부 황금정 3가 224번지 임순엽(林順葉) 집 등에서 전전 숙박하고 그 사이 늘 피고 정순영(鄭舜永)과 동숙하고 동인에게 앞 기록의 독립단의 취지, 목적을 설명하고 그 가입을 권유하고 피고 순영도 이에 찬동 가맹하게 되었다.

　　이전 피고 지형은 대정 8년 12월 중 앞 기록의 관전현에 있는 대한독립단원이 되고 도총재인 전기 박장호로부터 동단을 위해 조선 경기도지단(京畿道支團) 조직에 진력하라는 내용을 명령받고 경기도시찰(京畿道視察)의 사령을 받고, 대정 9년 1월 경성으로 돌아와서 고양군(高陽郡) 한지면(漢芝面) 하왕십리(下往十里)에 거주하며 은밀히 위 지단 조직에 대해 진력하던 중 그해 9년 8월 중순경 피고 김기한이 와서 박장호의 명을 전하자 이에 피고 지형, 기한 두 명은 공모한 후 우선 경성부총기관(京城府總機關)이라는 중앙본부(中央本部)를 조직하고 피고 기한이 가져온 앞서 제시한 임시 통칙 외 6종의 원고를 토대로 인쇄하여 조선 내에 배포하고, 각 도와 군에 지단을 설치할 것을 협정하고, 당시 알게 된 피고 최승환에게 위 독립단의 취지, 목적을 설명하고 입단을 권유했다.

　　동 피고는 이에 찬동하여 이에 가입하고 피고 홍영전을 피고 강지형 등에게 소개함과 동시에 동단의 목적을 알리고 가입을 권유하여 피고 영전도 이에 찬동, 가입하게 되었다.

　　이전 피고 이섭은 대정 9년 음력 4월경부터 7월경까지 김교상(金敎爽), 김교선(金敎善), 한진교(韓震敎) 등과 함께 똑같이 조선 독립운동의 목적으로써 이에 관한 불온문서 다수를 인쇄, 배포하고 민심을 격동하여 조선독립의 목적을 달성할 것을 협의하고 독립군환영단(獨立軍歡迎團)이라는 것을 조직하고 피고 최승환을 단장으로 올리고 피고 이섭은 문서인쇄를, 김교상 등은 그 배포를 각각 담당했다.

　　위 기간 중 피고 이섭은 광주군(廣州郡) 광주면 청담리 이재인(李載仁) 집에서 행정관청의 허가를 받지 않고 조선 독립사상을 선전 고취하여 국헌을 문란(紊亂)하는 「서약서(誓約書)」라는 제목의 문서 200매, 「경고문 포고서(警告文布告書)」라는 제목의 문서 50매, 「암살단 취지서(暗殺團趣旨書)」라는 문서 40매를 인쇄했는데 자금 결핍으로 그 단이 유지되던 때 마침 그해 음력 7월경이 되어 앞 게재의 피고 강지형 집에서 동인 및 피고 김기한과 만나 서로 심사를 피력하고 피고 김기한 등으로부터 위 대한독립단의 취지, 계획을 듣고 위 두 단을 병합하고 먼저 사용한 인쇄 기계를 이용하여 독립단을 원조하여 크게 활약하려고 피고 김기한과 위 김교상의 제휴를 계획했으나 위 두 명의 의견이 일치하지 않아 끝내 두 단의 병합책(倂合策)은 깨졌다.

이에 따라 피고 이섬은 환영단을 떠나 대한독립단으로 달려가 여기에 가맹했다. 이에 피고 김기한, 강지형, 이섬, 홍영전은 공모하고 앞 게재와 같이 피고 김기한이 가지고 온 원고에 근거하여 문서를 인쇄하기로 하고 피고 김기한, 이섬, 홍영전은 그 인쇄, 피고 강지형은 그 반포의 역할에 해당하는 일을 하게 되었다.

피고 김기한이 자금을 제공하고 인쇄 기계, 활자 기타 재료를 구입하고 해당 행정 관헌의 허가를 받지 않고 대정 9년 9월 중순경부터 그해 11월 초 무렵에 이르기까지 고양군 숭인면 회기리 피고 정무순(鄭武淳) 집, 동군 독도면 면목리 최유산(崔裕山) 집, 면목리 안영기(安永基) 집 등에서 활판 등을 사용하여 위의 피고 등은 국헌을 문란케 하는 내용을 가진 문서인 앞 게시의 임명장 용지 약 1,200매, 사령서통지서 약 4,000매, 격고문(檄告文) 약 200매, 경고경향부호문(警告京鄕富戶文) 약 200매, 경고동포왜관리문(警告同胞倭官吏文) 약 100매, 밀고문(密告文) 150매, 임시통칙(臨時通則) 약 400부, 군자금영수용지(軍資金領收用紙) 4,500매, 사형선고문(死刑宣告文) 약 100매 및 그 외 문서를 인쇄, 완성했다. 피고 고윤원은 대정 9년 8월 중 피고 최승환의 소개로 동인 집에서 피고 기한과 만나 동 피고 등의 권유에 의해 대한독립단에 가맹하고 또한 피고 김기한 등이 해당 행정관청의 허가를 얻지 않고 조선독립에 관한 불온문서를 인쇄한다는 사정을 알면서 피고 안흥기(安興基)에게 독립단의 인쇄물을 인쇄하기 위해 동 피고의 동생 안영기 집 중 방 하나를 빌려 쓸 것을 교섭하여 이를 빌려 피고 기한 등을 위 해위 안방을 소개, 제공하여 그 인쇄 행위를 방조했다.

피고 정무순, 안홍기는 피고 기한, 이섬, 승환, 윤원 등의 각 의뢰에 의해 위와 같은 독립단의 목적의 개요를 듣고 피고 기한 등이 동 목적 아래 국권 문란에 관한 불온 문서를 해당 행정관청의 허가를 얻지 않고 출판한다는 사정을 알면서 위 각 인쇄 장소를 빌려주고 또 인쇄용지의 구입, 인쇄기계류의 장닉(藏匿) 등을 함으로써 피고 기한 등의 위 인쇄행위를 방조했다.

피고 지형은 위 인쇄 완성 후 그 일부를 보관하고 그해 10월 중 앞 게재의 자택에서 피고 이주호(李周鎬)에게 임시통칙, 사령통지서 등을 주고 동인을 권유하여 그 단에 가맹시켰다.

피고 주호는 이것들을 받고 동단의 목적에 찬동하여 이에 가맹하고 군자금 모집 등을 위해 그달 중 광주군 면 이름 불상 궁촌리 이범석(李範錫) 집에 갔지만 없어서 되돌아오고, 피고 기한, 순영은 그해 11월 상순경 경성부 원동 83번지 정순영 숙소에서 피고 송내호(宋乃浩)에게 대한독립단의 취지, 목적을 알리고 동단의 가입을 권유하여 참가시키고 피고 송내호는 이에 찬동, 가맹하고 전라도지단(全羅道支團)의 설치에 진력하는 일을 맡았다.

피고 김기한, 송내호는 앞 게재의 피고 강지형 집에 장닉한 전라도(全羅道), 경상도(慶尙道), 충청도(忠淸道)에 송부 반포할 앞의 임시 통칙 외 8종의 인쇄물을 강지형 집에서부터 경성부 원동의 피고 정순영 숙소까지 운반하고, 피고 송내호는 그 중 전라도지단(全羅道支團) 조직에 필요한 것 수십 부를 받아 이것을 가지고 전라도지단 조직을 위해 그달 상순 전라북도 고창군(高敞郡) 성송면 상금리 김정환(金淀煥) 집에 가서 동인에게 지단 조직에 진력할 것을 권유하고 그 인쇄물의 보관을 부탁해 놓고 일단 경성으로 돌아왔다.

피고 정순영은 위 김기한 등이 자신의 숙소에 운반해 온 위 인쇄물 중 송내호가 나누어 가지고 떠난 잔부(殘部)를 맡기고 바로 이것을 경성부 창신동 480번지 조종하(趙宗夏) 집으로 운반하여 후일 이것을 배포하기 위해 우선 이것을 그 집에 장닉했다.

피고 홍영전, 이섬, 김기한은 11월 상순경 함경남도(咸鏡南道) 및 강원도(江原道) 지방에 송부해야 할 인쇄물 및 2개의 나무상자에 들어있는 똑같은 인쇄물을 고양군 숭인면 이문리 김영규(金永圭) 집에 운반, 장닉해 놓았다.

피고 김기한은 10월 중 대한독립단 도총재 박장호의 명으로 온 노태희(盧泰熙)와 앞의 강지형 집에서 만났을 때 동인에게 평안남도 정주군(定州郡) 마산면 원동리 김헌일(金憲日)로부터 350원, 동군 고현면 김병현(金秉賢)으로부터

100원, 정주군 고현면 김도태(金道泰)로부터 20원을 독립단을 위한 군자금으로 출금 약속한 것에 대해 징집하여 독립단 본부 재무 전덕원(全德元)에게 교부해야 한다는 내용을 명령하고 동인으로 하여금 위 금원의 모집에 종사하게 함으로써 피고 김기한, 강지형, 정순영, 이섬, 홍영전. 최승환, 고윤원, 송내호, 이주호 등은 모두 안녕질서를 방해하고 또는 방해하려고 한 자이다.

이상의 사실은

1. 피고 김기한이 당 공정에서 '피고는 대정 7년 음력 정월 한 가족을 데리고 서간도로 이주했는데 대정 8년 3월 1일 손병희(孫秉熙) 일파가 조선독립을 선언한 이후 조선 내 각지에서 조선인이 독립운동을 하고 있음을 들어 알고 그해 5월 무렵 중국 지린성 관전현에서도 박장호를 비롯하여 다수 조선인이 대한독립단을 조직하고 박장호가 그 부총재가 되었다. 피고는 동 박장호와는 아는 사이여서 동인을 관전현에서 방문하고 전부터 일한병합에 불만을 품고 조선 총독정치에 반대하는 사상을 포회하고 있던 차여서 박장호에게 심사를 말했다. 또한 동인으로부터 그 대한독립단이 결국 조선독립을 달성하는 목적 아래 조직된 것이라는 사실을 듣고 동 단의 취지, 목적에 찬동하여 이에 가입하게 되고 동단의 사한원(司翰員)이 되었다. 그해 11월경 도총재 박장호 등과 그 지방 방면에서 활동하는 것만으로는 목적을 이룰 수 없으니 조선 내지로도 손을 뻗쳐 조선 내각도, 각 군, 각 면에 동단의 지단을 설치하고 만주와 조선과 서로 기맥을 통하고 널리 조선독립을 목적으로 하는 선전문서를 인쇄, 반포하고 단원 및 독립자금을 모집하고 극력 내외를 향해 조선독립의 승인을 요구하는 일을 하기로 협의했다. 그 조선 내의 지단 설치를 위해서 활동할 인물을 물색한 결과 피고 스스로 그 역할을 담당하기로 하고 박장호 등과 협의하고 판시와 같은 사령서(辭令書), 통지서(通知書), 「대한독립단내지문치기관림시통칙(大韓獨立團內地文置機關臨時通則)」, 「격고국내진신사람(檄告國內縉紳士林)」, 「경고국내동포중위왜인관리자(警告國內同胞中爲倭人官吏者)」, 「경고국내경향각부호(警告國內京鄕各富戶)」, 「밀고국내황실종친급귀족문무공경대부사림(密告國內皇室宗親及貴族文武公卿大夫士林)」

이라는 제목의 각 문서를 작성했다. 피고는 그해 음력 12월 중 이들 문서를 가지고 만주를 출발하여 대정 9년 음력 정월 중 조선에 들어와 황해도의 판시 정순경을 방문하고 동인 집에 체재하고 동인에게 위 독립단의 취지, 목적을 설명하고 동인에게 입단을 권유했다. 동인도 이에 찬동하고 가입하여 해주방면을 맡아 활동하겠다고 말함으로써 동인을 황해도 지단원으로 임명하고 그 내용을 박장호에게 보고했는데 동인으로부터 황해도 방면의 일은 전부 정순경에게 의뢰하고 피고는 평안도 방면으로 가서 활동할 것이라는 통지가 있어서 그해 음력 2월 중 판시 이발영을 판시 거택에 방문했으나 동인이 부재여서 그 뜻을 이루지 못했다. 그해 6월에 들어 평안남도에 판시 안창일, 김윤기, 차은조 등을 차례로 방문하고 위의 동단의 임시통칙을 보이고 동단의 취지, 목적을 설명하며 그 통칙에 근거하여 평안남도에 도지단, 군 지단, 면지단의 설치를 권유하고 안창일도 지단장, 김윤기, 차은조를 부지단장으로 각 임명하고 동인 등에게 그 판시에 조응하는 각 문서를 교부했다. 그해 7월 하순경 신안주역에서 위 이발영과 만나자 동인에게 독립단의 취지, 목적 등을 설명하고 동인이 이에 찬동하자 위 안창일, 김윤기, 차은조 등과 함께 똑같이 도, 군, 면 각 지단의 조직에 진력하라는 내용을 알리고 안창일에 대한 그 취지의 소개장을 써서 위 이발영에게 이것을 건네 놓고 이들 사정을 상세하게 박장호에게 보고했는데 박장호로부터 황해도, 평안도 방면은 독립단의 세력도 상당히 확장했으니 또 다른 방면에서 활동해야 한다. 특히 경기도 방면에는 이미 강지형을 파견했으나 충분한 성적을 거두지 못했으므로 조속히 경성에 들어가 강지형을 도와 활동 하라는 내용의 통지를 받고 그해 8월경 경성에 들어가 판시 김홍식, 계현주, 임순엽 집을 전전 숙박하고 그동안 늘 피고 정순영과 동숙했다. 피고는 정순영에게 위 독립단의 취지, 목적을 누차 설명하고 함께 활동할 것을 권유하는 한편 경성에 들어가자 강지형을 그 거택 고양군 한지면 하왕십리에 찾아가서 위 박장호가 명령한 취지를 전하고 동인과 함께 활동하기로 하고 경성에서 총기관(總機關)이라고 하는 중앙본부를 설치하고 만주와 경성과 기맥을 통하게 되고 독립사상 선전에 관한 문서를 인쇄하고 각도. 각 군 등에 지단을 설치하는 일을 협의했다. 피고 최승환, 홍영전, 이섬 등을 권유하여 위 독립단에 가입시키고 피고 스스로 자금을 내고 경성부 장교정 동양활판소에서 활자 1만 3천 개를 구입하여 피고와 이섬과 홍영전이 주로 인쇄를 담당하고 강지형이 그 반포를 담당하기로 하고 그해 9월 중부터 그해 11월 중까지 걸쳐서 판시 정무순, 최유산, 안영기 집 등에서 활판을 사용하여 해당 판시에 조응하는 각 문서를 인쇄했는데 물론 독립사상을 선전하고 조선인을 선동하여 치안을 방해하려고 하는 문서로써 피고가 관전현에서 가지고 온 박장호 등과 협의 작성한 문서에 근거하여 작성한 것으로 판시의 증제2호~제12호, 동제14호~제34호, 동제36호~제42호, 동제44호~제48호, 제50호~제51호, 제53호, 제55호, 제56호, 제59호~제62호 및 동제64호가 그 인쇄한 문서이고 인쇄한 사항이 위와 같이 치안을 방해하는 것이므로 물론 이 인쇄, 발행에 대해서는 행정관청의 허가를 받지 않은 것이다. 위 인쇄한 문서의 내용은 만주를 출발할 때 박장호 등과 협의하여 작성해 온 각 등사판의 문서 내용과 완전 동일한 것이고 안홍기, 정무순의 각 피고가 위 인쇄 장소를 제공하는데 대해서는 동 피고 등이 무허가로 조선독립에 관한 문서를 인쇄하는 사정은 알고 있던 것이고 이들 문서를 널리 각 군, 도에 배포하는 데 대해 피고 이주호, 송내호를 권유했는데 동 피고 등도 이를 쾌히 승낙하고 동지가 되었다. 그해 11월 상순경 경성부 원동 83번지 피고 정순영의 숙소에서 피고 정순영의 소개에 의해 송내호를 만나고 동인에게 전라도 방면에서 독립에 관한 위 불온문서를 배포하는 일을 권유하고 동인과 둘이서 인쇄한 문서를 피고 강지형 집으로부터 사람이 차로 위 정순영 집으로 운반해 와서 동인 집에서 각 도, 군에 발송할 문서를 가리고 전라도로 보낼 문서는 송내호에게 건넸다. 또한 그 여비 50원은 정순영의 손을 거쳐 동인에게 건네고 동인을 전라도로 출발시켰다. 앞의 증제69호 나무상자 안에 있는 대한독립단 도장, 대한독립단 경성 총기관 총지휘 도장, 도총재 도장, 재무부 도장은 피고 등 단원이 조각한 것이고 또 앞의 증제70호~제72호는 피고 이 섬, 홍영순이 사 온 것으로 모두 위 인쇄에 사용한 것이다. 또 그해 10월 중에 위 독 립단의 도

총재 박장호의 명령에 의해 경성에 온 노태희와 피고 강지형이 판시 집에서 만난 적이 있다.'라는 내용의 공술,

1. 당 공정에서 피고 이섬이 '피고는 대정 8년 3월 1일 손병희 일파가 조선독립을 선전하고 경성을 중심으로 조선 내 각지에서 독립운동이 일어났을 당시부터 그 취지에 찬동하고 기회가 있으면 권유할 것을 계획하고 있던 때 마침 김교상이라는 자와 만나고 서로 심사를 이야기하고 널리 동지를 구하여 조선독립에 관한 운동을 하는 단체를 조직할 것을 협정하고 이를 독립군환영단(獨立軍歡迎團)이라고 이름 짓고 독립에 관한 문서를 널리 배포하여 독립사상을 선전하기로 하고 최승환을 단장으로 올리고 단원 모집에 대해서는 그 단의 취지, 목적 등을 인쇄하여 이것을 배포하려고 협정하고 피고는 그 문서의 인쇄를 담당하고 김교상이 그 반포를 담당하게 되었다. 대정 9년 음력 4월경부터 그해 음력 7월경까지 사이에 판시 이재인 집에서 인쇄한 각 문서는 해당 판시와 같고 이들 문서의 내용은 주로 조선독립사상을 선전하므로 다수 조선 민을 선동하여 그 운동에 참가하게 하려는 것으로 문서의 내용은 이와 같고 물론 그 인쇄에 대해서는 행정관청의 허가를 받지 않은 것이다. 그런데 자금이 모자라서 그 단의 유지가 곤란했을 때 마침 그해 음력 7월경 피고 강지형 집에서 피고 김기한과 만나 동 피고 등과 서로 심사를 이야기하고 피고 김기한으로부터 여러 가지 동 피고 등의 계획을 듣고 피고도 이에 찬동했다. 그다음 날 피고 홍영순을 판시 피고 강지형 집으로 데리고 와서 김기한에게 소개하고 동인을 권유하여 동인도 이에 가맹하게 됨에 따라 동인 등과 독립문서를 인쇄, 반포하는 일을 협의했다. 피고는 이전의 독립군환영단(獨立軍歡迎團)을 대한독립단(大韓獨立團)의 지단(支團)에 병합하고 환영단에서 사용한 활자 기계 등을 대한독립단에서 사용하게 하려고 피고 김기한과 김교상을 만나게 하고 이를 교섭했으나 위 두 사람의 의견이 일치하지 않아 성립되지 못함에 따라 피고는 김교상과 헤어져 대한독립단에 가입했는데 피고 김기한이 자금을 냄에 따라 증제68호의 활자는 피고 김기한이 스스로 사 오고 중제70호~72호의 인쇄 기계는 피고가 사 와서 피고와 홍영전과 둘이서 장만하고 이에

피고와 홍영전, 김기한이 문서인쇄 역할을 담당하고 해당 판시 일시 장소에서 그 판시 조응의 각 문서를 인쇄했다. 물론 위에서 진술한 내용의 문서이므로 행정관청의 허가를 받지 않았다. 또한 피고 등은 그해 11월경 함경도 및 강원도 지방에 송부할 임시통칙 외 여러 종류의 문서를 마대에 넣어 손명근(孫命根) 집에 맡겼는데 위험해져서 이것들을 가지고 나가서 판시 김영규 집으로 운반하여 숨겨 둔 적이 있다.'라는 내용의 공술,

1. 당 공정에서 피고 홍영전이 한 해당 판시 동 취지의 자백 및 이와 같이 피고가 대한독립단에 찬동, 가맹한 것은 피고 강지형, 김기한의 권유에 의함이라는 내용의 공술.

1. 당 공정에서 피고 강지형이 '판시 관전현에서 박장호를 만나 동인으로부터 대한독립단의 취지, 목적을 듣고 이에 가입할 것을 권유받고 경기도 도시찰 소집전권위원의 사령을 받고 대정 9년 1월 중 경성으로 돌아와서 판시 장소에 거주하고 이재형(李載馨)이라고 이름을 바꿨는데 그해 8월 중순경 피고 김기한이 찾아 왔다. 동인이 온 취지는 박장호로부터 경기도 방면으로 피고를 파견했으나 활동이 생각 같지 않으므로 황해도 및 평안 방면은 김기한이 활동한 결과 대한독립단의 세력이 크게 확장되었으므로 우선 그 방면을 끌어올리고 경성으로 가서 피고와 함께 활동하라는 명령에 의해 왔다는 것으로 김기한은 피고에게 서로 협력하여 동단을 위해 활동하자는 뜻으로 말했다. 그리고 그 후 피고 기한 등이 인쇄한 문서의 일부를 동 피고로부터 받고 보관한 적이 있다.'라는 내용의 공술,

1. 당 공정에서 피고 정순영이 '피고는 대정 5년 음력 10월경 만주로 가서 민족자결주의를 부르짖고 중국, 조선, 러시아 삼국인을 결합하여 대동민국(大同民國)을 조직한 적이 있는데, 대정 8년 음력 12월경 조선으로 돌아와 대정 9년 음력 7월 중 경성부 삼청동 김홍식 집에서 피고 김기한과 알게 되어 동인으로부터 만주에서 판시 취지, 목적 아래 박장호 등이 대한독립단을 조직한 것을 들었다. 그 이후 동인과는 판시 계현주 집. 임순엽 집으로 함께 전전 동숙하고 동인으로부터 위 독립단의 취지, 목적을 설명 듣고 그 가입을 권유받았다. 그 후 동인으로부터 판시 최유산 집에서 동인으로부

터 인쇄 문서의 교부를 받고 그 후 이것을 조종하 집에 맡겨 두었다. 그해 11월 상순 송내호가 피고 집에 와서 피고 김기한을 만난 적이 있고, 그 후 김기한의 명령에 의해 50원을 송내호에게 건넨 적이 있다.'는 내용의 공술.
1. 피고 고윤원이 당 공정에서 '피고는 최승환과는 전부터 아는 사이이고 대정 9년 8월 중 최승환 집에서 피고 김기한과 알게 되었다. 그 후 이섬의 이야기에 의해 안홍기에게 이야기하고 그 동생 안영기 집 안방 한 칸을 빌렸다.'라는 내용의 공술.
1. 당 공정에서 피고 정무순이 '피고는 이섬과는 전부터 아는 사이이고 동인의 의뢰에 의해 판시 피고의 집을 동인 등에게 빌려줬다. 동인 등은 대정 9년 8월 15일경부터 5,6일 동안 그곳에서 활판으로 활발히 문서를 인쇄하고 있었는데, 피고도 홍영전의 의뢰에 의해 10원씩 두 번 종이를 구입해 주었다. 또 이섬으로부터는 전부터 대한독립단에 가입할 것을 권유 받은 적이 있었다."라는 내용의 공술.
1. 피고 안홍기가 당 공정에서 '대정 9년 음력 8월경 피고 고윤원 등의 이야기에 의해 동생 안영기의 판시 집의 안방 한 칸을 피고 김기한 등에게 빌려준 적이 있다. 동인 등은 그곳에서 인쇄한 문서를 두 개의 나무 상자에 넣어 그 집에서 약 2정(T) 정도 떨어진 산속에 묻은 사실을 알고 있다."라는 내용의 공술.
1. 당 공정에서 피고 이주호가 '피고는 강지형과는 어릴 때부터 아는 사이이고 대정 9년 음력 9월경 판시 동인의 집에서 피고 김기한과 만난 적이 있다. 그리고 강지형으로부터 대한독립단의 취지, 목적(판시와 같은)을 설명 들은 적이 있다. 동인으로부터 판시 임시통칙, 사령서, 통지서와 강지형의 편지를 가지고 광주군 궁촌리 이범석 집으로 가지고 가고 동인이 부재여서 그대로 돌아온 적이 있다.'라는 내용의 공술.
1. 피고 송내호가 당 공정에서 한 해당 판시 동 취지의 자백.
1. 참고인 노태희에 대한 촉탁 예심조서 중에, '대정 9년 10월 중 박장호의 명령에 의해 조선으로 와서 판시 강지형 집에서 피고 김기한을 만났는데 동인은 참고인에게 조선독립자금의 출급을 권유한 결과 판시 김헌일, 김병

현, 김도태로부터 판시 조응의 돈을 제공할 것을 승낙했으니 이것을 징수해 와서 판시 관전현의 독립단 본부 재무 전덕원에게 교부해 달라는 의뢰가 있어서 참고인은 당일 출발하여 위 등으로부터 금원을 모집하고 이것을 김덕원에게 준 적이 있다.'는 내용의 공술 기재.

1. 참고인 이발영에 대한 촉탁 예심조서에, '판시 신안역에서 피고 김기한을 만나고 안창일 등과 협력하여 독립단의 지단 설치에 진력하라고 하여 이것을 승낙하고 안창일 집에 가서 이에 진력했다.'라는 내용의 공술 기재.
1. 피고 정무순의 제2회 예심조서 중에, '피고가 김기한 등에게 인쇄를 위해 빌려준 집은 피고 자택에 근접해 있고 또한 피고 집에서 사랑으로 사용하고 있던 집으로 김기한 등은 비밀리에 인쇄하는 것으로 생각했다.'라는 내용의 공술 기재,
1. 피고 안홍기의 제2회 예심조서에, '피고는 김기한 등이 조선독립에 관한 불온문서를 관청의 허가를 받지 않고 비밀리에 인쇄하고 있다는 것은 알고 있었고 동인 등의 명령에 의해 그 인쇄 문서 등을 맥곡(麥穀) 속에 넣어 놓아 달라고 한 적이 있다.'라는 내용의 공술 기재.
1. 피고 김기한의 제3회 예심조서 중에, '피고 강지형이 피고에게 이강공 전하부 무신(武臣) 어담(魚潭)은 국가 사상이 있는 사람으로 인맥도 좋으니 소개하겠다고 하여 대정 9년 11월 9일 강지형과 둘이서 위 어담 집에 가서 격고 국내진신사림, 대한독립 일본 분치 기관 임시통칙을 동인 집에 놓고 온 적이 있다.'라는 내용의 공술 기재.
1. 피고 김기한 제4회 예심조서에, '안창일, 차은조, 김윤기, 이발영을 권유하고 동인 등의 쾌락을 얻은 일 등은 해당 판시와 같다. 그리고 동인 등이 판시와 같이 활동한 결과 안녕질서를 방해한 사실은 자연히 그렇게 되는 점이라고 처음부터 짐작하고 있던 바이다.'라는 내용의 공술 기재 및 피고 정무순 집에서 인쇄하는 데 대해서는 동 피고와 이섬과 아는 사이여서 이섬이 이야기해서 빌린 것인데, 물론 동인이 그 주택의 사랑 옆에 있는 빈방이고, 동인은 물론 피고 등이 대한독립단의 문서를 작성한다는 것을 알고 인쇄 장소를 빌려준 것이다.'라는 내용의 공술 기재.

1. 참고인 김선문(金先文)에 대한 촉탁 예심조서 중에, '참고인은 피고 최승환의 권유에 의해 대정 9년 5,6월경 대한독립단에 가입한 적이 있다.'라는 내용의 공술 기재.
1. 참고인 김교상의 예심조서에, '판시와 같이 참고인은 홍영전, 이섬, 한진교, 최승환 등과 조선독립을 목적으로 하는 단체를 대정 9년 정월경 조직하고 판시 조응의 문서를 인쇄했는데 그 후 이섬으로부터 피고 김기한을 만난다고 하여 동 피고와 만났는데 동인과는 의견이 일치하지 않아서 헤어졌기 때문에 이에 피고 이섬, 홍영전 등은 참고인 등의 집을 떠나 김기한 등의 집으로 갔다.'라는 내용의 공술 기재.
1. 사법 경찰관 작성의 피고 정순영 제3회 조서 중에, '피고 김기한과 송내호가 인쇄물을 우리 집에 가지고 와서 맡겨 달라고 말해서 맡았는데 독립에 관한 인쇄물이어서 조종하에게 건네고 숨겼다.'라는 내용의 공술 기재.
1. 참고기록인 평양 지방법원 대정 9년 형공 제692호 피고 이발영 외 8명에 대한 대정 8년 제령 제7호 위반사건 기록 중의 제1심의 제1회 공판 시말서 중에, '이발영이 피고 김기한과 만났다.'는 해당 판시 조응의 사실 전말의 공술 기재 및 안창일, 김윤기가 각각 '피고 김기한으로부터 판시 대한독립단의 취지, 목적을 설명 듣고 마침내 이에 찬성했다.'라는 내용의 공술 기재.
1. 영치품 목록 대정 9 영(領) 제1562호 기재의 증제1호~제7호의 판시에 조응하는 각 문서 및 이 발송에 필요한 봉투, 인쇄 기계, 이에 부속하는 물품, 인쇄 문서의 운반에 사용한 물건 등의 각 물건의 현존을 종합, 고백하여 이를 인정하기에 그 증빙이 충분하다. 법률에 비추어보니 피고 김기한, 강지형, 정순영, 홍영전, 이섬, 최승환, 고윤원, 이주호, 송내호의 각 치안을 방해하고 또는 방해하려고 한 행위는 대정 8년 제령 제7호 제1조 제1항 전단에 해당하므로 피고 정순영, 최승환, 이주호, 송내호에 대해서는 각 그 징역형을 선택하고 각 그 소정 형기 범위 내에서 양형 처단해야 한다.

피고 김기한. 이섬, 홍영전, 강지형의 각 출판법 위반한 소위는 각 조선형사령

제42조에 의해 형명에 변경을 가한 출판법 제11조 제1항 제1호, 단 피고 강지형에 대해서는 또한 동조 제2항, 피고 고윤원, 정무순, 안흥기의 위 출판 방조의 소위는 위 동법조(단 제2항을 제외) 및 형법 제62조 제1항, 제63조, 제68조 제3호에 각 해당하므로 피고 정무순, 안흥기를 각 그 법정 감경을 한 소정 형기 범위 내에서 각 양형 처단해야 한다.

피고 김기한, 강지형, 홍영전, 이섬, 고윤원의 위 각 죄는 한 개의 행위로 여러 개의 죄명에 저촉되는 것이므로 형법 제54조 제1항 전단, 제10조에 의해 무거운 전자의 형에 따라 그 징역형을 선택하고 그 소정 형기 범위 내에서 각 양형 처단해야 한다.

미결구류 일수 중 일부 본 형에 산입하는 것에 대해서는 형법 제21조를 적용하고, 고윤원에 대한 형의 집행유예에 대해서는 동제25조, 형법 시행법 제54조를 적용해야 한다.

주문

몰수를 언도한 물건은 모두 범죄 공용물건으로 피고 등 이외의 소유에 관계되지 않으므로 형법 제19조 제1항 제2호 제2항에 따라 몰수해야 한다.

그 나머지는 몰수에 관계되지 않으므로 형사소송법 제202조에 따라 처분하기로 한다.

피고 안영기가 피고 김기한 등의 인쇄행위를 방조했다는 공소사실 및 피고 손명근이 피고 김기한 등의 대한독립단에 가입하고 동인 등과 공동으로 치안을 방해하려고 했다는 공소사실은 모두 이룰 인정할만한 증빙이 충분하지 않으므로 형사소송법 제236조, 제224조에 따라 무죄 언도를 하기로 한다.

피고 최승환에 대한 결석 판결에 대해서는 형사소송법 제226조를 적용하기로 한다. 따라서 주문과 같이 판결한다.

피고 최승환은 본 판결에 대해 스스로 본 판결의 송달을 받고 또는 판결집행으로 인해 형의 언도가 있다는 것을 안 날로부터 3일 내에 이의 신청을 할 수 있다.

대정 10년⁽¹⁹²¹⁾ 9월 30일

경성지방법원

형사부

재판장 조선총독부 판사 이토⁽伊東淳吉⁾, 조선총독부 판사 고재명⁽古宰明⁾, 조선총독부 판사 후지무라⁽藤村要⁾, 조선총독부 재판소 서기 이화종

2-2. (국역) 대한독립단, 「정순영 신문조서」(1920년 11월 14일, 경성지방법원)

「정순영 신문조서」

문 본적, 주소, 출생지, 신분, 직업, 성명, 연령은 어떻게 되는가.
답 본적 경상북도(慶尙北道) 성주군(星州郡) 청파면(靑坡面) 수성동(水成洞) 번지 미상 출생지 본적지와 같음. 주소 경성부(京城府) 황금정(黃金町) 2정목(丁目) 223번지, 양반, 무직업, 정서웅(鄭瑞雄) 즉 정순영(鄭舜永), 당 39세
문 관리, 공리, 의원은 아닌가.
답 …
문 작위, 훈공, 연금, 종군기장을 갖고 있지 않은가.
답 …
문 지금까지 형사처분, 기소유예 또는 훈계방면을 받은 일이 없는가.
답 없다.
문 종교를 갖고 있는가.
답 아무것도 없다.
문 정서웅(鄭瑞雄)이란 변명인가.
답 내가 만주에 간 후로부터 정서웅(鄭瑞雄)이라고 가명을 쓰고 있다.
문 그것은 조선 독립운동을 위해서 그와 같이 가명을 쓰고 있는가.
답 나는 조선을 독립할 목적은 아니다. 우리들은 만주를 독립시키고 대동민국(大東民國)이라고 이름 붙이고 싶은 생각이었으나, 내지인도 참가하고 있어 대고려국(大高麗國)이라고 하는 운동을 하고 있었으나, 돈이 없으므로 현재 아무런 운동도 하고 있지 않다.
문 그대는 언제 만주에 갔었는가.
답 4년 전의 음 2월, 만주 길림성(吉林省)에 가서 농업에 종사하고, 작년 음 5월 봉천부(奉天府)에 가서 역시 농업을 하고 있었으나, 작년 음 12월 중에 당지에 왔었다.
문 가족은 봉천(奉天)에 있는가.
답 모두가 본적지에 돌아와 있다.

문 입경한 목적은 무엇인가.
답 앞에 말한 만주독립의 주창자였던 정안립(鄭安立)이라고 하는 사람이 작년 말 당지의 조선고사연구회를 창립하고 있었으므로, 나는 동인을 의지해서 입경하였으나, 동회가 해산이 되었으므로 정안립은 내지를 여행하였고, 다시 지금은 길림성(吉林省)에 가 있다.
문 그대는 아무런 용무도 없는데 무엇 때문에 체재하고 있는가.
답 나는 현재 「인도공의회(人道公議會)」를 일으키고 있다.
문 그의 주지 및 목적은 무엇인가.
답 금년 3월경, 동아일보에 공자를 모욕한 기사가 게재되어 있었으므로 우리들은 크게 이에 반대할 생각으로 「인도공의회」를 일으켜 연구하는 것이다.
문 그대와 함께 그 회에 참가하고 있는 중요한 자는 누구인가.
답 회장은 이상규(李相珪)이고 회원이 100명쯤 있으나, 다른 사람은 아무런 역할을 맡은 것이 없다.
문 그대는 김기한(金起漢)을 알고 있는가.
답 모른다.
문 김기택(金杞澤)은 어떤가.
답 알고 있다. 이곳의 숙소에서 만났다.
문 김기택(金杞澤)은 언제 그대의 숙소에 왔었는가.
답 음 9월 28일에 왔었다. 그 이전 음 7월 중 한 번 나를 찾아 왔었다.
문 어디에서 온 것인가.
답 모른다.
문 그대는 김기택(金杞澤)과 조선 독립운동에 대하여 의논하고 있지 않는가.
답 나는 독립운동에는 조금도 관계가 없다. 그것은 김기택(金杞澤)도 알고 있다.
문 강지형(姜芝馨)을 아는가.
답 모른다. 김기택(金杞澤)은 나에게 조선 독립운동의 일을 말하였으나, 나는 그것은 도저히 될 수 없는 일로서, 세 살 아이가 남을 원망하고 자살하는 것과 같은 것이라고 말하였으므로 동인도 그렇다면 중지하겠다고 말하고 있었다.
문　그대는 당지에서 독립운동에 관계한 사람 중에 아는 사람이 있는가.
답　김기택(金杞澤) 외에는 나는 그러한 사람 중에 아는 이가 없다.

위를 통역에게 읽어 듣게 하고 또한 통역으로 하여금 조서의 취지를 본인에게 고지시켰던 바 틀림없다고 말하여 다음에 서명 무인하다.

피고인 정순영(鄭舜永)

작성일 대정 9년 11월 14일
경성 종로경찰서에서
신문자 도경부보 도요하라(豊原辰吉)
통역통역 도순사 지상우(池相雨)

2-3. (국역) 대한독립단, 「정순영 신문조서(제2회)」 (1920년 11월 29일, 경성지방법원)

「정순영 신문조서」(제2회)

문   그대는 조종하(趙宗夏) 및 송내호(宋乃浩)에 대하여 인쇄물을 맡긴 일이 있는가.

답   그것은 음 9월 15일경, 김기한(金起漢)이 마대에 넣은 인쇄물을 원동(苑洞)의 나의 숙소에 가지고 와서 이것을 맡아 달라고 말하므로, 나는 숙소에 있으면서 그러한 물건을 둘 곳이 없다고 말하였던바, 김(金)은 그곳이라도 맡겨 달라고 말하고, 나에게 마대에 넣은 물건을 많이 주어서 그 일부분을 그 자리에 있던 송내호에게 건네주었다. 나는 그다음 날 저녁때 미리 세탁을 부탁하고 있던 조종하(趙宗夏)에게 김(金)으로부터 맡았던 마대를 맡겼다.

문   그대는 송내호(宋乃浩)에 대하여 그 인쇄물을 시골에 배포해 달라고 말하여 교부한 것은 아닌가.

답   그러한 일은 없다.

문   거짓말을 해서는 안된다. 실제로 송(宋)과 김(金)이 왕십리(往十里)에서 가지고 온 것이 아닌가.

답   나는 송(宋)과 김(金)이 왕십리에 가서 가지고 온 것을 나에게 얼마간 나누어 맡기고, 그 밖의 인쇄물을 김(金)이 송(宋)에게 건네주었으므로 나는 그 두 사람이 어떤 의논을 하였는지 모른다.

문   그대는 송내호에게 50원을 빌려준 일이 있는가.

답   내가 빌려준 것은 아니다. 김기한이 50원을 나에게 주며 이것을 송(宋)에게 건네 달라고 말하였으므로, 나는 그것을 송(宋)에게 교부한 것뿐이다.

문   그대 숙소에서 김기한, 송내호 등과 함께 그 인쇄물을 실제로 본 것이 아닌가.

답   나는 인쇄물은 본 일이 없다.

문   그대는 본 건에 관하여 정안립(鄭安立)으로부터 어떠한 의논을 받고 있는가.

답 정안립으로부터는 아무것도 독립의 일에 대하여 상담을 받은 일은 없다. 정안립은 본건에 대하여 조금의 관계도 없다.
문 그대의 숙소에서 김기한과 송내호는 몇 번 회견하였는가.
답 십수 회 회합하고 있다.
문 양인은 서로 인사하고 있는가.
답 그렇다.
문 그렇다면 본 건에 대하여 양인의 담화는 그대도 듣고 있었겠지, 어떤가.
답 나의 앞에서는 양인은 아무것도 별다른 이야기는 하지 않았다.
문 그대는 그 후 황금정(黃金町)의 숙소도 김기한과 함께 있는 것이 아닌가.
답 내가 숙소를 옮긴 후에 김기한이 온 것이나, 서로의 목적이 다르고 일의 방면도 다르기 때문에 김기한 등의 일에 대해서는 아무것도 상담을 받고 있지 않다. 다만 전에 말한 대로 마대를 맡았던 것뿐이다.

위를 통역에게 읽어 들게 하고 또한 통역으로 하여금 조서의 취지를 본인에게 고지시켰던바 틀림없다고 말하여 다음에 서명 무인하다.
피고인 정순영(鄭舜永)

작성일 대정 9년 11월 29일
경성 종로경찰서에서
신문자 도경부보 도요하라(豊原辰吉)
통역통역 도순사 지상우(池相雨)

2-4. (국역) 대한독립단, 「정순영 신문조서(제3회)」 (1920년 12월 10일, 경성지방법원)

「정순영 신문조서」(제3회)

문 그대는 불온문서를 인쇄하여 각도에 배포한다는 것에 대하여 의논을 받고 있지 않은가.
답 그러한 일은 도무지 없다.
문 그러면 인쇄물을 그대 집에 가지고 온 뒤, 그 배포할 것을 들었는가.
답 그것은 김기한(金起漢)과 송내호(宋乃浩)가 인쇄물을 나의 집에 가지고 와서 맡아 달라고 말하였으므로 맡았다.
문 그대는 그 인쇄물을 왜 조종하(趙宗夏)에게 맡겼는가.
답 그것은 독립에 관한 인쇄물이라는 것이었으므로 조종하(趙宗夏)에게 건네주어서 숨겼다.
문 그대는 김기한(金起漢)이 하는 일에 찬성하고 음으로 도와주고 있는 것이 아닌가.
답 그러한 일은 없다.
문 달리 말할 것은 없는가.
답 나는 조선독립이라고 하는 것에 대해서는 반대하는 사람이고, 김기한의 이야기를 말리고 못하게 한 일이 있다.
문 앞에 말한 것은 틀림없는가.
답 틀림없다.

위를 통역에게 읽어 듣게 하고 또한 통역으로 하여금 조서의 취지를 본인에게 고지시켰던 바 틀림없다고 말하여 다음에 서명 무인하다.
피고인 정순영(鄭舜永)
작성일 대정 9년 12월 10일
경성 종로경찰서에서
신문자 도경부보 도요하라(豊原辰吉)
통역통역 도순사 池相雨

2-5. (국역) 대한독립단, 「정순영 신문조서」(1920년 12월 24일, 경성지방법원)

「정순영 신문조서」
피고인 정순영
위 피고인에 대한 정치범죄처벌령 위반사건에 대하여 대정 9년 12월 24일 경성지방법원(京城地方法院) 검사국에서 조선총독부 검사 미즈노(水野重功), 조선총독부 재판소 서기 우에야마(植山健藏) 열석하여 검사는 피고인에 대하여 신문을 다음과 같이 하다.

문 성명, 연령, 신분, 직업, 주소, 본적지 및 출생지는 어떤가.
답 성명, 연령은 정순영(鄭舜永), 39세 신분, 직업은 무직, 주소는 경성부(京城府) 황금정(黃金町) 30목(目) 223, 본적지는 성주군(星州郡) 청파면(靑坡面) 수성동(水成洞), 출생지는 동군
문 위기, 훈장, 종군기장, 연금, 은급 또는 공직을 갖지 않은가.
답 없다.
문 지금까지 형벌에 처해 진 일이 없는가.
답 없다.
문 그대는 정호웅(鄭琥雄)이라고도 하는가.
답 만주(滿洲)에 있을 무렵에는 그렇게 말한 일이 있다.
문 그대는 조선의 독립을 꾀하고, 불온문서를 작성한 일에 대해서 종로(鍾路) 경찰서에서 조사받을 때 말한 것은 틀림없는가.
답 사실대로 진술하였다.

본 신문은 입회 서기 조선총독부 재판소 통역생의 통역에 의하여 이를 행하였다.
작성일 대정 9년 12월 24일
경성지방법원 검사국
서기 조선총독부 재판소 서기 우에야마(植山健藏)
신문자 조선총독부 검사 미즈노(水野重功)

2-6. (국역) 「대한독립단 국내 분치기관 설치기획 발견 검거」(밀수제33호 기26 1월 29일, (1921년 1월 24일) 고경제1112호, 불령단관계잡철, 조선인의 부)

「대한독립단 국내 분치기관 설치기획 발견 검거」

앞서 이강공(李堈公) 배속무관(配屬武官) 어담(魚潭) 대좌댁(大佐宅)을 방문하고 밀봉(密封)한 불온문서(不穩文書)를 둔 채 사라진 거동(擧動)이 불심(不審)한 선인(鮮人)이 있어 경위경찰관(警衛警察官)이 그 1명을 체포하여 경성종로경찰서(京城鍾路警察署)에서 엄중히 심문한 결과, 그는 평안남도(平安南道) 안주군(安州郡) 출신 김기택(金起澤)이라 칭하는 김기한(金起漢)으로 지나(支那) 유하현(柳河縣) 삼원포(三源浦)에 근거를 가진 대한독립단(大韓獨立團) 도총재(都總裁) 박장호(朴長浩)의 배하로서 동단의 국내(國內) 분치기관(分置機關) 설치의 임무를 띠고 몰래 입선(入鮮) 활동하고 있었던 것이 판명되어 간계(干係) 범인(犯人) 13명을 검거하고 또 다수의 불온문서(不穩文書)를 압수 심문한 뒤 형사 소추에 붙였는데 그 상황은 다음과 같다.

간계범인의 성명

본적: 평안남도 안주군 동면 신흥리
주소: 지나 남만주 개원팔과수
체포: 양반 김기택(金起澤)이는 김기한(金起漢) 38세

본적: 경기도 포천군 가산면 정교리
주소: 동 고양군 한지면 왕십리 감정리 401
체포: 양반 이재형(李在馨) 강지형(姜芝馨) 이재형(李在馨)이란 강시형(姜始馨) 40세

본적: 경상북도 성주군 청파면 수성동
주소: 경성부 황금정 3정목(町目) 223
체포: 양반 정순영(鄭舜永)이라는 정서웅(鄭瑞雄) 39세

본적: 경성부 가회동 1
주소: 경기도 고양군 하왕십리 163
체포: 상민 목수 홍영전(洪永傳) 37세

본적: 경성부 창신동 480
주소: 동상
체포: 양반 조종하(趙宗夏) 30세

본적: 경기도 고양군 독도면 목리 1263
주소: 동상
체포: 상민 농업 안흥기(安興基) 36세

본적: 경기도 포천군 가산면 궁촌리
주소: 부정
체포: 양반 농업 이현주(李周鉉) 57세

본적: 경성부 북미창정 84
주소: 경성부 광화문통 28
체포: 상민 솜틀직 이기룡(李起龍) 50세

본적: 경기도 고양군 숭인면 회기리 11
주소: 동상
체포: 상민 빗제조업 정무순(鄭武淳) 57세

본적: 경기도 고양군 독도면 목리 1267
주소: 동상
체포: 상민 안영기(安永基) 28세

본적: 경기도 고양군 독도면 목리 1267
주소: 동상
체포: 상민 손명근 28세

본적: 전라남도 완도군 소안면 비자리
주소: 경성부 가회동 77
체포: 상민 송내호(宋乃浩) 26세

본적: 경기도 고양군 숭인면 회기리 71
주소: 동상
체포: 상민 이섭(李燮) 30세 가량

본적: 경기도 양주군 구리면 상봉동
주소: 동상
미체포: 상민 최승환(崔承煥) 30세 가량

범죄사실의 개요

김기한(金起漢)은 유생(儒生) 출신으로 직재(直齋)라 호(號)하며 완미(頑迷)한 사상(思想)을 포지(抱持)하여 총독정치(總督政治)를 기뻐하지 않고 수년간 솔가(率家) 만주(滿洲)로 이주하였는데, 1919년 3월 조선소요사건이 발발하자 재만(在滿) 불령배(不逞輩)와 기맥(氣脈)을 통하고 빈번히 조국독립운동에 분주한 후 유하현(柳河縣) 삼원포(三源浦)에 본거를 가진 대한독립단(大韓獨立團)에 투신하여 점차 도총재(都總裁) 박장호(朴長浩)의 신임(信認)을 얻었고 문필(文筆)에 능교(能巧)하였으므로 드디어 사한원(司翰員, 書記長格)의 중직에 올라 불령기획(不逞企劃) 모의에 참여하고 있었다. 그런데 동단에서는 다만 국외의 운동만으로는 그 목적을 관철하기란 용이치 않을 뿐만 아니라, 선내 동포에 대해 단(團)의 활동이 불철저함을 유감으로 하여 이에 선내 각지에 동단분치기관(同團分置機關)을 설치하여 다수의 동지를 규합한 뒤 상호 연락을 공고히 하고 또 한편으로는 자금을 모집하는 동시 선내 민심을 선동하여 크게 여론을 환기하여 시기를 보아 내외가 서로 책응(策應)하여 거사하려는 계획을 수립하고, 1919년 11월 김기한(金起漢)을 선내(鮮內) 전권특파원(全權特派員)으로 하여 귀선(歸鮮)케 하였다.

이래 김(金)은 주로 서선지방(西鮮地方)을 배회하며 동지를 구해 목적 수행에 힘쓰고 있었는데 평안남도와 황해도에 있어서의 기관 설치 계획이 다소 실마리를 잡았으므로 나아가 경성에 중앙기관(中央總機關)을 설치하여 점차 다른 각도에 미치게 한 연후에 이를 통일하여 서서히 획책하고자 하여 객년 8월 입경하여 각처에 잠재하면서 비밀리에 동지를 물색하고 있었다. (평안남도와 황해도에 있어서의 기관설치 음모는 모두 그 기획을 발견하여 다수의 관계자를 검거하여 이를 형사소추(刑事訴追)에 붙였다. 객년 10월 13일 고경 제30063호, 동 10월 27일 고경 제33588호 참조) 그 후 박장호(朴長浩)의 배하이며 동단 경기도총기관조직(京畿道總機關組織)의 명을 받고 입경해 있던 강시형(姜始馨)과 우연히 회합하여 서로 시사(時事)를 담화하는 동안 동일한 목적을 가진 것이 판명되어 이에 서로 제휴하여 노력할 것을 맹서하고 여러 가지로 모의한 결과 먼저 불온문서(不穩文書) 배포에 의해 민심을 자극하려고 경성부 장교정(長橋町) 동양활자제조소(東洋活字製造所)에서 활자 1만 3천여 개를 구입하여 김기한(金起漢) 스스로 불온문서(不穩文書)의 원고를 초(草)하고 일찍이 동지로 가입시킨 이섬(李暹), 최승환(崔承煥) 등의 알선에 의해 인쇄 기술을 가진 홍영전(洪永傳)을 설득하여 문서의 인쇄를 담당시켰다. 이보다 앞서 이섬, 홍영전은 따로 김교상(金敎爽), 한진교(韓震敎) 등의 배하가 되어 경기도를 중심으로 하여 대한독립단(大韓獨立團)을 조직하여 지방에 지단(支團)을 설치하려는 계획에 참가하고 있었는데 김교상(金敎爽) 등이 인쇄기구를 소지하고 있었기 때문에 김기한 등과 공동하려고 하였으나 의견의 충돌로 각각 별개의 행동으로 나 아가기로 되었을 때 김기한 등의 계획이 훨씬 근저가 공고한 것을 알고 드디어 김기한 밑에서 치빙(馳騁)하게 되었다.(본건은 별도 통보함) 이에 그들은 관헌(官憲)을 시청(視聽)하기 위해 안영기(安永基) 정무순(鄭武淳) 최유산(崔裕山)의 집 등에서 일부러 그 인쇄장소(印刷場所)를 시외에서 골라 전전하며 이를 변경하였는데 객년 11월 상순까지의 사이에 별지 기재와 같은 각종 다수의 불온문서(不穩文書)를 인쇄하여 이미 그 일부는 정순영

(鄭舜永)의 손을 거쳐 송내호(宋乃浩)에 여비 50원(圓)을 주어 전라북도 고창군 성송면(星松面) 상금리(上金里) 김정환(金淀煥)에게 이의 배포를 위촉한 뒤 귀래(歸來)하였다. 그리고 다른 각도에 대한 분(分)은 강시형(姜始馨) 이주호(李周鎬) 이기룡(李起龍) 등으로 하여금 할당하여 발송 준비를 서두르게 하였다.

그러나 관의 단속이 엄중하였기 때문에 동지의 규합이 불여의(不如意)하여 김기한(金起漢) 강시형(姜始馨)은 연일 회합하고 의의(擬議)하였는데, 경기도(京畿道) 기관(機關)의 총지휘관(總指揮官)에 이강공(李堈公) 전하(殿下)를 추대함에 있어서는 다수의 동지는 흡연(翕然)히 모일 것이며, 따라서 용이하게 그 목적을 달성할 것이라 하여 이에 모의를 1차 하였으나 앞서 일미(一味)의 사건 이래 공의 신변 경계가 엄중하여 갑자기 접촉할 기회를 얻기 어려워 매우 고심 참담'이의 방법에 고려를 거듭하고 있었다.

그런데 강시형(姜始馨)의 실부(實父) 강일영(姜一泳)이 일찌기 공의 배속무관(配屬武官) 어담(魚潭) 대좌(大佐)의 한문(漢文) 교사였던 일이 있었으므로 그들은 먼저 이 연고를 편승하여 동 대좌를 설복하고 나아가 공의 결심을 촉구하면 반드시 그 목적을 달성할 수 있을 것이라 사유하고 이에 양명(兩名)이 함께 객년 11월 9일 동가(同家)를 방문하였으나 부재였으므로 휴대하고 갔던 불온문서(不穩文書)를 밀봉하여 대좌에게 교부할 것을 의뢰하고 사거(辭去)하였다. 대좌가 귀택 후 이를 피견(披見)하고 크게 놀라서 곧 경위경찰관(警衛警察官)에 통보하였으므로 경계 중이던바 동 11일 재차 양명(兩名)이 동가(同家)를 방문하였으므로 김기한(金起漢)을 체포하고 계속 엄중히 수사한 결과 사건의 내용이 판명되는 동시 수괴(首魁) 이하 관계자를 모두 검거하고 또 제작한 다수의 불온문서(不穩文書)도 전부 압수하였다.

조치

서상(敍上) 사실의 판명으로 1919년 제령 제7호 및 출판법 위반으로 하여 전부의 심문을 끝내고 객년 12월 20일 소할(所轄) 경성지방법원(京城地方法院) 검사(檢事)에 송치하였다.

별지

1. 「국내 진신·사림에 고함(檄告國內縉紳士林)」(약 800매)
1. 「대한독립단 국내 분치기관 임시통칙(大韓獨立團內地分置機關臨時通則)」(1부 10권의 것 115부)
1. 「대한독립단 총재 박장호 명의 사령용지(大韓獨立團總裁朴長浩名義辭令用紙)」(각도 및 경성 총기관 공약 1천 매)
1. 「사령서 봉통(辭令書入封筒)」(약 425매)
1. 「사령서 및 통지서(辭令書及通知書)」(약 3천매)
1. 「국내 동포 가운데 왜인의 관리된 자들에게 경고함(警告國內同胞中爲倭人官吏者)」(약 1천매)
1. 「사형선고장(死刑宣告狀)」(약 100매)
1. 「대한독립단 재무부 영수증(大韓獨立團財務部領收證)」(약 150매)
1. 「국내 경향 각 부호에게 경고함(警告國內京鄕各富戶)」(약 150매)
1. 「국내 황실 종친 및 귀족 관리 사림에게 비밀히 고함(密告國內皇室宗親及貴族文武公卿大夫士林)」(약 100매)[01]

발송선

내각총리대신· 각성 대신· 척식국 장관· 경시총감· 검사총장· 관동장관· 관동군사령관· 조선군사령관· 조선양사단장· 조선헌병대사령관· 진해요항부사령관· 각법원장· 각검사장· 검사정· 각도지사· 경무국각파견원· 봉천· 길림· 상해· 블라디보스톡· 간도 각총영사· 안동· 철령 각영사.

---

[01] 국회도서관, 『한민족독립운동사료』(3·1운동편, 1), 1992, 731쪽. 「대한독립단 내지 분치기관 임시통칙(大韓獨立團內地分置機關臨時通則)」 중 문치기관은 분치기관의 오자로 보임.

3. 정순영 수형 자료

3-1. 「형사사건부」(경성복심법원 징역 2년)

이름/별명	정순영(鄭舜永)	당시나이	40세
본적/주소	경상북도 성주군 청파면 수성동 81번지	판결기관	경성복심법원
죄명	대정 8년 제령 제7호 위반	생산년도	연도불명
주문	1심 징역 2년 180일 통산 2심 취하	관리번호	CJA0016606
판결날짜	1심 1921.09.30, 2심 1921.10.19	M/F번호	93-601
안내	* 위 기록물에 대한 사본 신청은 방문, 전화, 팩스를 이용해 주시기 바랍니다. 문의전화: 042-481-6301		

1	정순영	경성복심법원	1심 1921.09.30, 2심 1921.10.19	1심 징역 2년 180일 통산 2심 취하

3-2. 「형사사건부」(대구지검)

이름/별명	정순영(鄭舜永)	당시나이	불상
본적/주소	경상북도 성주군 청파면 신파동	판결기관	대구지점
죄명	대정 8년 제령 제7호 위반	생산년도	연도불명
주문	고등법원으로 이송	관리번호	CJA0017403
판결날짜	1919. 09. 29	M/F번호	95-118
안내	* 위 기록물에 대한 사본 신청은 방문, 전화, 팩스를 이용해 주시기 바랍니다. 문의전화: 042-481-6301		

2	정순영	대구지점	1919. 09. 29	고등법원으로 이송

3-3. 「수형인명부」(정서웅)

4. 신문기사

4-1. 조선국권회복단

(왼쪽)『매일신보』, 1920. 3. 24,「대구사건에 면소된 각 피고 모두 합치면 이십명」
(오른쪽)『독립신문』, 1920. 4. 3,「수원수안 대구안성의 각 사건으로 피포된 257인도 함께 적의 예심이 종결되다」

4-2. 조선고사연구회

『매일신보』, 1920. 1. 20, 「오족의 개척을 기도한다는 고사연구회 발기」, 「정안립씨의 취지 설명」

『매일신보』, 1920. 1. 20, 「조선고사연구회 취지서」(발기인 중 정현식(鄭鉉湜)은 정순영의 다른 이름이다.)

『매일신보』, 1920. 4. 10, 「해산의 명령을 받은 조선고사연구회」

4-3. 인도공의소(회)

『매일신보』, 1920. 6. 5, 「인도공의소립의선고」

『매일신보』, 1920. 5. 25, 「인도공의소와 태극교 유생」

4-4. 대한독립단

『동아일보』, 1920. 9. 19, 「대규모의 대한독립단」

『동아일보』, 1921. 7. 3, 「대한독립단이라 칭하는 독립지단을 조직하든 김기한 등 예심종결, 경성지방법원에서」

「매일신보」, 1920. 12. 26, 「종로서에 검거된 대한독립단 내용」

「매일신보」, 1921. 8. 30, 「조선내에 총기관을 두고 독립운동을 하고자 계획이 진행중 잡혔다」

『매일신보』, 1921. 9. 21. 「독립단 초심공판」

『매일신보』, 1921. 9. 22, 「독립단 초심공판(2)」(경성총기관 설치사건)

『매일신보』, 1921. 9. 23, 「경성총기관 설치사건」(김기한 은 8년구형)

『매일신보』, 1921. 10. 1, 「총기관설치사건」(김기한 등 재판언도)

(왼쪽) 『매일신보』, 1921. 10. 8, 「김기한 등 공소」
(오른쪽) 『독립신문』, 1921. 10. 14, 「독립단총기관사건」

4-5. 조선민흥회

『동아일보』, 1926. 7. 10, 「민족통일 단체조직준비, 조선민흥회발기」

『동아일보』, 1926. 7. 28, 「조선민흥회 준비위원회」

『동아일보』, 1926. 8. 29, 「조선민흥회 준비위원 결의」

『동아일보』, 1926. 11. 3, 「조선민흥회소식」 조선민흥회 준비위원(정순영)

5. 격문 등 필적

5-1. 「극동 중국, 한국, 러시아 세 민족에게 고하는 글(仰告極東華韓俄三民族文)」(1920)

「仰告極東華韓俄三民族文」

嗚呼日 我東方同居華韓俄之三民族 東方同病同苦之三民族 詩云天生烝民 豈非人人直隸於天者乎 書云 民惟邦本 豈非有民 則有國者乎 天之於民 固莫不覆幬之愛護之 而爲邦者 不知其，則民不得遂其生矣 而世級愈降 世變愈大 優者勝劣者敗 强者存弱者亡 自不免乎天演淘汰之公例 此盧梭所以著民約之論 華盛頓所以倡合衆國之擧也

試觀今日 果爲如何之世界 果有如何之風潮乎 彼歐洲大戰後 僅已結局 而民族自決四字 爲講和中一大公義 於是乎 天下之至劣至弱者 亦能蓬蓬然勃勃然 一朝蹶起 必欲回復其自由之權 而奈之何 吾三民族 獨伈伈俔俔 不爲之所乎 以言乎華 則南北分裂 莫之歸一 其於東三省 有鞭之不長不及馬腹之勢 以言乎俄 則過激之禍 橫被全國 使西伯利亞一部 靡所靠倚 有中流失棹之狀

至若韓族 則宅于兹土 實惟舊矣 而千萬其麗 彷徨顧眄 有進退維俗之憂 寃乎痛矣 怨天不可 尤人亦不可 則只有自反而自決而已 彼使民族不得自由者 固爲世界之公敵 而爲民族不能自決者 亦安得備數於人類哉 吾三民族毋論地理上歷史上 皆互有密接之關係 而同處于極東一隅 積以歲月之久 習相近而俗相安 情相通而形相忘 以其有以太之故 雖欲離析 不能也 況同舟遇風楚越同心哉 設或有離析之可言 其必勢孤而力綿 斷無以自存

噫 旣不能受母國之保護者 又何可恃第二國第三國之保護乎 有非常之痛者 必求非常之藥 有當然之悟者 必得當然之路 所以糾合三族 建設至完全至鞏固之一新國家 名之日大東民國 其疆域 則西自山海關 東至沿海洲 北自興安嶺貝加爾洞 南至豆鴨兩江岸 茫茫大陸 至千百數十萬方里也 穀類之豐饒 礦質之良好 鳥獸之充斥 林木之茂盛 可謂無上之天府也 神聖遺裔 克守厥職 戶口日繁一日 可占其進化之速也 旣有如此之土地 如此之物産 如此之人民 而加之以政法 加之以道敎 加之以工藝 加之以外交 非徒不失自己之權利 亦將與世界列强 聯轡而並驅矣 非徒僅免 旣往之困苦 亦將享太平之福於無窮矣 兹因天與之機會 首以民貴的主義 其各明目張膽 淬厲而奮發哉

「극동 중국, 한국, 러시아 세 민족에게 고하는 글」

오호라. 우리 동방은 중국, 한국, 러시아 세 민족이 함께 거주하며, 동방은 동병동고(同病同苦)하는 세 민족이다. 시경에 이르기를 "하늘이 백성을 냄에, 어찌 사람마다 하늘에 직속되지 않았으랴!"라고 하였고, 서경에 이르기를 "백성이 나라의 근본이니, 백성이 있으면 나라가 있는 것이 아니랴!"라고 하였다. 하늘이 백성을 대함에 두루 덮어 보호하지 않음이 없건마는, 나라를 위하는 자가 그 근본을 알지 못하면 백성은 그 삶을 제대로 누릴 수 없다. 세상의 흐름이 갈수록 낮아지고 세상의 변화가 갈수록 커지니, 우월한 자는 승리하고 열등한 자는 패배하며, 강한 자는 존속하고 약한 자는 멸망하는 것이 자연적 도태라는 공정한 이치에서 벗어날 수 없다. 이는 루소가 민약론(民約論)을 저술하고 워싱턴이 합중국(合衆國) 건설을 주창한 이유이다.

오늘날을 살펴보건대, 과연 어떠한 세계이며, 과연 어떠한 풍조(風潮)인가? 저 1차 세계대전이 겨우 끝났을 뿐인데, 민족자결(民族自決) 네 글자가 강화회의(講和會議)의 가장 큰 공의(公議)가 되었다. 이에 천하의 가장 미약하고 보잘것없는 자들조차도 하루아침에 떨쳐 일어나 반드시 그 자유의 권리를 회복하고자 한다. 그런데 어찌하여 우리 세 민족은 홀로 두려워하며 머뭇거려 행동하지 못하는가? 중국을 말하자면 남북으로 분열되어 하나로 귀속되지 못하고, 동삼성(東三省)에 있어서는 채찍이 길지 못하여 말의 배까지 미치지 못하는 형세이고, 러시아를 말하자면 과격한 혁명의 재앙이 전국을 휩쓸어 시베리아의 일부는 의지할 곳 없이 흐르는 물에서 노를 잃어버린 형상이다.

한국 민족에 이르러서는 이 땅에 터를 잡은 지 실로 오래되었으나, 수많은 백성이 방황하며 갈 곳을 몰라 진퇴유곡(進退維谷)의 근심에 빠져 있다. 원통하고 아프다! 하늘을 원망할 수도 없고, 남을 탓할 수도 없으니, 다만 스스로 돌이켜 스스로 결정할 수밖에 없다. 저들 민족의 자유를 빼앗는 자는 실로 세계의 공적(公敵)이요, 민족으로서 스스로 결정하지 못하는 자 또한 어찌 인류의 대열에 설 수 있겠는가? 우리 세 민족은 지리적으로나 역사적으로나 모두 서로 밀접한 관계를 맺고 있으며, 극동의 한 모퉁이에 함께 자리 잡은 세월이 오래되어 습속이 서로 비슷하고 풍속이 서로 편안하며, 감정이 서로 통하고 모습이 서로 잊혀질 정도이다. 마치 큰 까닭이 있어 비록 헤어지려 해도 헤어질 수 없고, 하물며 같은 배를 타고 바람을 만난 초(楚)나라 사람과 월(越)나라 사람처럼 같은 마음이니 만약 헤어짐을 말할 수 있다 하더라도 반드시 세력이 외롭고 힘이 약하여 스스로 보존할 방도가 없을 것이다.

아! 이미 모국의 보호를 받지 못하는 자가 또 어찌 제2국, 제3국의 보호를 믿을 수 있겠는가? 몹시 고통스러운 자는 반드시 매우 효험 있는 약을 구하고, 당연한 깨달음이 있는 자는 반드시 당연한 길을 얻는 법이다. 그러므로 세 민족을 규합하여 지극히 완전하고 지극히 굳건한 하나의 새로운 국가를 건설하여 이름을 대동민국(大東民國)이라 하고, 그 강역은 서쪽으로 산해관(山海關)에서 동쪽으로 연해주(沿海洲), 북쪽으로 흥안령(興安嶺)의 바이칼 호수에서 남쪽으로 두만강(豆滿江)과 압록강(鴨綠江) 연안에 이르니, 넓고 넓은 대륙이 천백수십만(千百數十萬) 방리(方里)에 달한다. 곡식은 풍요롭고 광물은 양호하며, 새와 짐승이 가득하고 삼림이 무성하니 가히 최고의 천부(天府)라고 할 만하다. 신성한 겨레의 후예들이 그 직분을 잘 지켜 인구가 날마다 늘어나니, 그 진화의 빠름을 가히 짐작할 수 있다. 이미 이와 같은 토지, 이와 같은 물산, 이와 같은 인민을 가지고 있으니 정치와 법, 도덕과 교화, 공업과 기술, 외교를 더한다면, 자기의 권리를 잃지 않을 뿐만 아니라 장차 세계열강과 나란히 달릴 수 있을 것이다. 과거의 고통에서 벗어날 뿐만 아니라, 또 장차 무궁한 태평성대를 누릴 것이다. 이에 하늘이 준 기회를 맞아 민본주의(民本主義)를 으뜸으로 삼아, 각자 눈을 크게 뜨고 담금질하고 갈고 닦아 떨쳐 일어나라!

5-2. 정순영에게 올리는 헌시(1924)

金井水空立字蓬萬
條物憑檻情大地
有山藏書丁天無際

天林泉剌湧百年
旅諸子文章將
有海先生風月高

林湖橫霎霧棲
梧梧鴛睡霍裏陰
梧梧喧流鷲

無邊主人自得閒
中趣與對鳥老
涌詩進

蒲帆戴氣愀能坐
手搖商舡且讀兵
寿正癩高鈉儂

甲子社案偶卽晋
陽逾逅相遇
藥堂哥手獻族
旅舍左望天話鬥

當萵鋪味知禎
蓬風用請試毫不
敬呈乎正正棕
書之

金井水寒玉宇淸	금정(서쪽 우물)의 물 차고 선생의 모습 맑은데,
蕭條物物摠傷情	쓸쓸한 물상은 모두 마음을 아프게 하네.
大地有山嶽口動	대지는 산이 있으니 산악이 살아 움직이고
一天無際埜潮橫	하늘은 끝이 없으니 들녘 물결이 걸렸네.
零露栖梧驚睡鶴	떨어지는 이슬방울은 오동나무에 잠든 학을 놀라게 하고
衰陰棱柳囀流鶯	노음(6월)의 실 같은 버들에는 앵무새 지저귀며 날아다니네.
滿腔義氣愀然坐	내면에 의기를 가득 품고 쓸쓸히 앉은 자리,
手撫商絃且讀兵	손으로 가을 곡조를 연주하고 또 병서를 읽으시네.

養正齋高洞僻天	양정재 높은 곳은 동천이 외져서,
林泉剩得百年前	백 년 전부터 자연을 한껏 누리시네.
諸子文章將有後	뭇 스승의 문장은 장차 이을 사람이 있으니,
先生風月尙無邊	선생의 풍월은 오히려 끝이 없네.
主人自得閒中趣	주인은 한가한 정취를 스스로 즐기시니
坐數桃花滴講筵	강학하는 자리에 복사꽃 몇 송이 뚝뚝 떨어지네.

甲子(1924)秋 余偶到晉陽 邂逅相逢彛堂哥哥于鄙族旅舍 其翌天訪問世昌藥舖 略叙積蘊 因固請試毫 不敢辭其懇切 忘拙書之

갑자(1924년) 가을에 내가 마침 진양(진주)에 도착하여 우연히 이당형을 나의 일족 여사(여관)에서 만나고, 그 다음 날 세창약포를 방문하여 그간의 회포를 간단히 풀었다. 이어서 굳이 시필을 청하므로, 감히 그 간절함을 거절하지 못하고 나의 졸렬함을 잊고 쓴다.

5-3. 「고문진보」, 「잡설」, 한유(韓愈)의 마설(馬說)(1932)

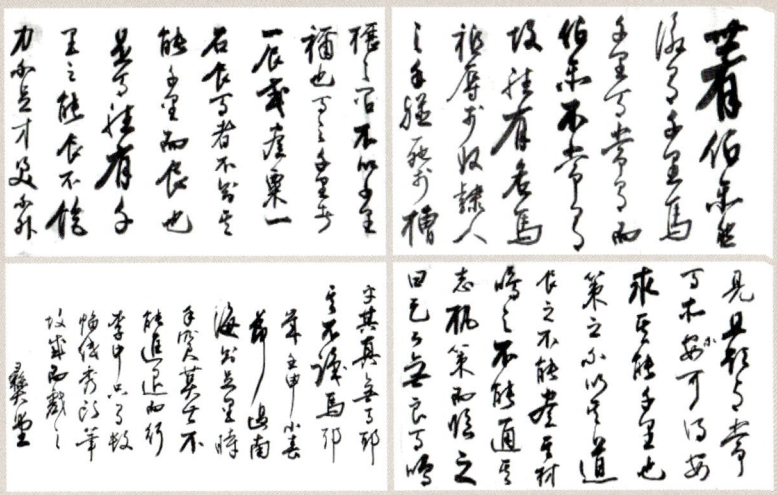

世有伯樂然後有千里馬 千里馬常有 而白樂不常有 故雖有名馬 只辱於奴隷人之手 駢死於槽
櫪之間 不以千里稱也. 馬之千里者, 一食或盡粟一石, 今食馬者不知其能千里而食 是馬雖有
千里之能, 食不飽力不足, 才美不外見, 且欲與常也. 馬等不可得, 安求其能千里也, 策之不以
其道, 食之不能盡其材, 鳴之不能通其意, 執策而臨之, 日 "天下 無良馬." 嗚呼! 其眞無馬耶?
其眞不識馬耶

歲壬申小春節 過南海知足里 時手窘莫甚 不能進退 而行李中 只有數幅紙禿頭筆 故感而戲之
- 彜堂

세상에는 백락이 있어야 천리마도 있다. 천리마는 항상 있는 것이나 백락은
항상 있는 것이 아니다. 그래서 비록 명마라고 하더라도 하찮은 사람의 손에
서 수모를 당하고 평범한 말과 함께 마구간에서 죽게 되면 천리마라는 평판
을 듣지 못한다. 천리마라는 것은 한 번 먹는 것이 간혹 한 섬의 곡식이지만,
말을 먹이는 사람이 천리마인지 모르고 먹이면 이 말이 비록 천리를 달릴 수

있는 능력이 있다고 하더라도 배불리 먹지 못하여 힘이 부족하게 되어 그 재능이 겉으로 드러나지 않는다. 또 천리마는 보통 말처럼 하려고 해도 할 수 없는데, 어찌 천리를 달릴 수 있기를 바라겠는가. 천리마를 다루는 방법으로 채찍질을 하지도 않고 먹이지도 않으니 천리마가 가진 본래의 재능을 다할 수 없고, 천리마가 울어도 그 뜻을 알 수 없다. 이렇게 천리마를 다루면서 채찍을 잡고 말에 다가가 말하기를 "세상에는 좋은 말이 없다."라고 한다. 슬프다. 참으로 좋은 말은 없는 것인가! 진정 천리마를 알아보지 못하는 것인다!

임신년(1932) 10월 남해 지족리 지나는데, 그때 매우 궁색하여 움직일 수 없었다. 행리 안에는 단지 종이 몇 폭과 몽땅 붓이 있어 흥에 겨워 지으니 놀리지 말라.

- 이당

5-4. 의사 히시다(菱田)에게 준 정순영의 시(1932)

天遣菱田渡碧海	하늘이 히시다를 보내 푸른 바다를 건너게 하니
華佗才操釋伽心	화타의 재주에 석가의 마음을 가졌네
鬼門咫尺蒼黃客	귀문이 지척인데 허둥지둥 경황없는 나그네
却使回生不索金	도리어 살려내고도 돈을 요구하지 않네

一見能擔可得療	한 번 보고 능히 감당할 만하면 치료할 수 있으니
慇懃贈愛摠難名	은근한 사랑을 베푸니 그 은혜 헤아리기 어렵네
憑君欲問前生果	그대에게 부탁하여 전생의 과보를 묻노니
倘是當年在弟兄	혹시 당년에 형제였던가

分明茫相後身是	분명히 아득한 모습이 후생의 모습이니
經濟專心試學醫	경제에 전념하여 시험 삼아 의술을 배우네
醫國神方藏在手	나라를 다스릴 신묘한 처방이 손에 있으니
瘡疾足下療何時	발밑의 종기는 어느 때에나 치료할 수 있으리

⃝년 중추에

⃝현식이 삼가 쓰다

히시다 선생께 올립니다

5-5. 「애국지사 이당 정순영 묘갈명」(1995)

애국지사 이당 정공 묘갈명(愛國志士彛堂鄭公墓碣銘)

연보 이당 정순영

연도	간지	나이	연보
1882	임오	1	• 1882년 4월 9일(양 5. 25), 경북 성주군 대가면 칠봉리 유촌(柳村)에서 아버지 정주석과 어머니 동래정씨의 차남으로 태어나다. • 본관은 청주(淸州), 자는 휘경(彙卿), 호는 이당(彛堂)이다. • 한강(寒岡) 정구(鄭逑, 1543~1620)의 10세손이다.
1889	기축	8	• 5월 5일, 부 정주석이 사망하다.
1890 ~ 1905	경인 ~ 을사	9 ~ 24	• 심산(心山) 김창숙(金昌淑)과 함께 족숙 정은석(鄭恩錫)에게 글을 배우다. • 심산 김창숙, 해사(海史) 김정호(金丁鎬)와 함께 회당(晦堂) 장석영(張錫英) 문하에서 수학하다.
1897	정유	16	• 일선김씨 김태봉(金泰奉, 1880. 12. 5~1932. 3. 18)과 결혼하다.
1898	무술	17	• 장남 돈화(敦和, 1898. 12. 12~1977. 3. 28)가 태어나다.
1900		19	• 가천면 창천장에서 대금업을 시작하다.
1902	병오	21	• 재취 부인 박화사(朴花史)와 혼인하다.
1903	계묘	22	• 차남 광화(光和, 1903. 4. 26.~1941. 7. 4)가 태어나다.
1905	을사	24	• 삼남 갑화(甲和, 1905. 7. 5~1923. 9. 7)가 태어나다. • 심산·해사와 함께 구국운동에 뜻을 두고 활동하다.
1907	정미	26	• 2월, 어머니 동래정씨가 사망하다. • 동래정씨는 장남 준영에게는 땅, 차남 순영에게는 현금을 상속하다. • 장녀 연랑(蓮琅, 1907. 6. 4~?)이 태어나다.

1909	기유	28	• 사남 길화(吉和, 1909. 7. 12.~1967. 11. 24.)가 태어나다.
1910	경술	29	• 1910년 11월, 청파면 신정동 167번지로 분가하다.
1911	신해	30	• 겨울, 대구로 옮겨 달성군 월배에 정착하다. • 11월, 박상진, 권영만 등과 대구 이시영(李始榮) 집에서 구국책을 논의하다.
1912	임자	31	• 봄, 서상일·윤창기·이시영·박영모 등과 출국, 남북 만주, 연해주, 중국, 상해 등지의 독립운동계를 둘러보다. • 차녀 매랑(梅琅, 1912. 8. 1~?)이 태어나다.
1913	계축	32	• 9월 21일, 귀국하다. 외지 사정 및 협의 내용을 국내 동지들에게 보고하다. • 서상일 등과 함께 달성친목회를 재건하다.
1915	을묘	34	• 1월 15일(음), 박상진·윤상태·홍주일·이시영·서상일 등과 함께 조선국권회복단을 결성하다. 유세부장이 되다. • 5남 승화(承和, 1915. 5. 7~?)가 태어나다. • 7월 15일(음), 박상진·우재룡·권영만·채기중 등과 함께 광복회를 결성하다. 국외 연락책을 맡다. • 김규와 함께 조선국권회복단과 광복회의 연락책을 맡다. • 12월, 경북우편마차습사건에 관여하였다.
1916	병진	35	• 9월 3일, 총사령 박상진의 명령으로 대구권총사건에 참여하다. • 9월, 광복회 총사령 박상진이 체포되다. • 10월, 이시영, 김규 등과 만주로 망명하다. • 선양에서 삼달양행 정미소를 거점 삼아 남만주 연락책으로 독립운동을 전개하다.
1918	무오	37	• 삼녀 길선(吉先, 1918. 12. 16~?)이 태어나다.
1919	기미	38	• 정안립과 함께 중국·한국·러시아 3국 민족을 결합한 대동민국(大東民國) 건설을 계획하다. • 4월 2일, 한성정부의 평정관이 되다. • 12월, 귀국하다.
1920	경신	39	• 1월 18일, 서울에서 조선고사연구회를 조직하다. • 조선고사연구회 창립총회를 주도하고, 「극동 중국, 한국, 러시아 세 민족에 고하는 글」을 발표하다. • 3월, 조선국권회복단 중앙총부 사건으로 관련자 20여 명이 재판을 받다. 정순영은 기소되었으나 면소되다. • 5월, 이상규 등과 함께 서울에서 인도공의소를 조직하다. • 7월 30일 재취 부인 박화사가 선양에서 사망하다 • 8월, 중국 남만주에 본부를 둔 대한독립단의 중앙본부(中央本部)와 각도, 각 군 면 지단 설치에 참여하다. • 11월 11일, 대한독립단 중앙본부의 전모가 드러나 체포되다.

1921	신유		• 8월 11일, 광복회 총사령 박상진과 충청도 지부장 김한종이 사형·순국하다. • 9월 30일, 대한독립단 국내 지단 사건으로 징역 2년을 받다.
1923	계해	42	• 징역 2년을 복역하고 출감하다. • 장남 돈화가 김정호의 딸 김복수(金福壽)와 혼인하다. • 경남 진주에서 한약방 세창약포를 열다.
1925	을축	44	• 경남 남해군 삼동면 지족리의 부호 이지무(李枝茂)의 장녀 이두안(李斗安)과 결혼하다.
1926	병인	45	• 6남 윤화(尹和, 1926. 9. 18~1930. 11. 10)가 태어나다. • 11월 29일, 명제세·송내호·서세충 등과 함께 조선민흥회 창립 준비위원으로 참여하다.
1928	무진	47	• 4녀 진화(晉和, 1928. 6. 15~1930. 11. 18)가 태어나다.
1930	경오	49	• 5녀 인화(仁和, 1930. 10. 20~?)가 태어나다. • 11월, 아들 윤화와 딸 진화가 전염병으로 사망하다.
1932	임신	51	• 전남 목포에서 한약방을 운영하다. • 3월, 부인 김태봉(金泰奉)이 사망하다. • 가을, 창종(瘡腫)을 앓다.
1939	기묘	58	• 중풍으로 쓰러지다.
1941	신사	60	• 1941년 11월 15일(음 9. 27), 대구에서 서거하다. • 성주군 수륜면 봉양리 백양골 박달산 선고 묘 아래 안장하다.
1963			• 1963년, 대통령표창이 추서되다.
1990			• 1990년, 건국훈장 애족장이 추서되다.
1995			• 묘비「애국지사이당정공지비」를 건립하다.
2001			• 국립대전현충원(독립유공자 제2묘역, 938번)에 옮겨 안장하다.

참고문헌

신문 및 잡지
『대구매일신문』,『독립신문』,『동아일보』,『매일신보』,『황성신문』

자료 및 기록물
강덕상,『현대사자료』25, 1967.
_____,『현대사자료』27, 조선(3), 독립운동 1, 1972.
경상북도경찰부,『고등경찰요사』, 1934.
국가보훈처,『독립유공자공훈록』, 제7권,「국내 독립운동」.
국사편찬위원회,『한민족독립운동사자료집』7,「국권회복단」Ⅰ, 1988.
국회도서관,『한민족독립운동사료』(3·1운동편, 3), 1992.
김사진.『요행일기』.
김준엽·김창순 공저,『한국공산주의운동사』제3권, 고려대학교 아세아문제연구소,
    1973.
김희곤 편,『박상진자료집』, 독립기념관한국독립운동사연구소, 2000.
독립운동사편찬위원회,『독립운동사』제5권, 독립군전투사(상), 1973.
_____,『독립운동사자료집』11, 독립군자금모집, 1990.
박맹진,『고헌실기략초』, 1945.
재일본대사관,『재만조선인개황』, 1935.
정돈섭,『도암선생문집』.
「(정순영)제적등본」(수륜면),「(정순영)제적등본」(대가면),「(정순영)제적등본」(대

구 달서구).

조선총독부경무국, 『재외불령선인의 근황』, 1921.

조정규, 『서천집』.

『청주정씨문목공파세보』, 2001.

애국동지원호회, 『한국독립운동사』, 1956.

우재룡, 『백산실기』(필사본).

『울산오씨세보』.

이상규, 『오당유고』(국역).

한훈, 『광복회부활취지급연혁』, 1945. 11.

저술

권대웅, 『1910년대 국내독립운동』, 독립기념관 한국독립운동사연구소, 2008.

_____, 『한계 이승희의 생애와 독립운동』, 성주문화원, 2018.

_____, 『근대 대구의 애국계몽운동』, 선인, 2021.

_____, 『울산 전상무의 독립운동』, 선인, 2022.

김승학, 『한국독립사』 상, 독립문화사, 1970.

김창숙, 『심산유고』 권 5, 「벽옹칠십삼년회상기」, 1973.

오세창, 『재만한인의 항일독립운동사연구』, 성균관대 박사학위논문, 1988.

윤보현, 『영남출신 독립운동가약전』 제1집, 상신사, 1961.

_____, 『경북판 독립운동실록』, 중외출판사, 1974.

이건호, 『김상옥·나석주열사항일실록』, 1986.

이용락, 『3·1독립운동실록』, 3·1 동지회, 1969.

이훈구, 『만주와 조선인』, 1932.

전호봉편저, 『성주대관』, 1961.

정재화, 《이당공약력》, 1975.

채근식, 『무장독립운동비사』, 대한민국공보처, 1949.

최기영, 『식민지시기 민족지성과 문화운동』, 한울아카데미, 2003.

현규환, 『한국유이민사』, 1967.

논문

권대웅, 「한말 달성친목회 연구」, 오세창교수화갑기념 『한국근현대사논총』, 1995.

_____, 「조선국권회복단 연구」, 『민족문화논총』9, 영남대 민족문화연구소, 1988.
_____, 「백산 우재룡의 항일독립운동」, 『향토문화』 제4집, 1988.
_____, 「대한독립단의 국내지단의 조직과 활동」, 『교남사학』 제5집, 영남대 국사학과, 1990.
김건실, 「대한제국기 정안립의 계몽운동과 학교설립」, 『한국근현대사연구』 제102집, 2022.
박경식, 「한국민족해방운동과 민족통일전선」, 『신간회연구』, 1983.
박민영, 「호남유생 경회(景晦) 김영근(金永根)의 생애와 북간도 항일 망명」, 『한국독립운동사연구』 제49집, 독립기념관 한국독립운동사연구소, 2014.
박영석, 「일제하 만주·노령지역에서의 복벽적 민족주의계의 항일독립운동」, 『일제하 독립운동사연구』, 일조각, 1984.
_____, 「대한광복회연구-박상진제문을 중심으로-」, 『한국민족운동사연구』 제1권, 1986.
박환, 「대한독립단의 조직과 활동」, 『한국민족운동사연구』3, 한국민족운동사연구회, 1988.
서동일, 「조선고사연구회의 설립 과정과 해산 경위」, 『역사와 담론』 제10집, 2024.
손형부, 「식민지시대 송내호·송기호 형제의 민족해방운동」, 『국사관논총』 제40집, 국편, 1992.
이균영, 「조선민흥회와 신간회를 둘러싼 제논의의 검토」, 『한국근대민족주의운동사연구』, 1987.
이희환, 「백초 유완무와 북간도에서의 민족운동」, 『범월(犯越)과 이산(離散)』, 인하대 한국학연구소, 2009.
조동걸, 「대한광복회연구」, 『한국사연구』 제42호, 1983.
_____, 대한광복회의 결성과 그 선행조직」(『한국학논총』5, 국민대학교 한국학연구소, 1982.

찾아보기

인명

ㄱ

강병수 71
강수희 89
강순필 77
강시형 131
강지형 135, 136, 152
고석진 122
고영한 87
고예진 122
고윤원 136
고재만 122
곽종석 30, 34, 57, 87
권낙종 101
권덕규 115, 116
권도상 89, 90, 102, 104, 121
권병문 84
권병하 84
권보상 89, 121
권성욱 75
권영만 40, 41, 54, 69, 70, 71, 73, 74, 75, 79, 150
권중락 87
김경태 78
김굉필 27
김교훈 63
김규 52, 53, 56, 59, 69, 72, 73, 76, 106, 151
김규식 93, 94
김기성 52, 63
김기한 105, 128, 130, 131, 134, 135, 136, 152
김노규 35
김대락 68
김동삼 68
김동진 89
김동호 71, 72

김병수 102, 121
김병홍 101, 102
김복수 16, 31, 36, 142
김복한 90, 117, 121
김사국 93
김사용 60
김사진 86, 87
김상덕 30
김상옥 79
김상욱 87
김수용 87
김승학 130
김시순 83
김연환 84, 87
김영규 119
김영근 117
김영진 60
김용선 42
김용환 60
김유덕 39
김응섭 52, 57, 58, 60, 63
김재열 30, 39, 52, 54, 55, 71, 72, 151
김재창 72
김정목 99
김정묵 30
김정식 87
김정호 15, 16, 29, 30, 31, 34, 35, 36, 41, 106, 107, 142, 150, 157
김정환 134
김좌진 56, 73, 76
김진만 55

김진용 94, 95
김진우 55
김진호 30
김창규 57
김창숙 15, 16, 17, 29, 30, 31, 34, 35, 41, 106, 150, 157
김창현 84
김태봉 31
김한종 70, 77, 79
김호림 34
김홍경 60
김홍식 131
김홍곤 101

ㄴ

남형우 30, 52, 57, 58, 60, 63
노백린 56, 57, 73, 93, 94, 95
노상익 87

ㅁ

명제세 23, 139
문응극 72
문창범 93
민찬호 94

ㅂ

박경종 87, 94, 95
박기돈 39

박맹진 74
박민식 89
박상진 15, 16, 17, 40, 41, 42, 52, 54,
  55, 56, 59, 68, 69, 70, 71, 72, 73,
  74, 75, 76, 77, 78, 79, 150, 151
박승래 119
박양섭 129
박영모 39, 41, 46, 49, 52, 53, 56, 60,
  63
박영신 127
박용만 93, 94
박용하 58, 59, 77
박은식 94, 95
박장호 126, 128, 129, 131, 132
박장희 72
박재하 89
박준영 43, 44, 61
박중화 52, 60
박찬동 39
박찬익 94, 95
박치익 126, 128
박태형 118
박화사 31, 32, 33, 142
방정빈 126
배상렴 40, 52
배상연 52, 57, 60, 63
배정곤 30, 31
배중세 52
백관형 121, 122
백기준 130
백삼규 126, 127, 128, 132

백의범 130
변상태 52, 57, 60, 69

ㅅ
서기수 42, 44
서도현 77
서병룡 44, 45, 46, 49, 52, 53, 60, 63
서병주 53
서상일 15, 17, 20, 21, 22, 39, 40, 41,
  42, 43, 45, 46, 49, 52, 53, 56, 57,
  60, 63, 69, 150
서상준 55
서상호 52, 57, 60, 63
서상환 52, 57, 59, 60, 63
서세충 60
서일 126
서창규 42, 44, 52, 54, 60, 63
석봉기 30
성락규 75
성종호 84, 87
성태영 35
소진형 79
손명근 136
손영설 52
손영순 52
손일민 68, 69, 72
손정도 94, 95
손진형 94, 95
송근수 121
송기호 141

송내호 23, 134, 136, 141, 142
송병선 121
송병순 121
송원태 101
송주헌 92, 101, 105, 120, 121, 122, 152
스에나가 미사오 99
신경우 102
신규식 93
신상태 39, 52, 60, 63
신채호 94, 95
신철휴 60
신태련 93
심영택 79

ㅇ

안상덕 93
안영기 135, 136
안창제 87
안창호 91, 93, 94
안한진 102
안화진 87
안확 52, 53, 60, 63
안효제 87
안홍기 135, 136
안희제 52, 60, 69
양기탁 100, 104, 119, 141
양재안 69
양재하 52
양재학 77

양제안 68, 71
어재하 72
여준 92
오석룡 22, 89, 90, 92, 102, 104, 120, 121, 152
오재숙 44, 45
우재룡 20, 22, 40, 41, 54, 69, 70, 71, 73, 74, 75, 77, 79, 150
우하교 52, 57
원용팔 85
유동열 93
유동희 90
유안무 35
유인석 125
유준근 121, 122
유창순 77
윤보현 109
윤상태 20, 22, 40, 46, 49, 52, 53, 57, 59, 60, 62, 63, 150
윤세복 126
윤영섭 39
윤주하 30
윤창기 41, 46, 49, 52, 56, 60, 63
윤해 94, 95
윤현태 52
윤희순 40
이경호 139
이경희 60
이계동 85
이계원 30, 31
이계준 30, 31

이관구 61, 70, 72, 75, 76, 78
이광룡 85, 87
이규갑 93, 94, 95
이규풍 94, 95
이근우 42, 43, 44
이기룡 135, 136
이기병 30
이기원 30
이기인 30, 86, 87
이기정 30, 87
이기철 39
이기호 30, 31
이내수 122
이덕후 30
이동녕 93
이동휘 91, 93, 94
이동흠 78
이두안 32, 144, 148
이두훈 30
이만성 30, 31
이명상 101
이명서 72
이문주 87
이문화 91
이범윤 35, 94, 95
이병헌 30
이병호 86
이복우 68, 71
이봉학 90
이봉희 84, 85
이상규 89, 90, 92, 99, 100, 101, 102, 104, 117, 118, 119, 120, 122, 152
이상룡 68, 85
이상린 117
이상천 100, 102, 104, 117
이섬 136
이성훈 85
이세영 93, 96
이수묵 52
이수인 30
이순규 102
이순상 52
이순흠 39
이승만 93, 94
이승영 130
이승희 30, 34, 35, 85, 86, 87
이시영 40, 41, 46, 49, 52, 53, 55, 56, 59, 60, 63, 69, 71, 73, 76, 93, 106, 150, 151
이영국 52, 53, 60, 63
이완 30
이우복 30
이우선 91
이우열 85
이우태 30
이우필 30
이유인 35
이인재 30
이재덕 72
이정모 30
이조원 52
이종영 72

이종호 91
이주현 135
이중호 60
이지무 32, 144
이직현 121
이진룡 126, 127
이진상 30
이진석 39
이택소 30
이택영 30
이현덕 85
이형재 52, 60, 63
이홍 69
이회문 87
이희직 91
임세규 78
임직순 102

ㅈ

장두환 77, 78
장상철 39, 40
장석영 29, 30, 34, 52, 57, 95, 120
장승원 77
장진우 100, 102, 104
장쭤린 92, 107, 109
장현광 29
전덕원 126, 127, 130
전상무 121, 122
전양진 122
전영택 52

전용구 122
전용기 122
전익진 122
전훈 100, 102, 104
정갑수 101
정갑화 31
정광화 31, 32, 33
정길선 32
정길화 31, 32
정구 15, 27, 33, 150
정돈섭 85, 86, 87
정돈화 31, 32, 36, 142, 148
정매랑 31
정무순 135, 136
정사중 27
정서웅 17, 27, 88, 105, 136, 151, 158
정순영 15, 16, 17, 27, 29, 30, 31, 32,
    33, 34, 35, 36, 39, 40, 41, 42, 46,
    49, 51, 52, 53, 55, 56, 58, 59, 60,
    61, 63, 69, 71, 72, 73, 75, 88, 89,
    90, 92, 94, 95, 96, 100, 102, 103,
    105, 106, 107, 109, 112, 115,
    119, 120, 121, 122, 131, 134,
    135, 136, 141, 142, 143, 144,
    145, 147, 148, 150, 151, 157, 158
정승화 31, 32
정안립 16, 89, 90, 91, 92, 99, 100, 101,
    102, 103, 104, 105, 106, 107,
    108, 109, 115, 117, 119, 120,
    121, 122, 151
정양필 94, 95

정연랑 31
정용기 52
정운기 52
정운일 42, 44, 46, 49, 52, 54, 55, 69, 71, 151
정윤화 32, 33, 144, 145
정은석 29
정응상 27
정인찬 53
정인하 30
정인화 33, 144, 145, 148
정재덕 39
정재목 72
정재호 122
정재화 40
정주석 27, 29, 150
정진석 102
정진영 40, 56, 59, 60
정진화 33, 144
정태진 86
정하용 31, 157
정현식 17, 27, 88, 89, 90, 94, 95, 101, 103, 104, 122, 145, 151, 158
정호웅 17, 27, 88, 151, 158
조긍섭 52, 57
조만식 140
조맹선 126, 127, 129, 132
조병준 126, 127, 129, 130
조병택 87
조상갑 126
조선환 75
조성환 94, 95
조용필 69, 71
조용훈 87
조재학 101, 102, 117, 118, 120, 121, 122, 152
조정구 94, 95
조정규 85, 86, 87
조종하 135, 136
조필연 52
조하동 78
주재기 87
주진수 69

ㅊ

차도선 126
채기중 67, 68, 70, 71, 77, 151
최병규 54, 55
최승환 136
최윤동 60
최익현 117, 121
최준 42, 52, 57, 69, 71, 74, 151
최준명 54, 55
최태석 52
최태욱 52

ㅍ

편동현 52

ㅎ

한남수 93, 94, 95, 96
한유 146, 147
한윤화 52
한익동 53
한훈 79
허겸 68
허위 71, 77
허유 30
현상건 94, 95
현순 94, 95
현채 91
홍면희 93
홍범도 126, 127
홍영전 135, 136
홍주일 39, 46, 49, 52, 53, 55, 60, 63, 69, 71, 150, 151
황병기 52, 53, 63, 69
황학성 72
히시다 147

단체 및 사건

ㄱ

간도 공교회지회 90, 91
강의원간친회 44, 45, 46
경북우편마차암습사건 54, 58, 73, 76
경학사 68
공교회운동 87
광복군사령부 130
광복회 20, 21, 22, 23, 51, 54, 55, 56, 58, 59, 62, 67, 68, 69, 70, 71, 72, 73, 75, 76, 77, 78, 88, 95, 103, 106, 151, 157, 158
교남교육회 39
국민회의취지서 93
국채보상운동 30, 35
급당 126
길림광복회 69, 76, 88
김산의진 71

ㄴ

농무계 126, 127

ㄷ

달성친목회 20, 21, 22, 39, 42, 43, 44, 45, 46, 49, 150, 157
대고려국 22, 92, 105, 106, 107, 112, 152
대구28인사건 58, 59
대구광문사 40
대구권총사건 20, 22, 54, 55, 58, 59, 73, 75, 76, 77, 151
대구금연상채회 40
대동민국 22, 92, 104, 105, 106, 108, 109, 111, 112, 151, 152
대동상점 72
대동청년단 51, 59, 60, 69

대종교 70, 115
대한국민의회 92
대한독립단 16, 21, 22, 23, 32, 88, 89, 103, 105, 127, 128, 129, 130, 131, 132, 134, 136, 141, 142, 143, 148, 152, 157, 158
대한독립선언서 92
대한민국임시정부 58, 92, 119, 130, 136, 151
대한신민회 91
대한자강회 40
대한청년단연합회 130
대한통군부 129
대한협회 대구지회 39, 40
대한협회 성주지회 35
덕흥보 독립운동기지 86
독립운동기지 30, 35, 42, 85, 86, 106
독립청원운동 57, 58
동삼성 한족생계회 91, 92

ㅁ
마설 146
만동묘 116, 121

ㅂ
박용하암살사건 58, 59, 77
배달청년회 142
백산실기 70
보약사 126, 127

ㅅ
사숙개량회 91
산남의진 71
삼달양행 정미소 15, 62, 71, 72, 73, 76, 88, 106, 151
상덕태상회 69, 72, 73
상원양행 72
서울청년회 139, 142
선양 동고 10인 89, 90, 104
성명학교 35
세창약포 32, 143, 144
수의위친계 141
신간회 145, 152
신민회 91
신한민국정부 92
신해혁명 70, 83
신흥무관학교 59, 68, 76, 141

ㅇ
안동여관 71, 72
암살단 사건 79
애국지사이당정공지비 148
운산금광 수송마차습격사건 76
인도공의소 21, 22, 32, 90, 103, 105, 115, 117, 118, 119, 120, 121, 122, 142, 148, 152, 157

ㅈ
장승원암살사건 58, 59

전조선청년당대회 142
조선고사연구회 21, 22, 32, 89, 90, 92, 99, 101, 102, 103, 104, 105, 106, 108, 109, 112, 115, 117, 119, 120, 121, 122, 142, 148, 151, 152, 157, 158
조선공산당 139
조선국권회복단 20, 21, 22, 23, 46, 49, 50, 51, 53, 54, 55, 56, 58, 59, 60, 61, 67, 69, 71, 104, 150, 151, 157
조선국권회복단 중앙총부사건 43, 51, 56
조선물산장려회 139, 140
조선민흥회 21, 23, 32, 139, 140, 141, 142, 145, 148, 152, 157
조선 총독암살계획 78
주비단 사건 79
중광단 92
진보의진 71

ㅊ

청참오적소 30
칠곡군보상회 30

ㅍ

파리강화회의 57, 58, 89, 92, 93, 96
포수단 126, 127
풍기 광복단 67, 68, 69, 71, 77, 151

ㅎ

한성정부 16, 21, 22, 88, 93, 94, 96, 151, 157, 158
한족회 129
향약단 126
혁신유림 16, 20, 21, 34, 36, 40, 150, 157
홍주의병 90, 117, 121

권대웅

영남대학교 국사학과를 졸업하고 동 대학교 대학원에서 한국근현대사(독립운동사)로 문학박사학위를 받았다. 대경대학교 교수를 역임하였고, 영남대학교 부설 민족문화연구소 상임연구원 및 간사, 경상북도 문화재위원회 전문위원, 대구광역시 문화재위원회 전문위원, 경상북도 독립운동기념관 운영위원, 국가보훈부 독립유공자 공적 심사위원회 위원장, 대구광역시 국가유공자 명예의 전당 인물선정위원회 위원장으로 활동했다. 2014년 제15회 의암대상(학술 부문)을 수상했다.

주요 저서로 『희고 흰 저 천길 물속에, 김도현』(2012), 『달성의 독립운동가 열전』(2018), 『불굴의 의병장, 해운당 김하락』(2020), 『근대 대구의 애국계몽운동』(2021), 『해산 김정묵과 가문의 독립운동』(2021), 『율산 전상무의 독립운동』(2022) 등이 있다.